NATIONAL GEOGRAPHIC

LISSABON

Inhalt

Das Magazin 5
- ✦ Schmelztiegel – Das koloniale Erbe
- ✦ Heinrich der Seefahrer & das Zeitalter der Entdeckungen
- ✦ Der Geschmack Lissabons ✦ Saudade – Das gewisse Gefühl ✦ Azulejos – Überall Fliesen ✦ Die Steine Lissabons ✦ 1. November 1755 – Die Zerstörung der Stadt
- ✦ Hoch und Runter Rundherum ✦ Die Nelken-Revolution
- ✦ Calouste Gulbenkian ✦ Lissabons Highlights

Erster Überblick 29
- ✦ Ankunft
- ✦ Unterwegs in Lissabon
- ✦ Übernachten
- ✦ Essen und Trinken
- ✦ Einkaufen
- ✦ Ausgehen

Das Zentrum und der Norden 41
Erste Orientierung
An einem Tag
Nicht verpassen! ✦ Die Baixa ✦ Chiado & Santa Justa
✦ Rossio, Figueira & Restauradores
✦ Museu Calouste Gulbenkian
Nach Lust und Laune! ✦ 8 weitere Adressen zum Entdecken
Wohin zum ... ✦ Essen und Trinken? ✦ Einkaufen? ✦ Ausgehen

Mittelalterliches Lissabon 67
Erste Orientierung
An einem Tag
Nicht verpassen! ✦ Sé ✦ Museu-Escola de Artes Decorativas
✦ Castelo de São Jorge ✦ São Vicente de Fora ✦ Alfama
✦ Museu Nacional do Azulejo
Nach Lust und Laune! ✦ 7 weitere Adressen zum Entdecken
Wohin zum ... ✦ Essen und Trinken? ✦ Einkaufen? ✦ Ausgehen

Die westlichen Hügel 95
Erste Orientierung
An einem Tag
Nicht verpassen? ✦ Bairro Alto ✦ Basílica da Estrela
✦ Museu Nacional de Arte Antiga
Nach Lust und Laune! ✦ 6 weitere Adressen zum Entdecken
Wohin zum ... ✦ Essen und Trinken? ✦ Einkaufen?
✦ Ausgehen?

Belém 115
Erste Orientierung
An einem Tag
Nicht verpassen! ✦ Torre de Bélem ✦ Padrão dos Descobrimentos ✦ Museu de Marinha ✦ Mosteiro dos Jerónimos ✦ Museu Nacional dos Coches
Nach Lust und Laune! ✦ 5 weitere Adressen zum Entdecken
Wohin zum ... ✦ Essen und Trinken? ✦ Einkaufen? ✦ Ausgehen?

Parque das Nações 141
Erste Orientierung
An einem Tag
Nicht verpassen! ✦ Oceanário ✦ Centro da Ciência Viva
Nach Lust und Laune! ✦ 3 weitere Adressen zum Entdecken
Wohin zum ... ✦ Essen und Trinken? ✦ Einkaufen? ✦ Ausgehen?

Ausflüge 159
✦ Die Westküste
✦ Sintra & Queluz
✦ Mafra

Spaziergänge & Touren 173
✦ **1** Chiado und Bairro Alto
✦ **2** Alfama
✦ **3** Nach Cacilhas und zum Santuário do Cristo Rei

Praktisches 183
✦ Reisevorbereitung ✦ Reisezeit
✦ Das Wichtigste vor Ort
✦ Sprachführer

Cityplan 191 **Straßenregister** 201

Register 203

Autorin: Sally Roy
Lektorat: Emma Rowley Ruas
Redaktion: Karen Kemp
Design: Catherine Murray
Kartografie: Anna Thompson

Deutsche Bearbeitung: H.-J. Schneider,
Lektorat und Herstellung, Köln
Übersetzung: Maria Meinel, Halle (Saale); Katja Zöllner, Köln
Lektorat: Simone Reiter, Stephan Martin Meyer

© MAIRDUMONT GmbH & Co KG, Ostfildern, **1. Auflage 2009**

„NATIONAL GEOGRAPHIC" ist eine eingetragene Marke der
National Geographic Society. Deutsche Ausgabe lizensiert durch
NATIONAL GEOGRAPHIC DEUTSCHLAND
(G+J/RBA GmbH & Co KG), Hamburg 2009
www.nationalgeographic.de

Unsere Autoren haben nach bestem Wissen recherchiert.
Trotzdem schleichen sich manchmal Fehler ein,
für die der Verlag keine Haftung übernehmen kann. Hinweise,
Verbesserungsvorschläge und Korrekturen
sind jederzeit willkommen. Einsendungen an:
E-Mail: spirallo@nationalgeographic.de oder
NATIONAL GEOGRAPHIC SPIRALLO-Reiseführer,
MAIRDUMONT GmbH & Co KG,
Postfach 3151, D-73751 Ostfildern

Das Werk einschließlich aller seiner Teile ist urheberrechtlich
geschützt. Jede urheberrechtsrelevante Verwertung ist ohne
Zustimmung des Verlages unzulässig und strafbar.
Dies gilt insbesondere für Vervielfältigungen, Übersetzungen,
Nachahmungen, Mikroverfilmungen und die Einspeicherung
und Verarbeitung in elektronischen Systemen.

Original 1st English Edition
© Automobile Association Developments Limited
Maps produced under licence from map data
© MAIRDUMONT/Falk Verlag 2008
Transport map: Communicarta Ltd, UK
Kartografie: © Automobile Association Developments Limited 2008
Covergestaltung und Art der Bindung
mit freundlicher Genehmigung von AA Publishing

Herausgegeben von AA Publishing, einem Unternehmen der
Automobile Association Developments Limited, Fanum House,
Basing View, Basingstoke, Hampshire RG21 4EA, UK
Handelsregister Nr. 1878835.

Farbauszug: Keenes, Andover
Druck und Bindung: Leo Paper Products, China

A03695

Das Magazin

SCHMELZTIEGEL – Das koloniale Erbe

Wer sind die »Lisboetas«? Klar, die Einwohner Lissabons. Tauchen Sie aber ins Stadtzentrum ein, begegnet Ihnen eine ethnische Vielfalt, die mit der Londons konkurriert. Die portugiesische Bevölkerung ist eine der homogensten Europas: eine Verschmelzung von Iberern und Kelten mit je einer Prise römischen und maurischen Blutes. Nicht aber in Lissabon. Grund dafür ist die imperiale Vergangenheit des Landes.

Die großen Entdeckungsreisen des 15. und 16. Jahrhunderts eröffneten nicht nur die Welthandelswege, sondern läuteten auch Portugals Kolonisierung Indiens, Südamerikas und des Fernen Ostens ein. 1560 unterstanden Portugal riesige Gebiete entlang der West- und Ostküste Afrikas, Kap Verde, Goa sowie Teile Westindiens und des heutigen Sri Lanka. Man besiedelte weiter östlich gelegene Inseln, die später Neuguinea und Timor heißen sollten, China, Japan und weite Teile Brasiliens. Mit der Zeit verlor Portugal diese Kolonien wieder oder gab sie ab. Macao, die letzte portugiesische Kolonie, wurde 1999 an China zurückgegeben.

Bummeln Sie durch Lissabon, begegnet Ihnen diese koloniale Vergangenheit in den Gesichtern, den Geräuschen und den Gerüchen Afrikas, Asiens und Brasiliens. Schätzungen zufolge leben weit über 200 000 Afrikaner in der Hauptstadt. Die meisten stammen aus Kap Verde, Angola, Mosambik und Guinea-Bissau. Auch viele *retornados* ließen sich hier nieder, jene weißen Portugiesen, die in den 1970ern aus den afrikanischen Kolonien in die Heimat zurückkehrten. Sie alle halten mit ihrem Essen, dem Tanz und der Musik die Kultur lebendig. Die Brasilianer, die seit den 1990ern zuströmen und ihrerseits Musik und Caipirinhas (ein Cocktail mit viel Limette) mitbringen, machen bereits einen beachtlichen Teil der Stadtbevölkerung aus.

Auch Indern aus Goa ist man gewogen, die seit der Entdeckung des Seeweges nach Indien 1498 durch Vasco da Gama ihren Platz im portugiesischen Bewusstsein haben. Ebenso den kleinen Gruppen von Timoresen, die seit der indonesischen Besetzung dieser ehemaligen portugiesischen Kolonie hierher

Oben: Emblem der portugiesischen Nationalflagge

Oben rechts: Traditionelle Kleidung

Unten rechts: Statue des Dom Pedro IV über dem Rossio

6 Das Magazin

kamen. Nehmen wir eine gute Portion Osteuropäer dazu, ein paar versprengte Chinesen aus Macao und Malaien aus Indonesien, dann haben wir die klassischen Zutaten für jenen multikulturellen Schmelztiegel, der den Reiz einer Großstadt ausmacht.

Naturgemäß gibt es auch hier eine Kehrseite: Trotz der traditionellen Toleranz gegenüber Migranten, die sich alle irgendwie durchschlagen, gibt es auch Diskriminierung, die mit einer sogenannten *exclusão social* einhergeht, die viele der jungen Schwarzen im eigenen Land zu Fremden macht. Armut und Drogenmissbrauch halten manch ethnische Gruppe auf unterstem Niveau. Die Anzahl illegaler Einwanderer – vor allem aus der Ukraine – hat epidemische Ausmaße angenommen.

Heinrich der Seefahrer & das Zeitalter der Entdeckungen

Nur 140 Jahre liegen zwischen Portugals erstem maritimen Eroberungszug und dem Triumph der Zuerkennung exklusiver Handelsrechte mit China und Japan. Schon seit dem ersten zaghaften Angriff auf Ceuta in Nordafrika war dem jungen Portugal Erfolg beschieden. Infant Dom Henrique, besser bekannt als Prinz Heinrich der Seefahrer, brachte diesen Siegeszug ins Rollen.

Heinrich wurde 1394 als Sohn des Königs Johann I. und seiner englischen Frau Philippa of Lancaster geboren. Als vierter Sohn musste er sich selbst um einen Beruf kümmern. Seine Chance kam 1415, als ihn sein Vater mit der Planung des Angriffs auf den nordafrikanischen Hafen Ceuta betraute. Der Zeitpunkt war günstig: Das Land war expansionsreif, abenteuerlustig, von Habgier gepeitscht und erfüllt von leidenschaftlicher Islamverachtung. Heinrichs Mühen zahlten sich aus. Ceuta fiel, und Heinrich profilierte sich als Ausbilder und Neuerer. Er gründete eine Nautikschule in Sagres in der Algarve, entwarf die Hochseekaravelle neu und machte Fernerkundungen technisch möglich. Von hier aus stachen seine Schiffe gen Westen in die atlantische See, erreichten 1416 die Kanarischen Inseln, entdeckten Madeira um 1419 und die Azoren in den 1430ern. Portugal war erpicht auf den Handel mit dem Fernen Osten, wurde auf den Landwegen aber durch Venedig und Genua gehindert. So dachte man an einen Seeweg, der um die Südspitze Afrikas herum gen Osten führen sollte. Das westafrikanische Kap Bojador war der bisher südlichste Punkt und äußerste Herausforderung. Es war das

Oben links: **Heinrich der Seefahrer**

Oben rechts: **Bodenmosaik der Weltkarte vor dem imposanten Denkmal der Entdeckungen**

Rechts: **Heinrich der Seefahrer und König Manuel I. – zwei historische Persönlichkeiten am Bug des Denkmals**

Das Magazin

Ende der erkundeten Welt. Jenseits davon lag das »Meer der Dunkelheit«. Das Meer entlang der Nordküste gilt mit seinen versteckten Strömungen, hohem Seegang und Winternebeln als düster und bedrohlich. Rot färbt es sich vom Wüstensand.

Zwischen 1421 und 1433 hatten ganze 14 Expeditionen bei der Kapumrundung versagt und Heinrich verlor die Geduld mit seinen feigen Kapitänen. 1434 versprach er Gil Eannes Ruhm und Reichtum. Eannes segelte gen Süden, umschiff- te die Kanaren und schließ- lich das Kap. Der starre Aberglaube war gebrochen, der Weg gen Süden stand offen.

1460 starb Heinrich, aber seine Impulse wirkten fort. Mitte der 1470er überquerten portugiesische Schiffe den Äquator, 1488 umsegelte Bartolomeu Dias das Kap der Guten Hoffnung. Der Weg nach Osten stand offen. Neun Jahre später hisste Vasco da Gama die Segel dreier Karavellen in Restelo (heute Belém) und erreichte 1498 das indische Kalikut (heute Kozhikode). Mit ihm und seinen Seemännern kamen Chaos und Gewalt. Zahllose Muslime bezahlten die stete Ausdehnung des Portugiesischen Weltreichs mit ihrem Leben, während die afrikanische Küste Tausende Sklaven für die Zuckerplantagen der Atlantischen Inseln lieferte – die Schattenseite dieses Goldenen Zeitalters.

Das Magazin

DER GESCHMACK LISSABONS

Armes Portugal! Noch immer wird es von Kritikern als gastronomische Wüste bezeichnet. Die Portionen seien groß, die Kochkunst dagegen ließe zu wünschen übrig. Das hat Lissabon nicht verdient, bietet es doch eine enorme kulinarische Vielfalt, ohne dabei seiner Tradition guten, einfachen Essens, reichhaltiger Fischgerichte, wunderbarer Kaffeekultur, unschlagbar süßen Backwerks und bestgehüteter Weinrezepte untreu zu werden. Worauf warten Sie? Schnappen Sie sich einen Tisch, durchforsten Sie die Speisekarte und greifen Sie zu Messer und Gabel!

Was also gibt es? Da gibt es die portugiesische Küche, die Küche der früheren Kolonien wie Brasilien, Angola, Macao und Goa, die Kochkunst Italiens und Frankreichs und mediterrane Gerichte. Es gibt bohnen- und gemüsereiche Suppen und Eintöpfe, kleine schmackhafte Frikadellen, sahnegetränkte zartmürbe Torten und vor allen Dingen Fisch.

Sardinhas – der exemplarische Geschmack Lissabons und Portugals überhaupt

Das Magazin

Was den Genuss von Fisch und Meerestieren angeht, ist Lissabon nach wie vor einer der besten Plätze Europas, ganz gleich, ob allgegenwärtige Grillsardine, in Salz gebackene *salmonetes* (Meerbarben), eine dampfende Schüssel *caldeirada rica* (reichhaltige Fischsuppe), oder – in portugiesischen Augen – der Showstar: *bacalhau* (Stockfisch).

Mehr als nur ein Fisch

Es ist schon verwunderlich, dass die Portugiesen – ein Seevolk, dessen Atlantikküsten von bestem Fisch nur so wimmeln – derart auf den knochentrockenen und geschmacksintensiven *bacalhau* schwören. Diese Vorliebe geht auf jene Zeit zurück, als man diesen Königsfisch in neufundländischen Dorschbänken fing und dann gesalzen, getrocknet und auf diese Art konserviert nach Hause brachte. So schlich er sich in Köpfe und Herzen und wurde Grundnahrungsmittel und Festschmaus zugleich. Es gäbe wohl mehr als 365 Rezepte, sagt man, für jeden Tag des Jahres eins. Probieren Sie *bacalhau á Brás*: Stockfischflocken mit Kartoffelstiften und Rührei, garniert mit Oliven und Petersilie.

Ein Hauch von Süße

Wenn Ihre Energie einmal nachlässt: die Vielfalt an Naschwerk einer guten *pastelaria* (Konditorei) macht Fehlendes wett. Lissabons Favoriten sind zwei- fellos die *pasteis de nata*, knusprige, mit Eierrahm gefüllte Törtchen. Aber es gibt unzählige Gaumenfreuden mehr, allen voran die *doces conventuais*, köstliche Kuchen mit viel Eidotter und Zucker, die man ursprünglich in Klöstern herstellte. Am besten spült man sie mit einem Glas *chá* hinunter – mit Tee, den die Portugiesen angeblich in England einführten, als Karl II. Katharina von Braganza heiratete.

Die Frucht des Weines

Wem lieber nach Alkoholischem ist, dem werden die hier angebauten Weine eine Offenbarung sein. Die Rotweine sind besonders interessant, am berühmtesten aber sind die Portweine, die im Douro-Tal in Nordportugal hergestellt werden. Der *porto branco* (weißer Portwein) ist ein Muss und exzellenter Aperitif! Oder mögen Sie lieber einen anderen verstärkten Wein, ein Glas Madeira? Oder einen Kelch des moussierenden, leichten *vinho verde*? Sie haben die Wahl!

Pasteis de nata (Sahnetörtchen)

Das Magazin 11

Saudade

Das gewisse Gefühl

Obwohl sie in Südeuropa leben, wird den Portugiesen nachgesagt, dass sie nicht von so unbeschwerter Natur seien wie ihre südländischen Nachbarn. Temperamentvolles Bekunden von Wut, Freude oder Trauer sei nicht ihre Stärke. Reserviertheit scheint das Stichwort zu sein, einige nennen es schlichtweg Sturheit. Kratzt man an der Oberfläche, findet man Güte und Freundlichkeit. Allzu oft aber fühlt sich ein Fremder beleidigt oder ignoriert.

Das ist ein hartes Urteil, und in mancher Hinsicht ein unfaires. Der Grund scheint einfach: Die Portugiesen sind keine Mittelmeer-Südländer, ebensowenig sind ihr Temperament und ihre Emotionen »südländisch«. Sie sind im Wesen phlegmatisch, gehen ohne viel Aufhebens ihren Weg und umgeben sich mit diesem rätselhaften und spezifisch portugiesischen Gefühl: *Saudade*. Das Wort lässt sich nicht übersetzen. Es umfasst Weltschmerz und Wehmut nach etwas Verlorenem, etwas Unerreichbarem, sei es ein Mensch, ein Ort oder ein Ding. *Saudade* empfinden Seeleute, die lange unterwegs sind, Auswanderer, die sich zur Rückkehr entschließen, Zuhausegebliebene, die um die Fortgegangenen trauern. Eine stetige, rückwärts gerich-

Fado – Musik aus Portugals tiefster Seele

12 Das Magazin

Fliesenarbeit mit Musikmotiven an einem *Fado*-Haus im Bairro Alto

tete Sehnsucht nach der goldenen Zeit des portugiesischen Erfolgs. *Saudade* hält die eng verknüpften portugiesischen Gemeinschaften in den Großstädten der Welt zusammen und bringt Wanderarbeiter nach langem Überseeaufenthalt zurück. *Saudade* liegt in der leidenschaftlichen Liebe der Portugiesen zu ihrer Heimat und vor allem in ihrer Musik, dem *Fado*.

Fado bedeutet »Schicksal«. Diese elegant-melancholische Musik – eine Singstimme, eine spanische Gitarre und die 12-saitige portugiesische Gitarre – erzählt von den Rätseln und Leidenschaften des Lebens, von Liebe, Eifersucht, Verrat und Tod. Die stilistische Bandbreite reicht von kokett und sentimental bis düster und tiefgründig. Die Herkunft des Fado ist unklar. Manche meinen, er habe arabische Wurzeln, andere brasilianische, wieder andere schreiben ihm Einflüsse der provenzalischen Troubadoure zu. Sicher ist, dass er in den 1850ern aufkam, sich verbreitete, seine Blüte in den 1940ern hatte, in den 1970ern aus der Mode kam und in den 1990ern wiederentdeckt wurde.

Die Königinnen der Szene
Die bedeutendste *Fado*-Sängerin war Amália Rodrigues. Sie wurde 1920 in Armut geboren und begegnete dem Fado in den düsteren, rauchigen Tavernen ihres Geburtsortes. Ihre wunderbar ausdrucksvolle Stimme erregte internationale Aufmerksamkeit für dieses Genre. Als sie 1999 starb, trauerte die ganze Nation. Man setzte sie im Panteão Nacional (Lissabonner Pantheon) (▶ 89) bei und machte das Haus der beliebtesten Fadista Portugals zum Museum. **Das Casa-Museu Amália Rodrigues** befindet sich in der Rua de São Bento 193 (Tel. 213 971 896; Di–So 10–13, 14–18 Uhr). Dicht auf den Fersen folgt ihr Mariza, eine stilvolle, zeitgenössische Sängerin mit außergewöhnlicher Stimme. Sie zeigt, dass *Fado* kein verstaubter Musikstil ist, sondern sich – wie Blues oder Flamenco – größter Lebendigkeit erfreut. *Fado* ergehe sich nicht nur in *Saudade* und Melancholie, sondern lebe auch aus anderen Launen. Marizas Eindringlichkeit und Kunstfertigkeit verschafften ihr ein neues Publikum. Bei ihren spektakulären Liveauftritten singt sie neue Lieder, deren Texte ausgewählte Gedichte sind und deren Klang sie zuweilen mit zusätzlichen Instrumenten anreichert.

Das Magazin

Azulejos –
ÜBERALL FLIESEN

Viele Kulturen hellen ihre Wände mit Schnitzarbeiten, Fresken, Tapeten oder schlichtweg mit Farbe auf. In Portugal nimmt man dazu Azulejos (Keramikfliesen), die Sie besonders in Lissabon bestaunen können. Ob in Kirchen und Palästen, an Ladenfassaden oder Wohnhäusern, die Stadt betört ihre Besucher mit der fröhlichen Reinheit dieser blauweißen Flächen.

Das Wort *azulejo* selbst stammt vermutlich vom arabischen Wort *az-zulaij* (polierter Stein). Möglicherweise ist es auch vom arabischen *lazuward* (blauer Stein, Lasurstein) abgeleitet. Dies ist jedenfalls ein Hinweis auf die maurische Vergangenheit des Landes, denn Mauren waren es, die im 14. Jahrhundert diese Fliesen auf der Iberischen Halbinsel einführten. *Mudéjar*-Künstler (christliche Mauren), die in Sevilla arbeiteten, verkauften ihre Ware weiter ans benachbarte Portugal. Einige dieser Arbeiten können Sie im Palácio Nacional de Sintra (➤ 164) bewundern. 200 Jahre später brachte italienische Handfertigkeit die Majolika-Technik hervor, die es Künstlern erlaubte, direkt auf die Fliesen zu malen, ohne ein Verlaufen der Farben beim Brennen befürchten zu müssen. Das war der willkommene Impuls für das portugiesische Kunsthandwerk, von nun an florierte die Fliesenherstellung. Zuerst wurden diese Fliesen hauptsächlich für Kirchen und Klöster verwendet, um auf ihnen Bibelszenen und Heilige darzustellen, sehr schön zu sehen in São Roque (➤ 109). Im 17. Jahrhundert ging man

Die kunstvollsten Fliesenarbeiten
- Igreja de São Roque (➤ 109)
- Metrolinie Linha Vermelha
- Museu da Cidade (➤ 63)
- Museu Nacional do Azulejo (➤ 85f)
- Palácio dos Marqueses de Fronteira (➤ 111)
- Palácio Nacional de Queluz (➤ 167)
- Palácio Nacional de Sintra (➤ 164)
- São Vicente de Fora (➤ 80f)

Das Magazin

dazu über, aus unzähligen Einzelfliesen riesige Bilder zu entwerfen, wie Sie sie heute noch in São Vicente de Fora (▶ 80f) oder dem Palácio dos Marquêses de Fronteira (▶ 111) anschauen können.

Nach dem Erdbeben von 1755 (▶ 20f) erlebte Lissabon einen Bauboom. Fliesen wurden nun von der Real Fábrica do Rato, die 1767 vom Marquês de Pombal gegründet worden war, als Massenware produziert und auf den Markt gebracht. Diese Fliesen – jetzt neoklassischer im Stil – wurden zunehmend verwendet, um Fassaden als auch Innenwände zu dekorieren und gegen die Witterung zu schützen. In Lissabon gibt es noch eine Menge davon zu sehen. Schon im 19. Jahrhundert sah man die allgegenwärtigen Fliesen an Fabriken, Wohnblocks, Geschäften und sogar an Bahnhofsgebäuden. Und diese Tradition hält an. Einige der eindrucksvollsten modernen Fliesenarbeiten der besten zeitgenössischen Künstler sehen Sie z. B. in den Metrostationen.

Links: Fliesen im Garten des Palácio dos Marquêses de Fronteira
Rechts: Traditionelle Fliesen im Belém-Viertel

Hier gibt es die schönsten Fliesen
Ratton (Rua Academia das Ciências 2c, São Bento; Tel. 213 460 948). Moderne Fliesen von portugiesischen und internationalen Künstlern.
Sant'Anna (Rua do Alecrim 95, Chiado; Tel. 213 422 537). Handgefertigte Kopien von Fliesen aus dem 17. und 18. Jahrhundert.
Solar (Rua Dom Pedro V 68–70, Bairro Alto; Tel. 213 465 522). Spezialgeschäft für Antikfliesen.

Das Magazin

Die Steine Lissabons

Der Charme Lissabons liegt zum großen Teil in seinem Erscheinungsbild – seiner Lage an einem großen Fluss, seinen Hügeln und dem Kontrast zwischen seinen engen Gassen und großzügigen Freiflächen. Wenn Sie einen der überall in der Stadt verstreuten *miradouros* (Aussichtspunkte) erklimmen und hinunterschauen, erstreckt sich vor Ihnen ein Gewirr aus Kirchen, Palästen, öffentlichen Gebäuden und Wohnhäusern. Die portugiesische Hauptstadt erobert jedes Herz, und das liegt vor allem an seiner individuellen Authentizität:Es fehlt jene neumodische Einheitlichkeit, die so vielen Städten heute eigen ist.

Überwältigende Innenansicht des Gare do Oriente (Bahnhof Oriente) im Parque das Nações

> **Die schönsten Bauwerke**
> **Romanik**: Catedral Sé (▶ 72f)
> **Manuelinik**: Torre de Belém (▶ 120f), Mosteiro dos Jerónimos (▶ 128ff), Igreja Madre de Deus (▶ 85)
> **Spanisch**: Igreja de São Vicente de Fora (▶ 80f)
> **Pombalinischer Stil**: die Baixa (▶ 46ff)
> **Neoklassik**: Teatro Nacional de São Carlos (▶ 66)
> **Modernismus**: Padrão dos Descobrimentos (▶ 122f)
> **Zeitgenössisch**: Gare do Oriente (▶ 30), Oceanário (▶ 146ff)

Lissabon beeindruckt durch seine Architektur. Nur wenige europäische Großstädte hatten die Gelegenheit, sich im 18. Jahrhundert komplett neu zu erfinden. Das Erdbeben von 1755 war zwar eine große Katastrophe, sein Ergebnis jedoch – in städtebaulicher Hinsicht – ein vollkommen neues, rationell gebautes Stadtzentrum, die Baixa (▶ 46ff). Um dieses schachbrettartige Straßennetz herum und in den Außenbezirken stehen – gleich einer Handvoll kostbarer Edelsteine – ältere Gebäude, die das Beben überstanden haben. Mit ihnen sind Baustile früherer Jahrhunderte erhalten: römische und maurische Spuren, die sparsame und harmonische romanische Architektur, aufstrebende gotische Bögen und Gewölbe und – vor allem – der wunderbare und speziell portugiesische Stil der Manuelinik.

Dieser einzigartige Baustil entstand in Portugals Glanzzeiten, als man durch die Eroberungen Indiens, Afrikas, Asiens und Südamerikas zu Reichtum und Wohlstand gelangt war. Das Nationalbewusstsein war groß, man scheffelte Geld und einheimische Architekten verbanden goti-

Das Magazin **17**

sche mit anderen europäischen Stilelementen und schufen einen gänzlich neuen, prunkvollen Stil. Verwendung dabei fanden dekorative Elemente der christianisierten Mauren (*Mudéjars*), der reich verzierte platereske Stil der Spanier und Einflüsse italienischer Baukunst. Nehmen wir eine Fülle an maritimen Ornamenten zu Ehren des Meeres und seiner Bezwinger hinzu, erhalten wir den Manuelinischen Stil. Er ist nach der Regierungszeit König Manuels I. (1495–1521) benannt und zeichnet sich durch glatte Wände und reich verzierte Fenster und Türen aus. Immer wieder sind Takelwerk und Anker, Fische und Seegras, Meereswesen und Schiffe zu finden. In Stein gehauenes, gewundenes Schiffstauwerk umspielt die Fenster, und überall findet sich das königliche Siegel: die Armillarsphäre mit ihren Reifen, die Äquator und Wendekreise darstellen, und das Vera Cruz, das Wahre Kreuz, Symbole der starken Seemacht und des Christentums, in dessen Namen die Schiffer in See stachen.

Wie durch ein Wunder wurde 1755 nicht alles zerstört, und so finden Sie heute noch manuelinische Bauwerke vor, wie etwa im Viertel Belém, dessen Torre de Belém (Turm von Bethlehem) noch immer über Ankömmlinge wacht.

Die Jahrunderte vergingen und Lissabon wuchs. Jede Generation fügte Gebäude hinzu, in allen Baustilen, die in Europa jeweils modern waren. Zum Glück vergaß man darüber nie die eigene Architektur und so blieben Paläste sowie einfache

Das Castelo de São Jorge markiert den Ort, von dem die Stadtentwicklung vermutlich ihren Anfang nahm

Zusammengepflastert

Wie Sie nach langen Tagestouren an Ihren schmerzenden Füßen merken: Lissabons Straßen aus *Calçada à portuguesa* (portugiesischem Pflaster) sind wirklich steinig. Damals in den 1850ern ordneten die Machthaber an, die Straßen und Plätze – Kunstwerken gleich – in komplizierten Mustern zu pflastern. Schauen Sie herab! Es finden sich Muster und Strukturen aller Art, Ladennamen, Straßennummern und der achtzackige Stern, ein Symbol des Glücks, das vor Beben schützen sollte. Jeder einzelne Stein wurde von den städtischen *Calceteiros* (Pflasterern) von Hand geschnitten und verlegt. Wenn auch einzelne alte Handwerke mit dem Ruhestand ihrer Meister verschwinden, das Lissabonner Pflaster bleibt ein wesentlicher Bestandteil der hauptstädtischen Identität.

Das Magazin

> **Baustile**
> **Maurisch (8.–12. Jh.):** gut erhaltenes Straßen- und Gassengewirr des Alfama-Viertels und schlichter traditioneller Hausbau.
> **Romanisch (12. Jh.):** Rundbögen und wuchtige Steinmassen.
> **Manuelinisch (15. Jh.):** Portugals eigene Form der Spätgotik. Schauen Sie nach schmucklosen Wänden und reich mit maritimen Ornamenten verzierten Türen und Fenstern.
> **Spanisch (16. Jh.):** eingeführt von Philip I., sehr gut erhalten, charakterisiert durch schlichten Außen- und reich verzierten Innenbereich. *Estilo Chão* (ebener Stil; 17. Jh.): glatte Fassaden mit schlichten Balkonen, zu finden an zahlreichen Häusern und Palästen.
> **Barock (18. Jh.):** reich verzierte, mächtige Gebäude mit opulent geschmücktem Interieur.
> **Pombalino (18. Jh.):** nach dem Beben entstandener pragmatischer Stil, der sich durch schlichte, klassische Elemente und wenig Außendekor auszeichnet.
> **Neoklassizistisch (18.–19. Jh.):** Klassizismusrevival, oft mit Säulengängen versehene Fassaden.
> **Neomanuelinisch (19. Jh.):** Wiederbelebung der Manuelinik unter Verwendung von Jugendstilelementen.
> **Modernistisch (20. Jh.):** Gebäude triumphaler, monumentaler Bauart.
> **Zeitgenössisch (spätes 20. und 21. Jh.):** modernes Design international angesehener Architekten.

Wohnhäuser immer einzigartig portugiesisch: erst anmutig, oft farbig und mit Fliesen verziert, später klar und glatt, mit eleganten Fenstern und einfachen Balkonen. Überall waren die Fliesen zu sehen (► 14f) – und sie sind es noch immer. Zunehmend machen sich fremde Einflüsse im Stadtbild Lissabons bemerkbar, besonders seit der durch die Nelkenrevolution von 1974 (► 24f) wiederhergestellten Demokratie. Der endgültige architektonische Beweis dafür, dass Portugal Teil eines etablierten Europa ist, kam mit der Bebauung eines brachliegenden Flussufers im Osten der Stadt für die Expo 98. Portugiesische und internationale Architekten waren am Entwurf der schnittigen modernen Gebäude beteiligt, des heutigen Parque das Nações (► 141ff). Erreichbar ist dieser aus allen Himmelsrichtungen über Lissabons eindrucksvollstes öffentliches Gebäude: den von Santiago Calatrava erbauten Gare do Oriente (Bahnhof Oriente).

Lissabons Sé (Kathedrale) mit ihren zwei zinnenbewehrten Türmen und dem Rosettenfenster

Das Magazin

1. November 1755
Die Zerstörung der Stadt

Es war ein Sonntagmorgen, Allerheiligen. Der Großteil der 250 000 Einwohner Lissabons betete in den prächtigen Kirchen und Kathedralen der Stadt, als das schwerste Erdbeben in der Geschichte Europas die Stadt traf. Es zerstörte die große Hafenstadt, Stätte der Gelehrsamkeit und Hauptstadt Portugals und des Portugiesischen Weltreichs. Tausende Menschen kamen durch die Erdstöße um, Tausende durch die folgende Flutwelle. Die Feuersbrunst wütete fünf Tage und vernichtete den Rest der Stadt.

Um 9.30 Uhr berichtete ein Augenzeuge von einem »seltsamen, beängstigenden Geräusch, das einem hohlen, fernen Donnergrollen glich«. Kirchen und Gebäude gerieten ins Schwanken. Die panische Bevölkerung rannte hinaus auf die Straßen, um dann unter Tausenden von Gebäuden, die ein zweiter, stärkerer Erdstoß einstürzen ließ, begraben zu werden. Bis zu 3,5 m breite Risse bildeten sich im Boden. Viele Menschen flohen zum Fluss, zu den Freiflächen des Terreiro do Praça und den Promenaden. Andere flüchteten aus der Stadt auf die umliegenden Felder. 40 Minuten später rollten gewaltige Flutwellen den Tejo hinauf, brachen sich und verwüsteten die Kais, überschwemmten die »Unterstadt« und zerstörten jedes im Hafen vertäute Boot. Schätzungsweise 20 000 Menschen, die hier Sicherheit gesucht hatten, ertranken. Was die Erdstöße und die Wellen ausgespart hatten, verschlang das vom Nordostwind angefachte infernalische Feuer in den darauffolgenden fünf Tagen. Es vernichtete maurische und mittelalterliche Gebäude, Renaissancepaläste, Bibliotheken, deren Bestände die Geschichte des

Zeichnungen mit Darstellungen des Erdbebens von 1755

Von links nach rechts: Die Ruinen der St.-Pauls-Kirche;

die Zerstörung der Stadt;

die Trümmer der Kathedrale

Das Magazin

Landes dokumentierten, den Königspalast und Tausende Kunstwerke.

In dieses Chaos trat der Premierminister des Königs Joseph I., Sebastão José de Carvalho e Melo. Der Staub hatte sich kaum gelegt, als er ausrief: »Beerdigt die Toten und ernährt die Lebenden«, ein Vorgehen, das der Stadt Hunger und Epidemien ersparte. Rastlos fuhr und ritt er die nun folgenden zwei Wochen in der Stadt herum, Tag und Nacht. Er sandte Feuerwehrleute aus, organisierte das Sammeln und Verbrennen der Leichen und stellte Soldatenwachen gegen Plünderer und Brandschatzer auf, zum Schutze des wenigen Verbliebenen. Während der nächsten Monate entwarf er Pläne für ein komplett neues Stadtzentrum, die heutige Baixa. 1769 wurde er mit dem Titel Marquês de Pombal geehrt. Er sandte Umfragen durch ganz Portugal, deren Antworten Licht ins Dunkel der Katastrophe bringen oder vor einer nächsten warnen sollten. Wie lange dauerte das Beben? Wieviele Nachbeben gab es? Was wurde zerstört? Verhielten sich Tiere auffällig vor dem Beben? Fragen, die ihm schließlich die Anerkennung als »Vater der Seismologie« einbrachten.

Das Erdbeben in Zahlen
- **Epizentrum**: 200 km west-südwestlich von Kap St. Vincent, dem südwestlichsten Zipfel Europas, etwa bei 36°N 10°57'W
- **Stärke auf der Richterskala**: 8,2 (möglicherweise höher)
- **Zeit vor dem Eintreffen der Flutwelle**: 40 Minuten
- **Höhe der Flutwelle**: 6 m
- **Todesopfer in Lissabon**: 90 000
- **Zerstörte Gebäude**: 18 000 (85 Prozent der Stadt)
- **Schadenshöhe**: 25 Millionen Euro
- **Bebengebiet**: 3 367 000 km^2
- **Andere betroffene Länder**: schwerste Erdstöße und großflächige Zerstörung in Portugal und Westspanien; schwere Beben in Südfrankreich, Algerien und Marokko; leichte Beben spürbar in der Schweiz und Deutschland; Flutwellen beobachtet in England und Frankreich, Wogen bis nach Norwegen und Schweden

Hoch und Runter
Rundherum

Lissabon wäre nicht Lissabon ohne seine Straßenbahnen. Und obwohl sie langsam sind und teils sporadisch fahren, solch eine rasselnde Straßen- oder Standseilbahnfahrt ist ein Muss in dieser hügeligen Stadt und schont zudem Ihre Füße. Andere europäische Städte mögen mit schnittigeren Bahnen aufwarten, doch Lissabon hat seine historischen Vehikel bewahrt, sehr zur Freude seiner Bewohner und Besucher.

Straßenbahnen fahren auf Schienen und beziehen ihre Antriebskraft aus Strom, der den Wagen über Oberleitungen und verbindende Stromabnehmer zugeführt wird. Im Gegensatz zu Eisenbahnen teilen sie sich mit Autos, Lkws und Passanten die Straßen. Im ausgehenden 19. und frühen 20. Jahrhundert waren Straßenbahnen ein gängiges Verkehrmittel. Während sie in den 1950ern dann allerorten aus der Mode kamen, blieb Lissabon seinen Bahnen treu. Und so gehören diese historischen Triebwagen, die sich bedächtig die Hügel hinaufschleppen, heute zu den Aushängeschildern der Stadt.

Die ersten, in New York entwickelten Prototypen kamen 1873 zum Einsatz: von Pferden gezogene, schwerfällige Wagen, die zwischen Santa Apolónia und Santos am Fluss entlang fuhren. Mit diesen sofort beliebten *Americanos* hatte der heute noch tätige staatliche Verkehrsbetrieb Carris damals einen guten Start. Man verlegte neue Schienen, baute ein Depot und transportierte binnen zweier Jahre bereits über eine Million Passagiere. Schließlich gab das Wirtschaftswachstum 1902 den Impuls, das System zu elektrifizieren. Ab 1924 baute man die Bahnen in betriebseigenen Werkstätten. Manche dieser treuen Weggefährten rollten bis in die 1990er hinein geduldig bergauf und bergab. Der heutige Fuhrpark allerdings setzt sich aus *Remodelados* (aufgearbeiteten Wagen) und neuen Gelenktriebwagen von Siemens zusammen.

Rechts: Nachtfahrt vorbei an der Kathedrale

Unten: Mit Straßenbahnen kommen Sie gut durch Lissabon

Dreh- und Angelpunkt ist die Baixa (▶ 46ff). Von dort aus befahren mehrere Linien die hügeligen Nachbarviertel Alfama (▶ 82ff) und Bairro Alto (▶ 100f), um dann auf ebenem Weg dem Flusslauf hinaus nach Belém zu folgen (▶ 115ff). Im Stadtzentrum fahren die herrlichen alten, kastenförmigen Wagen mit ihrem historischen Inventar und der Holzverkleidung, deren Aussehen sich seit dem 19. Jahrhundert nicht geändert hat. Sie kommen nur langsam voran, nehmen die steilen Straßen und die engen Kurven jedoch mit Leichtigkeit, wenn auch nicht ohne Rütteln und oft angehalten von Autos, die die Fahrbahn blockieren. Genau das aber gehört zum Erlebnis und ist eine wunderbare Gelegenheit, mit Mitreisenden in Kontakt zu kommen. Bevorzugen Sie lieber modernen Komfort, dann steigen Sie in die leise Bahn der Linie 15 und nehmen Kurs auf Belém.

Einige Stadtteile sind selbst für Straßenbahnen zu steil. Hier kommen die drei *elevadors* (Standseilbahnen) zum Zuge, die ihre starren Waggons hoch und wieder hinunter ziehen, von der Baixa zum Bairro Alto und zurück. Die steilste Strecke hat der Elevador de Santa Justa zu bewältigen, ein schlichter und doch wunderbar malerischer Aufzug.

Das Straßenbahnmuseum

Mehr zur Geschichte der Straßenbahnen im **Museu da Carris;**
✉ Rua de Maio, 101–103 ☎ 213 613 087; www.carris.pt
🕒 Mo–Sa 10–13, 14–17 Uhr
Straßen- und Standseilbahnbenutzung siehe ▶ 32.
Carris bietet auch Stadtrundfahrten an.

Das Magazin

Zwischen 1928 und 1974 stand Portugal unter der reaktionären, diktatorischen Herrschaft António de Oliveira Salazars. Vier Jahrzehnte lang verhinderten er und seine finstere Geheimpolizei PIDE jede Art Fortschritt und hielten das Land auf 3-F-Diät: Fátima (hier war die Jungfrau Maria drei Bauernkindern erschienen und wurde zum meist verehrten Ort des Regimes), Fußball und Fado. In den späten 1960ern verlor Salazar an Kraft, es gab Studentenrevolten und Probleme in den Kolonien. Die Zeit war reif.

Die Nelken-REVOLUTION

Salazar starb 1970. Sein Nachfolger, Marcello Caetano, war zwar Reformist, aber unfähig, mit der zunehmenden Krise Portugals und vor allem auch der Kolonien fertig zu werden. Im Frühjahr 1974 schloss sich eine Gruppe linker Offiziere zur »Bewegung der Streitkräfte« (Movimento das Forças Armadas, kurz: MFA) zusammen, um die Regierung durch einen Militärputsch zu stürzen und General António Spínola als Oberhaupt einer neuen Reformregierung einzusetzen. Kopf der Bewegung war Major Otelo Saraiva de Carvalho, der die Besetzung strategisch wichtiger Punkte in Lissabon und im ganzen Land leiten sollte. Da er nicht mit der Unterstützung der gesamten Armee rechnen konnte, mussten seine Pläne streng geheim bleiben und seine Anhänger unbemerkt instruiert werden. Am 25. April um 0.30 Uhr sendete der Rundfunk »Grândola, Vila Morena«, ein Lied des Sängers Zeca Afonso, das unter Salazars Regime verboten war. Das war für die MFA das Signal zum Staatsstreich, der die Diktatur beenden und Portugal eine liberale Demokratie bescheren sollte. 18 Stunden später war alles vorbei. Caetano gab auf, Spínola übernahm das Amt und das älteste Militärregime Europas fand ein

Links: António Salazar

Unten und rechts: Panzerwagen am Tag der »Spínola-Revolution«

24 *Das Magazin*

Ende. Trotz der im Radio wiederholten Aufforderungen, dass man das Haus hüten solle, gingen die Massen auf die Straßen und mischten sich sowohl unter die MFA als auch unter die staatlichen Truppen, die nicht wussten, auf welche Seite sie sich schlagen sollten. Sie stürmten aus den PIDE-Zentralen, aus denen heraus geschossen wurde. Vier Mann wurden getötet, weitere Opfer gab es nicht an diesem Tag.

Das Stadtzentrum wogte. Man erzählt sich, dass ein Blumenverkäufer am Rossio einem Soldaten eine rote Nelke in die Hand drückte. Von den Nelken gab es reichlich, und so wurden ganze Heerscharen von Soldaten damit bestückt, die sich die Blumen an ihre Gewehrläufe steckten. Was für ein Anblick! In Windeseile wurde er von den Nachrichtensendern in die ganze Welt gesendet und Portugals Revolution schließlich danach benannt: *Revolução dos Cravos*, die Nelkenrevolution.

Spínolas Junta währte nicht lange, aber sie war der Beginn einer Rückbesinnung Portugals auf das etablierte Europa, die schließlich im Beitritt zur Europäischen Union 1986 gipfelte. Heute begeht man den Tag der Revolution als nationalen Feiertag, an dem alte Mütterchen noch immer Nelken verkaufen, um die neue Generation an Portugals wichtigsten Tag des 20. Jahrhunderts zu erinnern.

Calouste Gulbenkian
Der Große Philanthrop

Wer war denn Calouste Gulbenkian? Nur wenige hörten von ihm, bevor sie nach Lissabon kamen. Sein Name – der heute für die Crème der Lissabonner Kunstszene steht – klingt nicht portugiesisch. Ein großartiges Museum wurde nach ihm benannt (▶55ff), aber was hat solch eine stattliche private Kunstsammlung in Lissabon zu suchen? Musikbegeisterte mögen sich vielleicht ein Konzert des Gulbenkian-Orchesters oder des gleichnamigen Chors zu Gemüte führen, doch was steckt dahiner?

Diese kulturelle Bandbreite wird von der Gulbenkian-Stiftung gefördert, einer Organisation, die mit Fug und Recht behaupten kann, sie habe mindestens ebensoviel für die Kunst in Portugal getan wie der Staat selbst. Gegründet wurde sie 1956 auf eine testamentarische Verfügung Calouste Sarkis Gulbenkians, eines 1869 in Istanbul geborenen armenischen Christen. Er studierte am King's College in London, diplomierte 1887 und stieg als Pionier in die Ölindustrie ein. 1902 wurde er britischer Staatsbürger. Während der folgenden Jahrzehnte kam er durch seine Rolle als treibende Kraft in der Ölförderung im Mittleren Osten zu Ruhm und Reichtum und war maßgeblich an der Gründung der Royal Dutch Shell und der Turkish Petroleum Company beteiligt. Souverän beherrschte er die Spielregeln und erwirkte in buchstäblich allen Geschäften einen prozentualen Anteil, was ihm den Spitznamen »Mister Five Percent« einbrachte.

Gulbenkian war steinreich, aber auch ein großer Liebhaber der Bildenden Kunst und leidenschaftlicher Sammler. Seine über Jahrzehnte erworbenen Kunstwerke – die ersten stammen aus

Unten und rechts: Calouste Gulbenkian im Alter von 20 Jahren und älter

26 Das Magazin

Gulbenkians Erbe

Museu Calouste Gulbenkian, Lissabon (▶ 55ff)
Centro de Arte Moderna, Lissabon (▶ 62f)
Instituto Gulbenkian de Ciência, Lissabon
Gulbenkian Planetarium, Lissabon (▶ 124)
Gulbenkian Orchestra, Lissabon (▶ 55)
Gulbenkian Choir, Lissabon (▶ 55)
Calouste Gulbenkian Foundation, GB
Calouste Gulbenkian Cultural Centre, Paris

Die Stiftung fördert auch Kunstveranstaltungen, Preisverleihungen, Ausstellungen, Stipendien und Forschungsvorhaben in Portugal und unterstützt die Bildenden Künste in Großbritannien und Frankreich.

dem Jahre 1890 – waren durchweg erstklassiger Provenienz und in einwandfreiem Zustand. Was er an Kunst kaufte, umgab ihn. Unzählige sagenhafte Erwerbungen zierten sein Haus in Paris. Ende der 1930er spielte er mit der Idee, ein Londoner Institut zu gründen, um seine Sammlung öffentlich zu zeigen. Doch sah die britische Regierung im Zweiten Weltkrieg in Gulbenkian einen »technischen Feind« und London verpasste seine Chance. Ebenso wie später die Vereinigten Staaten, als Gulbenkian Portugal für sich entdeckt hatte, das Land, das ihm auf der Flucht aus dem nazibesetzten Frankreich 1942 Asyl gewährte. Er starb 1955 in Lissabon und hinterließ seine legendäre Sammlung und sein stolzes Vermögen dem Land, das ihn so warm empfangen hatte, »wie ich es nirgendwo sonst erfuhr«. Bis 1960 wurde die gesamte Privatsammlung nach Lissabon gebracht und eine der weltweit größten gemeinnützigen Kunststiftungen gegründet.

Das Magazin

Highlights auf einen Blick

Die schönsten *Miradouros*
Castelo de São Jorge: Weitreichende Sicht über das Stadtzentrum (➤ 77ff, unten und rechts)
São Pedro Alcântara: Blick auf das Stadtzentrum von der anderen Seite (➤ 174)
Santa Luzia: Die Alfama und der Fluss (➤ 178)
Esplanada da Igreja da Graça: Die schönsten Sonnenuntergänge (➤ 94, 179)
Santa Catarina: Der Fluss und die westlichen Stadtteile (➤ 110)

Die besten Verkehrsmittel
Straßenbahn Nr. 12 vom Praça da Figueira zum Largo das Portas do Sol
Straßenbahn Nr. 25 von der Rua da Alfâdega zur Basílica da Estrela
Straßenbahn Nr. 28 von Graça zum Chiado
Zug flussabwärts zum Cascais (➤ 161)
Fähre über den Tejo nach Cacilhas (➤ 180)

Die schönsten Straßencafés
Café Martinho da Arcada: Schnappen Sie sich einen Tisch unter den Arkaden (➤ 64)
Café A Brasileira: Lissabons berühmtestes Café im Herzen des stilvollen Chiado (➤ 60f)
Café Nicola: Historisches Café mitten auf dem Rossio. Hier lassen sich die Leute hervorragend beobachten (➤ 64)
Esplanada da Igreja da Graça: Sagenhafte Ausblicke und einladende Cafés (➤ 94, 179)

Die schönsten Ausflüge
Ein Tag in Sintra: Hier gibt es Paläste, Gärten, Hügel, Aussichtspunkte, Einkaufsmöglichkeiten und die beste Queijada (süße Käsetorte) der Stadt (➤ 164)
Ein Ausflug nach Queluz: Malerischer Palast mit wundervollem Garten (➤ 167)
Ein Tag am Strand: Auf zum Cascais-Hafen und den wilden Ufern von Guincho und Cabo da Roca (➤ 162)
Architektonische Pracht: Der riesige Klosterpalast von Mafra (➤ 170ff)

Wenn Sie nur Zeit für eins haben ...
Kirche: São Vicente de Fora (➤ 80f): herausragende Architektur, wunderschöne Fliesen und großartige Ausblicke
Museum: Das Calouste Gulbenkian Museum ist ein Muss (➤ 55ff) und eine der weltweit schönsten Sammlungen
Bar: Cerca Moura (➤ 94): Hier haben Sie die Wahl zwischen maurischen Stadtmauerwänden drinnen oder einer Terrasse auf einem der schönsten Plätze Lissabons
Restaurant: Ausgezeichnete portugiesische Küche im angesagten Pap' Açorda (➤ 113) im Herzen des Bairro Alto

Das Magazin

Erster Überblick

Ankunft

Anreise mit dem Flugzeug

Aeroporto de Lisboa (Portela)
- Der Flughafen Lissabon (Tel. 218 413 500; Flugauskunft Tel. 218 413 700; www.ana-aeroportos.pt) deckt nationale und internationale Flüge ab.
- Direktflüge nach Lissabon gehen von München, Stuttgart, Berlin Schönefeld, Wien, Basel und Zürich.
- TAP, Portugals nationale Fluggesellschaft, fliegt außerdem täglich einmal direkt von Hamburg und Frankfurt (Main).

Transfer
- **Portela** liegt 7 km entfernt im Nordosten von Lissabon und ist durch Flughafenbusse (Aerobus), normale Buslinien und Taxis mit der Stadt verbunden, die alle vor den Ankunftshallen abfahren. Nehmen Sie sich eine Ausgabe von *Your Guide* (eine Infobroschüre über Lissabon, die überall am Flughafen ausliegt) mit, bevor Sie den Terminal verlassen.
- Eine Fahrt mit dem **Taxi** (beige oder schwarz und grün) ist die schnellste, aber auch die teuerste Art, in die Stadt zu gelangen. Eine Fahrt kostet zwischen 15 und 20 Euro für bis zu 4 Fahrgäste, für extragroßes Gepäck wird ein Zuschlag berechnet. Die Fahrt dauert 20 bis 40 Minuten.
- Der **Flughafenbus** Nr. 91 der städtischen Verkehrsgesellschaft Carris fährt zwischen 7.40 und 20.45 Uhr alle 20 Minuten ins Stadtzentrum. Fahrscheine sind im Bus erhältlich. Es gibt Einzelfahrscheine oder Tagestickets, die für sämtliche Busse und Straßenbahnen Lissabons gleichermaßen gelten. Der Flughafenbus hält auf der Avenida da Liberdade, dem Rossio und dem Praça do Comércio und endet am Bahnhof Cais do Sodré.
- **Busse des Linienverkehrs** (Nr. 5, 21, 22, 44, 45 und 83) befahren vom Flughafen aus verschiedene Stadtteile Lissabons und kosten etwa soviel wie der Flughafenbus.

Anreise mit dem Zug
- Reisende **aus Nordportugal**, Spanien oder Frankreich kommen am **Bahnhof Santa Apolónia** (Tel. 808 208 208) im Osten des Stadtzentrums an. Vor dem Bahnhof befindet sich ein **Taxistand** sowie Haltestellen der Carris-Linienbusse.
- Sie können auch am **Gare do Oriente** (Bahnhof Oriente) am Parque das Nações aussteigen und die Metro benutzen.
- Kommen Sie aus dem Süden Portugals, halten die Züge am **Gare do Oriente**.
- Wahlweise können Sie auch an der zentraler gelegenen Haltestelle **Entrecampos** aussteigen, um von dort mit der **Metro** weiterzureisen.

Anreise mit dem Auto
- Mit dem Auto **führen alle Wege durch Spanien**. Die beste und sicherste Wahl ist die **E 90**, die von Madrid über Bajadoz führt. In Portugal wird sie zur A 6/ A 2 und verläuft durch den Alentejo nach Palmela. Sie können dann entweder auf der A 2 bleiben, über die Sie Lissabon im Westen über die

Ponte 25 de Abril erreichen. Oder Sie fahren weiter auf der A 12, überqueren den Tejo über die Ponte Vasco da Gama und erreichen die Stadt im Osten.
- Alternativ können Sie ab Salamanca auch die **E 80** fahren, die bei Vilar Formosa zur A 25 und dann bei Guarda zur A 23 wird. Lissabon erreichen Sie dann über Castelo Branco und die Autobahn A 1 Porto–Lissabon.
- Das **Parken** in Lissabon ist Glückssache, wenige Hotels verfügen über Parkplätze.
- Empfehlenswert – wenn auch nicht ganz billig – sind die **unterirdischen städtischen Parkhäuser** (mit einem weißen P gekennzeichnet). Suchen Sie einen Parkplatz in der Innenstadt, werden sich *Arrumadores* anbieten, die Ihnen für ein Trinkgeld einen freien Parkplatz suchen und das Fahrzeug im Auge behalten. Eine Bezahlung dieser Dienstleistung ist ratsam.

Touristeninformationen

Touristeninformationen erreichen Sie gebührenfrei unter Tel. 808 781 212. Die besten Büros sind das Lisboa Welcome Centre und das Palácio Foz. Im letzteren erhalten Sie auch Informationen über ganz Portugal.

- ✉ Aeroporto (Ankunft) ☎ 218 450 660 🕓 7–14 Uhr
- ✉ Baixa, Rua Augusta (Kiosk) ☎ 213 259 131 🕓 10–12, 14–18 Uhr
- ✉ Lisboa Welcome Centre, Praça do Comércio, Loja 1 ☎ 210 312 810 🕓 9–20 Uhr
- ✉ Restauradores, Palácio Foz ☎ 213 463 314 🕓 9–20 Uhr
- ✉ Santa Apolónia ☎ 218 821 606 🕓 Di–Sa 8–13, 14–16 Uhr
- ✉ Belém, Mosteiro dos Jerónimos ☎ 213 658 435/6/7 🕓 Di–Sa 10–13, 14–18 Uhr

Unterwegs in Lissabon

Lissabons Nahverkehr bietet U-Bahnen, Busse, Straßenbahnen, Standseilbahnen und Aufzüge. Carris betreibt den überirdischen Stadtverkehr, ein kombiniertes Netzwerk aus Bussen, Straßenbahnen und Aufzügen, die alle relativ häufig verkehren und preiswert und zuverlässig sind. Sie erreichen alle Sehenswürdigkeiten bequem mit einigen wenigen Linien.

Carris

Auskünfte zum Carris-Service erhalten Sie am Carristur-Stand am Fuße des Santa-Justa-Aufzugs, an den Kiosken in Praça da Figueira, Restauradores, Cais de Sodré oder in allen Touristenbüros (Tel. 213 613 000; www.carris.pt). Dort erhalten Sie Verkehrs- und Ticketinformationen und kostenlose Fahrpläne.

Metro

Die Lissabonner U-Bahn (Metropolitano) ist die schlaue und effiziente Art, viele Ziele der Stadt schnell zu erreichen. Es gibt vier Linien mit Umsteigemöglichkeiten an den Haltestellen Baixa-Chiado, Marquês de Pombal, Alameda und Campo Grande (www.metrolisboa.pt).

- **U-Bahnen** verkehren von 6.30–1 Uhr.
- **Eingänge** sind mit einem weißen »M« auf rotem Grund gekennzeichnet.
- **Tickets** kosten 70 ct pro Fahrt oder 6,65 Euro als Zehnerkarte (Caderneta). Sie können auch das aufladbare Ticket *Cartão 7 Colinas* für Metro und Carris kaufen. Es kostet 3,35 für einen Tag oder 13,20 für 5 Tage.
- **Entwerten** Sie Ihre Tickets an der Box neben der Eingangsschranke (Ticket durchziehen).
- **Übersichtliche Informationstafeln** in den Farben der jeweils benutzten Linie geben die Fahrtrichtung und den Namen der Endstation an.
- **Metropläne** gibt es an allen wichtigen U-Bahnhöfen.

Erster Überblick

Busse

- **Autobusse** (Autocarros) verkehren überall in der Stadt und sind oft überfüllt. Es gibt wenig Sitzplätze; Sie sollten mit einer Fahrt im Stehen rechnen. Achten Sie auf ihre Wertsachen, auch wenn in Lissabon sehr wenig Kriminalität verzeichnet wird.
- **Bushaltestellen** geben die Liniennummer und die Haltestellen der Linie an. Die Haltestelle, an der Sie sich befinden, ist markiert.
- **Steigen** Sie vorne in den Bus ein und entwerten Sie das Ticket. Der Ausstieg ist hinten.
- Carris betreibt auf den Hauptlinien zwischen 23.45 und 5.30 Uhr (je nach Linie) auch **Nachtfahrten** (Madrugada).

Straßen- und Standseilbahnen

- Lissabons wundervolle **Trams** (Straßenbahnen, *Eléctricos*) lohnen sich schon wegen des Fahrvergnügens. Sie fahren in fünf Linien und überwinden einige der weltweit steilsten Anstiege innerhalb einer Stadt. Die nostalgischen Traditionslinien Nr. 28, 12 und 25 bedienen das Herz der Altstadt, während die 18 westwärts nach Belém und eine neue »Supertram«, die Linie 15, am Fluss entlang von Cais do Sodré über Belém nach Algés fährt.
- Es gibt drei **Standseilbahnen** (*Elevadores*), Bica, Glória und Lavra, die die Wege zwischen der Baixa und dem Bairro Alto angenehm verkürzen. Der Personenaufzug Santa Justa verbindet die Baixa mit dem Largo do Campo.

Taxis

- Die Lissabonner **Taxis** sind cremefarben oder schwarz-grün. Ein **grünes Licht** heißt »Taxi frei«, die **rote Zahl** gibt den **Tarif** an. Die Taxis haben einen Zähler, achten Sie darauf, dass er angestellt ist. Trinkgeld ist Ermessenssache.
- Im Stadtzentrum gibt es mehrere **Taxistände**: Rossio, Fluvial, Praça da Figueira, Chiado, Largo da Misericórdia und Avenida da Liberdade.
- Taxis sind **preiswert**, ab 21 Uhr und an Wochenenden und Feiertagen wird ein Zuschlag erhoben. Taxis rufen Sie über Aurocoope (Tel. 217 932 756), Rádio Taxis (Tel. 218 119 000) oder Teletaxis (Tel. 218 111 100).

Fähren

Fähren über den Tejo verkehren ganztägig von mehreren Orten. Der Anleger **Terreiro do Paço** (**Praça do Commércio**) verbindet Lissabon mit Montijo, Seixal und Alcochete, der Anleger **Cais do Sodré** Lissabon mit Cacilhas. Es gibt auch eine Verbindung zwischen **Parque das Nações** und Cacilhas sowie von Belém nach Trafaria. Die Einfachtickets sind am Fähranleger zum Preis von 0,74 bis 2,20 Euro (streckenabhängig) erhältlich, Rückfahrttickets gibt es nicht.

Autovermietung

Wenn Sie in Lissabon ein **Auto mieten** möchten, können Sie dies über die überall in der Stadt und auf dem Flughafen ansässigen Filialen internationaler Unternehmen tun. Jedoch dürfte es billiger sein, das Mietauto von zu Hause aus zu organisieren. Kontaktieren Sie die Autoverleiher über:
Avis: Tel. 800 201 002; www.avis.com
Budget: Tel. 808 252 627; www.budget.com
Europcar: Tel. 219 407 790; www.europcar.com
Hertz: Tel. 219 426 300; www.hertz.com

Tickets und Abokarten

Kaufen Sie die Karten an den Carris-Kiosken oder in Läden und Kiosken, die das Carris-Logo haben. Einfachfahrten bezahlen Sie an Bord.

Unterwegs in Lissabon

Kartenarten
- **Cartão 7 Colinas**, gültig für einen Tag (3,25 Euro) oder 5 Tage (13,50 Euro) für Busse, Straßenbahnen, Aufzüge und Metro.
- **Bilhete Simples Rede**, Tageskarte zu 3,25 Euro, gültig ab dem Kaufzeitpunkt bis Mitternacht für Busse, Straßenbahnen, Aufzüge und Metro.
- **Bilhete de Bordo**, Einzelfahrschein zu 1,30 Euro, im Fahrzeug erhältlich, gültig nur für eine Zone.
- **Bilhete Metro,** einfach 0,75 Euro, Hin-und Rückfahrt 1,35 Euro.
- **Bilhete Simple Urbano**, Einzelfahrschein zu 1,15 Euro, gültig für eine Stunde, für alle Busfahrten und eine Metrofahrt.
- Wenn Sie ein **Kombiticket** haben, müssen Sie es bei der ersten Fahrt entwerten, die **Cartão 7 Colinas** wird beim ersten Durchziehen gültig.

Fahrgäste mit Behinderungen
Portugal hat enorme Probleme mit der Bereitstellung von Transportmitteln für behinderte Fahrgäste. Das gilt besonders für Lissabon, wo die Schwierigkeiten einfach in der altertümlichen und hügeligen Stadt liegen. Insgesamt ist die Situation nicht mit nordeuropäischen Ländern vergleichbar.

- **Taxis** können Rollstühle zusammengeklappt im Kofferraum befördern, das Ein- und Aussteigen kann für die Fahrgäste beschwerlich sein.
- Es gibt einen **Busfahrservice für Behinderte** (Tel. 213 613 141, www.caris.pt). Er ist Mo–Fr von 6.30–22, Sa–So von 8–22 Uhr in Betrieb. Jede Fahrt kostet 1,30. Die Fahrt muss einen Tag im Voraus bestellt werden. Zuvor ist der Carris-Zentrale in Santo Amaro ein ärztliches Attest, ein Ausweis und ein Foto zur Ausstellung einer Benutzerkarte vorzulegen.
- Busse haben **keinen** Rollstuhlzugang.
- Manche **Metrostationen** haben Aufzüge zu den Bahnsteigen.
- **Blindenhunde** fahren kostenlos.
- **Buchen Sie rechtzeitig** und teilen Sie dabei Ihre Anforderungen mit.
- **Secretariado Nacional de Reabilitação**, Conde de Valbom 63, 1069-1178, Lisboa (Tel. 217 929 500, www.snripd.pt). Diese amtliche Website erteilt Verkehrsauskünfte (nur auf Portugiesisch). Sie publiziert auch einen *Barrierefreien Touristenführer* mit Verzeichnissen der Hotels, Restaurants usw.

Regionalzüge
Cascais, Estoril, Queluz oder Sintra können Sie mit **Regionalzügen** erreichen. Von Cais do Sodré fahren Züge nach Estoril und Cascais mit Halt in Belém. Die Züge nach Queluz und Sintra fahren vom Bahnhof Sete Rios. Die Regionalzüge können mit der Lissabonkarte benutzt werden.

Die Lissabonkarte
Planen Sie in Lissabon viele Fahrten und Besichtigungen, sollten Sie vielleicht eine Lissabonkarte (Cartão Lisboa) kaufen, die in den Touristenbüros erhältlich ist. Damit haben Sie unbegrenzten Zugang zu Bussen, Straßenbahnen, Aufzügen und zur Metro.

Eintrittspreise
Der Eintritt zu den im Text erwähnten Museen und Sehenswürdigkeiten ist durch folgende Preiskategorien gekennzeichnet:

preiswert unter 3 Euro   **mittel** 3–5 Euro   **teuer** über 5 Euro

Übernachten

Lissabon wird zunehmend ein Ganzjahresziel. Daher empfiehlt es sich, im Voraus zu buchen und sich gelassen eine bessere Bleibe zu sichern, zumal in den Monaten der Hauptsaison die Preise explodieren dürften. Für jeden Geschmack gibt es die passende Unterkunft, von historischen und Luxushotels bis zu modernen Einrichtungen für den Geschäftsreisenden, sowie eine breite Palette an bescheidenen Pensões, von denen sich viele im historischen Stadtkern befinden. Suchen Sie sich etwas in der Baixa, dem Chiado oder der Alfama, wenn Sie im Mittelpunkt des Geschehens wohnen möchten, bedenken Sie jedoch, dass es in den Zimmern zur Straße hin recht laut werden kann. Ruhigere Plätzchen in zentraler Lage finden Sie in den Straßen unterhalb des Castelo. Suchen Sie ein noch ruhigeres Lager und dabei eine gute Auswahl, dann ziehen Sie die Hotels an der Avenida de Liberdade oder in deren Nähe in Erwägung, oder fahren Sie hinaus in den wohlhabenden Vorort Lapa. Hier finden Sie einige der besten Hotels Lissabons in oftmals eleganten, historischen Gebäuden.

Tipps
- **Vorausbuchung** ist in den Monaten Juli und August unerlässlich.
- Die Hotelkategorien in Portugal reichen **von einem bis zu fünf Sternen**. Komfort, Einrichtung und Service richten sich nach Preis und Einstufung.
- *Pensões* und *Residencias* sind eine gute und günstige Wahl, wobei der Hauptunterschied darin besteht, dass die *Residenciais* außer einem Frühstück kaum Essen anbieten. Die Klassifizierung geht von einem bis zu drei Sternen, wobei eine Drei-Sterne-*Pensão* etwa so viel kostet wie ein Einsternehotel.
- In portugiesischen Hotels und *Pensões* ist ein Aushang der **Zimmerpreise** inklusive Mehrwertsteuer (IVA) **an der Türinnenseite** gesetzlich vorgeschrieben.
- Die Zimmerpreise **variieren saisonabhängig**, manchmal um bis zu 40 %.
- **Vereinbaren Sie einen Zimmerpreis** vor der Reservierung und fordern Sie eine schriftliche Bestätigung an, wenn Sie im Voraus buchen.
- Hotels geben oft die teuersten Zimmerpreise an, **fragen Sie nach billigeren Zimmern**.
- Die Hotels bieten gegen ein geringes Entgelt ein **Extrabett** an, ideal für Familien mit Kindern.
- Es ist vollkommen akzeptabel, sich das **Zimmer** vor dem Bezug **zeigen zu lassen**.
- Beachten Sie, dass eine *Pensão* im Stadtzentrum oft nur **über mehrere Treppen** erreichbar ist. Fahrstühle sind selten.
- An der Rezeption wird man Ihren **Reisepass zum Verbleib** verlangen. Vergessen Sie nicht, ihn später wieder abzuholen.
- Die Zimmer sind normalerweise **bis Mittag** zu **räumen**, einige Hotels bewahren aber Ihr Gepäck auf Wunsch auch länger auf.
- Es lohnt sich, auf **Internetseiten** wie www.lastminute.de oder www.expedia.de zu schauen, ob für das Hotel Ihrer Wahl günstige Preise angeboten werden.
- Sind Sie an einem Appartement mit **Selbstverpflegung** in der Innenstadt interessiert, finden Sie auf www.friendlyrentals.com eine große Auswahl.

Information
- Die **Lissabonner Touristenbüros** buchen keine Unterkunft für Sie, sie verfügen aber über Verzeichnisse der Hotels, die Sie selbst anrufen können.
- Am Flughafen gibt es einen **Auskunftsschalter**, das Hauptbüro befindet sich in der Praça do Comércio (täglich geöffnet von 9 bis 20 Uhr; Tel. 210 312 810/15; www.visitlisboa.com)
- Viele Hotels in Lissabon haben eine eigene **Website** mit Fotos, Preisen, allgemeinen Informationen und Formularen zur Online-Buchung.

Übernachten

Preise
Die Preise gelten für ein Doppelzimmer mit Bad pro Übernachtung:
€ unter 100 Euro   €€ 100–150 Euro   €€€ 150–300 Euro   €€€€ über 300 Euro

Albergaria Senhora do Monte €–€€
Im stimmungsvollen Graça-Viertel, nahe dem Stadtzentrum, befindet sich dieses gemütliche kleine Hotel mit Zimmern in Südlage, z. T. mit eigener Terrasse. Der herrliche Blick über die Stadt und den Tejo ist den gehobenen Preis durchaus wert. Die Zimmer sind alle bequem und sauber und die Besitzer freundlich. Den Kaffee können Sie in der Frühstücksbar auf dem Dach genießen.
198 B3/4 Calçada do Monte 39, Graça 218 866 002; www.maisturismo.pt/sramonte.html
Tram 28, 12

As Janelas Verdes €€€
Dieses bezaubernde Hotel ist in einem mit Antiquitäten bestückten Herrenhaus untergebracht. Die allgemeinen Räume wirken wie die eines Privathauses. Die Zimmer sind gut ausgestattet und ansprechend, das Personal verbindet Professionalität mit Freundlichkeit. In der Selbstbedienungsbar, auf der Frühstücksveranda, der schönen Terrasse im Obergeschoss und in der Bibliothek können Sie sich ganz wie zu Hause fühlen.
196 B1 Rua da Janelas Verdes 47, Lapa 213 968 143; www.heritage.pt Santos

Duas Nações €
Buchen Sie im Voraus, um sich ein Zimmer mit eigenem Bad in diesem erstklassigen Hotel mitten in der Fußgängerzone der Baixa zu sichern. Es befindet sich in einem Stadthaus aus dem 19. Jh. und hat nach der Instandsetzung bescheidene, tadellos saubere Zimmer, einige von ihnen mit Gemeinschaftsbad. Meiden Sie die lauten Zimmer mit Blick zur Rua Augusta. Im Preis enthalten ist ein reichhaltiges Frühstücksbuffet.
198 A2 Rua da Vitoria 41, Baixa
 213 460 710; www.duasnacoes.com
Baixa-Chiado

Hotel Métropole €€–€€€
Dieses elegante und traditionsbewusste Hotel beherbergt Sie im Zentrum des Geschehens im Westen des Rossio. Es wurde 1917 eröffnet und 1993 grundlegend umgestaltet. Vieles vom Original wie z. B. die Marmorbäder wurde restauriert, wichtiger moderner Komfort aber hinzugefügt. So gewährleisten jetzt Doppelfenster eine geruhsame Nacht. Die oberen Zimmer zum Platz hin bieten einen großartigen Blick auf das Castelo.
198 A2 Praça Dom Pedro IV 30, Rossio 213 219 030; www.almeidahotels.com Rossio

Lapa Palace €€€€
Der Graf von Valenca baute diesen Palast im 19. Jh. in der angesagten Nachbargemeinde Lapa mit Blick auf den breiten Tejo. Die Gäste können in den friedlichen Gärten entspannen oder im Pool baden, bevor sie die wunderschön restaurierte Luxusausstattung im Inneren genießen. Die Zimmer und Suiten sind stilistisch verschieden von orientalisch bis Art déco gestaltet. Alle jedoch werden dem Anspruch des Hotels als eine der luxuriösesten und teuersten Herbergen Lissabons gerecht.
196 A2 Rua do Pau da Bandeira 4, Lapa 213 949 494; www.lapapalace.com Santos

Lisboa Regency Chiado €€€
In diesem modernen Boutique-Hotel befinden Sie sich mitten in der angesagtesten Einkaufsgegend von Lissabon mit fabelhaftem Ausblick auf das alte Alfama-Viertel und auf das Castelo. Die Hotelzimmer vereinen portugiesisches und orientalisches Design und kombinieren reiche Farben, dunkles Holz und geradlinige Formen. Alle Zimmer sind nach den neuesten Anforderungen komfortabel ausgestattet. Genießen Sie das an-

Erster Überblick

geblich beste Frühstücksbuffet Lissabons und lassen Sie Ihren Blick dabei aus den Erkerfenstern des Speiseraums über die Dächer schweifen.

🏠 198 A2 ✉ Rua Nova do Almada 114, Chiado ☎ 213 256 100; www.regencyhotels-resorts.com 🚇 Baixa-Chiado

Palácio de Belmonte €€€€

Dieser schöne Palast aus dem 16. Jh. gehörte einst den Grafen von Belmonte und heute zu den großartigen Luxushotels der Welt. In jeder der Suiten verbindet sich modernster Komfort mit unaufdringlichem Luxus und Eleganz. Schöne *Azulejos* aus dem 18. Jh. und reiche Farben spiegeln die Farbschattierungen Lissabons wider. Der Garten ist ruhig und elegant, mit einem Pool aus schwarzem Marmor.

🏠 198 B2 ✉ Páteo Dom Fradique 14, Alfama ☎ 218 816 600; www.palaciobelmonte.com 🚋 Tram 28

Pensão Alegria €

Buchen Sie rechtzeitig in dieser einladenden Pension, um ein nach hinten gelegenes Zimmer mit Blick auf den treffend benannten »Glücksplatz« mit seinen Palmenreihen zu ergattern. Die Zimmer sind einfach und graziös, mit Holzböden, freundlichen Textilien und eigenem Bad. Außer dem Frühstück gibt es keine Mahlzeiten.

🏠 197 E4 ✉ Praça de Alegria 12 ☎ 213 220 670 🚇 Avenida

Pensão Residencial Royal €

Als eines der günstigsten Schnäppchen der Stadt erstreckt sich das Royal über drei Etagen im Herzen der Baixa, umgeben von Restaurants und Cafés. Frühstück gibt es nicht, jedoch sind alle Zimmer neu renoviert, hell und sauber und verfügen über eigene Bäder – viele davon sind mit antiken Fliesen dekoriert. Im Obergeschoss des Gebäudes befindet sich das noch preiswertere Galicia (Tel. 213 428 430), eine schlichte Herberge, in der Sie vielleicht noch unterkommen, wenn das Royal belegt ist.

🏠 198 A2 ✉ Rua do Crucifixo 50, 3. Etage, Baixa ☎ 213 479 006 🚇 Baixa-Chiado

Residencial Avenida Parque €

Die Zimmer dieses hochwertigen *Residencial* am Parque Eduardo VII würden einem 3-Sterne-Hotel keine Schande machen. Sie haben moderne Möbel, eine farblich abgestimmte Polsterausstattung und doppelt verglaste Fenster für eine geruhsame Nacht. Aus der modernen Eingangshalle führt eine elegante Holztreppe hinauf zu den Zimmern, von denen einige auch einen Balkon haben. Das Frühstück wird im Speiseraum im Untergeschoss serviert.

🏠 194 C3 ✉ Avenida Sidónio Pais 6 ☎ 213 532 181; www.avenidaparque.com 🚇 Parque, Marquês de Pombal

VIP Inn Veneza €

Die Fassade dieses palastartigen Stadthauses gibt einen Vorgeschmack auf das reizvolle Innere. Schmiedeeisen und poliertes Holz bringen das farbenfrohe Wandgemälde von Lissabon zur Geltung, welches den monumentalen Treppenaufgang schmückt. Die farblich gut abgestimmten Zimmer sind geräumig, bequem und bestens ausgestattet. Das Personal ist freundlich und geschäftstüchtig. Die Preise sind niedriger als in vielen ähnlichen Hotels und das Haus hat eine gute Verkehrsanbindung.

🏠 197 E4 ✉ Avenida da Liberdade 189 ☎ 213 522 618; www.viphotels.com 🚇 Avenida

York House €€€

Steigen Sie die Stufen hinauf zum blumengeschmückten Hof dieses früheren Karmeliterinnenklosters und entdecken Sie eines der besten Hotels von Lissabon. Die Zimmer bewegen sich zwischen traditionellem und minimalistischem Schick. Tiefe Sofas, Kunstwerke und Antiquitäten bestimmen die Atmosphäre. Im Sommer wird das Frühstück im Freien serviert und das Hotelrestaurant wird seinem Ruf als Heimstätte traditioneller portugiesischer Küche in vollem Maße gerecht.

🏠 196 B1 ✉ Rua das Janelas Verdes 32, Lapa ☎ 213 962 435; www.yorkhouselisboa.com 🚇 Santos

Essen und Trinken

Die regionalen Gerichte zu kosten gehört im Ausland zum schönsten Vergnügen des Reisenden. In Lissabon, wo Speisen aus allen Winkeln des Landes serviert werden, gibt es für jeden Geschmack etwas. Die breite Palette des Speisenangebots spiegelt Geschichte und Kultur des Landes wider. Der Schwerpunkt liegt eindeutig auf frischen saisonalen Produkten der Region, und davon gibt es reichlich. Nicht nur fremde Invasoren hinterließen in Portugal kulinarische Spuren, auch die Küsten und die großen Entdeckungsreisen weckten die Leidenschaft für Fisch und Meeresfrüchte, für Gewürze und Zutaten aus aller Welt. Man sollte bei der Wahl des Lokals durchaus wählerisch sein: In jeder Preisklasse gilt: Wo die Einheimischen hingehen, ist Qualität garantiert.

Die Mahlzeiten in Lissabon

- **Frühstück** (*Pequeno-almoço*) wird meist zwischen 8 und 9 Uhr eingenommen, oft in einem Café. Die Hotels bieten das übliche Frühstücksbuffet.
- **Mittagessen** (*Almoço*) gibt es von 12 bis 15 Uhr. Es besteht meist aus zwei bis drei Gängen.
- **Abendessen** (*jantar*) beginnt normalerweise gegen 19.30 Uhr. Es unterscheidet sich in seiner Zusammensetzung nicht wesentlich vom Mittagessen.
- Auf der Speisekarte findet man manchmal eine *Ementa Turística*. Das ist kein Touristenmenü, sondern das **Tagesgericht**. Im oftmals sehr moderaten Preis enthalten sind zwei Gänge sowie Bier oder Wein.
- Hat man Platz genommen, werden Brot und eine Auswahl kleiner Vorspeisen auf den Tisch gestellt. Sie reichen von Butter, Fischpastete und Oliven bis hin zu Käse, *Chouriço* und raffinierteren Speisen. Diese sind allerdings **nicht kostenlos**; was man davon gegessen hat, erscheint auf der Rechnung.
- Die teuren Restaurants nehmen **Tischreservierungen** entgegen, in der Hauptsaison und an den Wochenenden sollten Sie davon Gebrauch machen.
- Außer in den Spitzenrestaurants müssen Sie sich **nicht in Schale werfen**.

Kulinarische Begriffe

Sopa/ensopado – Suppe/Eintopf
Marisco – Muscheln
Peixe – Fisch
Carne – Fleisch
Aves e caça – Geflügel und Wild
Legumes – Gemüse
Sobremesa – Nachtisch
Fruta – Obst
Queijo – Käse

Restauranttypen

- *Restaurantes* sind einfache Gaststätten, geöffnet von 12–15 und von 19 bis 22 Uhr. Kreditkarten werden eher akzeptiert als in anderen Lokalen.
- Eine *Casa de pasto* oder *Tasca* ist ein preiswertes Lokal, oft in Familienbesitz, das günstige Drei-Gänge-Menüs serviert, meist nur zur Mittagszeit.
- Eine *Marisqueira* ist ein Fischrestaurant (auch Meeresfrüchte). Auf der Speisekarte sind Preise pro Kilo angegeben, die sich schnell summieren.
- *Churrasqueiras* sind auf *Frango no Churrasco* (auf Holzkohle grilltes Hähnchen) spezialisierte Familienbetriebe. Dazu wird Piri-Piri (scharfe Chilisauce) gereicht. Es gibt aber auch andere Grillgerichte.
- *Cervejarias* servieren hauptsächlich Bier, einfache Gerichte und Snacks, sie sind ganztägig bis spät in die Nacht geöffnet.

Erster Überblick

Getränke und kleine Speisen

- **Cafés** und **Bars** haben vom frühen Morgen an bis spät in die Nacht geöffnet und servieren ausgezeichneten Kaffee: *Bica* oder *Café*, ein kleiner schwarzen Espresso; *Meia de Leite* oder *Galao*, ein großer Milchkaffee, und *Garoto*, ein Espresso mit einem Schuss Milch. Es gibt auch Tee, Alkohol oder alkoholfreie Getränke. Setzen Sie sich an einen Tisch, steigt gewöhnlich der Preis. In Cafés werden auch kleine Snacks angeboten, vom Frühstücksgebäck über warme Speisen bis hin zum Sandwich (*Sandes*).
- Die *Casas de Chá* wurden offenbar erfunden, um den Appetit der Portugiesen auf Süßes zu stillen. Es gibt ausgezeichnete Tees und Kräuteraufgüsse, Kaffee und eine zuweilen ungeheure Vielfalt an Süßspeisen.
- *Pastelarias* sind Konditoreien. Achten Sie auf den Hinweis *Fabrico proprio* (aus eigener Herstellung) an der Fassade oder im Fenster.
- **Bier** (*Cerveja*) wird zumeist als Sagres und Super Bock getrunken.
- **Wein** (*Vinho*) gibt es in unüberschaubarer Vielfalt. Er kommt aus den über 50 Weinregionen des Landes. Viele dieser Weine sind nur hier erhältlich. Das Land ist in acht offizielle Regionen unterteilt, Genaueres erfahren Sie aber durch die DOC-Bezeichnungen, die die Herkunft garantieren. Probieren Sie auch die preiswerten *Vinhos de Mesa* (Tafelweine)!
- **Spirituosen** werden unter ihren bekannten Bezeichnungen verkauft. Portugals eigenes Produkt heißt *Aguardente* und wird aus verschiedenen Früchten oder auch aus Weintraubenschalen oder -kernen hergestellt. Er ist durchaus mit Vorsicht zu genießen, da er sehr hochprozentig ist (50 %). Lissabons eigener *Aguardente* ist der *Ginjinha* – ein Kirschbranntwein.
- **Portwein** (*Vinho do Porto*) trinkt sich hervorragend nach dem Abendessen. Nutzen Sie aber auch die Gelegenheit, einen weißen Portwein (*Porto Branco*) als Aperitif zu probieren. Weitere Portweinsorten sind zum Beispiel Vintage, Late Bottled Vintage (LBV), lohfarbener Tawny und Ruby.
- **Madeira** (*Vinho da Madeira*) wird hergestellt, indem man den Traubensaft vor dem Erhitzen fermentiert und mit Alkohol anreichert. Die Sorten heißen Sercial, Verdelho, Bual und Malvasia.

Spezielle Wünsche

- Für **Vegetarier** und auf **glutenfreie** Diät angewiesene Menschen könnte eine Ernährung in Portugal schwierig sein. Selbst scheinbar harmlose Suppen, Reis- und Bohnengerichte basieren auf Fleisch oder sind mit kleinen Speck- oder Wurststückchen angereichert. Brot ist integraler Bestandteil der Küche. Fischliebhaber haben keine Probleme, Fischverächter jedoch finden wenig Alternativen auf der Speisekarte. Selbst einfache Gemüsegerichte können Schweinefett enthalten, Sie sollten sich also immer erkundigen. Der Kellner wird bemüht sein, Ihre Wünsche an die Küche weiterzuleiten. Bedenken Sie jedoch, dass den Portugiesen eine vegetarische Lebensweise fremd ist.

Empfehlungen für ...

Traditionelle portugiesische Küche – Gambrinus (➤ 64f)
Kaffee und Kuchen – Café Nicola (➤ 64)
Speisen mit Aussicht – Mercado de Santa Clara (➤ 93)
Speisen mit Stil – Pap' Açorda (➤ 113)
Portugiesisches Ambiente – Trindade (➤ 65)

Preise
Die Preise gelten pro Person für ein Drei-Gänge-Menü ohne Getränke:
€ unter 20 Euro   €€ 20–40 Euro   €€€ über 40 Euro

Einkaufen

In Lissabon gibt es alles, von den besten und größten Einkaufszonen des Landes bis zu einer Riesenauswahl an eigenwilligen Spezialitätenläden und Boutiquen mit der neusten Mode. Verkauft werden Waren aus dem ganzen Land, Kunsthandwerks- und Keramikliebhaber kommen hier auf ihre Kosten. Auch Mitbringsel wie Esswaren, Feinkost, Port- und andere Weine aus ganz Portugal bekommen Sie hier. Stöbern Sie auf den Märkten der Stadt. Hier finden Sie frische Nahrungsmittel, Kleidung, Antiquitäten und Schnickschnack.

Portugiesische Spezialitäten

- **Keramik und Töpferwaren**: Steingut (Gebrauchswaren und Dekoartikel) aus ganz Portugal; Vista-Alegre-Porzellan, handbemalte *Azulejos* (Fliesen).
- **Textilien**: Hervorragendes Tafelleinen, Vorhänge, Tagesdecken mit Seidenstickerei (*Colchas*) aus Castelo Branco sowie Teppiche aus Arraiolos.
- **Lederwaren**: Preisgünstige Schuhe und Lederwaren, auch Handschuhe.
- **Schmuck**: Hervorragend gearbeitete, traditionell gestaltete Schmuckstücke und skurrile moderne Stücke
- **Holzarbeiten und Korbwaren**: Diese portugiesische Spezialität gibt es überall in der Stadt in den Kunsthandwerksläden.
- **Lebensmittel und Weine**: Esswaren und Weine aus ganz Portugal; als Souvenir eignen sich Käse, *Presunto* (Schinken), Honig, Olivenöl, Piri-Piri-Sauce, *Doces conventuais* (Süßwaren aus dem Kloster), Portwein und Madeira.

Einkaufsviertel

Chiado und Baixa: trendiges Shoppen, Designerartikel und traditionelle Läden.
Bairro Alto: Boutiquen und skurrile Läden aller Art.
Avenida da Liberade: internationale Markenartikel, Designerkleidung und -schuhe.
Campo de Ourique: schicke Boutiquen, Möbel und Haushaltsartikel.
São Bento: Antiquitäten, Keramik, Glas und hochwertige Haushaltwaren.
Rua de Escola Politénica: traditionelles Kunsthandwerk.

Einkaufszentren

Armazéns do Chiado 🚇 Baixa-Chiado
Centro Comercial Amoreiras 🚇 Marques de Pombal/Rato
Centro Comercial Colombo 🚇 Colégio Miltar
Centro Comercial Vasco da Gama (➤ 154f) 🚇 Oriente
Galerias Saldanha 🚇 Saldanha
El Corte Inglés 🚇 São Sebastião

Märkte

Feira da Ladra (➤ 89) 🚋 Tram 28
Praça de Espanha: preisreduzierte gängige Artikel 🚇 Praça de Espanha
Mercado do Campo de Ourique: Lebensmittelmarkt 🚋 Tram 25/28
Mercado da Ribeira (➤ 60) 🚇 Cais do Sodré
Feira de Carcavelos: Kleidung und Haushaltwaren 🕐 Do 8–13 Uhr
🚆 von Cais do Sodré nach Carcavelos

Zollfreier Einkauf und Versand

Nicht-EU-Bürgern kann die IVA (Mehrwertsteuer) für jene Waren erstattet werden, die in Läden gekauft wurden, die am Tax-free-System teilnehmen. Diese Läden haben einen entsprechenden Aufkleber am Schaufenster. Am Abreiseflughafen erhalten Sie am Tax-free-Schalter ein Formular. Viele Läden versenden auf Wunsch Ihre Einkäufe (mit Aufpreis).

Ausgehen

Lissabon hat das vielfältigste Unterhaltungsangebot des Landes. Ob Theater oder Kino, Konzerte, Nachtclubs oder traditioneller Fado, jeder Geschmack und jedes Budget wird bedient. Auch Sportliebhaber kommen auf ihre Kosten bei Fußball oder Golf.

Auskünfte und Eintrittskarten

- Das beste **Veranstaltungsmagazin** heißt *Agenda Cultural*. Es erscheint gratis einmal monatlich (Portugiesisch). Viele der Ankündigungen finden Sie auch in der Broschüre *Follow me Lisboa* (Englisch), die vom Fremdenverkehrsamt herausgegeben wird und in den Touristenbüros erhältlich ist.
- Das **Gulbenkian** und das **Kulturhaus Belém** publizieren monatliche Programme.
- Die Zeitungen *Diario de Noticias* und *O Independente* haben eine **Freitagsbeilage** mit dem kompletten Veranstaltungsplan.

In den folgenden Büros können Sie Karten vorbestellen:

ABEP (Agência de Bilhetes para Espectáculos Públicos)
- ✉ Praça dos Restauradores ☎ 213 425 360
- 🕑 Mo–Sa 9–21.30 Uhr 🚇 Restauradores

Fnac Chiado
- ✉ Armazéns do Chiado, Rua do Carmo 2, Loja 407, Chiado
- ☎ 213 221 800; www.fnac.pt 🕑 tägl. 10–22 Uhr 🚇 Baixa-Chiado

Unterhaltung

- **Kino**: Alle Filme laufen im Original mit portugiesischem Untertitel. Es gibt Nachmittags- und Abendvorstellungen. Alle großen Einkaufszentren verfügen über Multiscreen-Kinos.
- **Klassische Musik, Ballett, Tanz**: Lissabon hat drei Orchester, ein Ballett- und ein modernes Tanzensemble. Die Spielzeit geht von Oktober bis Mai.
- **Zeitgenössische Musik**: Internationale Stars und Künstler aus Brasilien, Afrika und den Kapverden.
- **Fado**: Genießen Sie *Fado* in den Clubs im Bairro Alto.
- **Theater**: Gelegentlich gibt es internationale Musicals, meist jedoch auf Portugiesisch.

Nachtleben

- **Bars und Nachtclubs**: Die meisten Bars öffnen gegen 20 Uhr, die Nachtclubs um Mitternacht. Richtig ab geht es dann gegen 2 Uhr, Schluss ist um 5 Uhr oder später. In vielen Bars wird regelmäßig **Livemusik** gespielt.
- Das Nachtleben spielte sich traditionell schon immer im Bairro Alto ab, wenngleich sich dieser Stadtteil heute eher auf Nachtbars als auf **Diskos** verlegt hat. Die besten Clubs befinden sich am Ufer um **Santa Apolónia** und **Doca de Santo Amaro** unterhalb der Brücke Ponte 25 de Abril. Andere Hotspots finden Sie um die **Avenida 24 de Julho** und im Stadtteil **Alcântara**.
- Viele Clubs haben ein »*consumo minimo*«-System (Mindestumsatz), welches festlegt, wie viel Geld Sie im jeweiligen Club ausgeben müssen, das als eine Art Eintrittsgeld fungiert. Getränke können darin enthalten sein.

Nachtleben für Schwule und Lesben

Um herauszufinden, was hier wie läuft, besorgen Sie sich das vierteljährliche Männermagazin *Korpus* oder die *Zona Livre* für Frauen. Die meisten schwul-lesbischen Bars befinden sich im Bairro Alto und im Príncipe Real. Ein guter Anlaufpunkt für Kontakte und Auskünfte ist das **Centro Comunitário Gay e Lesbico de Lisboa**; Tel. 218 837 918; www.portugalgay.pt

Das Zentrum und der Norden

Erste Orientierung 42
An einem Tag 44
Nicht verpassen! 46
Nach Lust und Laune! 60
Wohin zum … 64

Das Zentrum und der Norden

Erste Orientierung

Die Baixa – das beim verheerenden Erdbeben von 1755 zerstörte und im 18. Jahrhundert neu errichtete Viertel – erstreckt sich vom Flussufer bis zu den verführerischen drei Hauptplätzen des Zentrums: Praça Dom Pedro IV, bekannt als Rossio, Figueira und Restauradores. Die Baixa bedeckt das flache Uferland zwischen zwei Hügeln, wird durch den riesigen, am Fluss gelegenen Praça do Comércio und den Triumphbogen begrenzt und ist ein hervorragendes Bespiel rationalen Designs. Östlich davon liegt die Altstadt, im Westen der Chiado bairro, ein Viertel, das viele historische Gebäude, Museen, Theater, Cafés und einige der elegantesten Läden beherbergt. Seine westlichen Ausläufer steigen sehr steil an, weshalb im 19. Jahrhundert Ingenieure den höchstgelegenen Punkt des Chiado mit der Baixa durch den Elevador de Santa Justa verbanden, dessen obere Plattform eine herrliche Sicht auf Stadt und Fluss bietet.

Restauradores, der äußerste der drei Plätze, bildet den Anfang der Avenida da Liberdade, eines im ausgehenden 19. Jahrhundert erbauten, baumgesäumten Boulevards, der die Baixa mit den jüngeren Stadtteilen verbindet. Hier sind Hotels und Läden der gehobenen Klasse ansässig. Die Straße endet pompös im Praça Marquês de Pombal. Dahinter erstreckt sich der Parque Eduardo VII, der zu Ehren des Besuches König Euards IV. in Portugal 1903 so benannt wurde. Von hier aus sind es nur noch wenige Straßenecken bis zum Calouste Gulbenkian Museum, das überwältigendste Museum Lissabons und eines der großartigsten der Welt.

Vorhergehende Seite: Blick vom Elevador de Santa Justa

Unten: Statue des Königs Pedro IV. auf dem Rossio

Erste Orientierung 43

★ Nicht verpassen!

1. Die Baixa ➤ 46
2. Chiado & Santa Justa ➤ 50
3. Rossio, Figueira & Restauradores ➤ 52
4. Museu Calouste Gulbenkian ➤ 55

Abseits der Touristenwege

11. Museu da Cidade ➤ 63
12. Museu Bordalo Pinheiro ➤ 63

Islamische Kunst im Gulbenkian

Nach Lust und Laune!

5. Cais do Sodré & Mercado de Ribeira ➤ 60
6. Museu do Chiado ➤ 60
7. Café A Brasileira ➤ 60
8. Museu Arqueológico do Carmo ➤ 61
9. Parque Eduardo VII ➤ 62
10. Centro de Arte Moderna ➤ 62

Das Zentrum und der Norden

Dieses markante Stadtzentrum birgt die über 200 Jahre alten, eleganten Straßen der Baixa, die die zentralen Plätze umgeben und in die großen Prachtstraßen des 19. Jahrhunderts münden, die zum Gulbenkian Museum hinführen.

Das Zentrum und der Norden an einem Tag

9 Uhr
Beginnen Sie Ihre Erkundung der **Baixa** (➤ 46ff) auf dem Praça do Comércio, schlendern Sie durch die Arkaden und gehen dann durch den Triumphbogen (links) in die Rua Augusta. Genießen Sie die Atmosphäre dieses »Schachbrettviertels«, bevor Sie über die Rua do Ouro Kurs auf den **Elevador de Santa Justa** nehmen (➤ 50, 176) und sich hoch zum Largo do Carmo fahren lassen, um sich an der wundervollen Aussicht zu erfreuen.

10 Uhr
Spazieren Sie Richtung Rua Garrett, eine der schönsten Straßen aus dem Lissabon des 19. Jahrhunderts, und lassen Sie sich zu einer Kaffeepause im historischen **Café A Brasileira** nieder (➤ 60f), bevor Sie Ihre Zeit entweder mit einem Besuch des **Museu do Chiado** (➤ 60) oder des **Museu Arqueológico do Carmo** (➤ 61) verbringen oder einfach entspannt einkaufen. Aufmerksame Käufer finden im Einkaufszentrum Armazéns do Chiado (➤ 65) viele einladende Geschäfte, die skurrilsten und individuellsten befinden sich allerdings in der Rua Garrett und der Rua do Carmo.

12 Uhr
Biegen Sie in die Rua do Carmo ein und bummeln Sie Richtung **Rossio** (➤ 52f), vorbei an den vielen Querstraßen mit ihren Cafés und dem geschäftigen Treiben. Nun ist es nicht mehr weit bis zu den anderen beiden Plätzen **Praça da Figueira** und **Restauradores** (➤ 53f).

An einem Tag 45

13 Uhr

Hier in der Rua das Portas de Santo Antão und den umliegenden Gassen nördlich des Rossio gibt es viele Gelegenheiten, gut zu Mittag zu essen. Ein ausgezeichneter Tipp ist das Bonjardim (➤ 64). Schnappen Sie sich einen der Terrassentische und lassen Sie sich von der Sonne durchwärmen, während Sie Ihr saftiges Hühnchen und die besten Pommes der Stadt verzehren.

14.30 Uhr

Schonen Sie Ihre Füße und nehmen Sie sich eine gute halbe Stunde Zeit, um mit einem Taxi oder mit der Metro (von Baixa-Chiado nach S Sebastão) zum **4 Museu Calouste Gulbenkian** (➤ 55ff) zu gelangen. Hier lassen sich gut zwei Stunden die Schätze dieser sehr persönlichen, mannigfaltigen und erstklassigen Sammlung bestaunen, die der Ölmagnat dem Land Portugal schenkte.

16.30 Uhr

Nach dem Museumsbesuch können Sie sich in den reizvollen Museumsgärten mit den Teichen und kühlendem Schatten entspannen, oder über die gepflegten Grünflächen des **9 Parque Eduardo VII** wandeln (➤ 62, links). Eine Wonne für jeden Gartenliebhaber!

18 Uhr

Mischen Sie sich unter die Menschenmengen am **3 Rossio** und gönnen Sie sich einen Tee und ein köstliches Törtchen oder einen Drink im Café Suíça (Praça Dom Pedro IV 96–100; Tel. 213 214 090) oder im Café Nicola (➤ 64), das seit 1929 besteht!

20 Uhr

Im Zentrum gibt es eine Menge guter Plätze, für das Abendessen. Später sollten Sie wieder in die Baixa zurückkehren und die wundervolle Abendstimmung genießen. Hier, wo die Jahrhunderte vorüberziehen und Sie die historische Eleganz spüren, können Sie den Tag mit einem Getränk im Café Martinho da Arcada (➤ 64) auf dem Praça do Comércio beschließen.

Das Zentrum und der Norden

Die Baixa

Die Baixa – ein exzellentes Beispiel für den Städtebau des 18. Jahrhunderts – liegt im Herzen Lissabons. Ihre schnurgeraden Straßen, der riesige Hauptplatz, die sauberen, klaren Linien der Wohnhäuser, die fliesenverkleideten Fassaden der urigen kleinen Läden und die lebendigen Straßen sind ein Markenzeichen der Stadt. Das ist wahrlich inspirierte Architektur, die das Aussehen der Stadt veränderte und ein Stadtzentrum schuf, das sowohl Lisboetas als auch jeden Besucher anzieht.

Die Baixa verdankt ihr Bestehen einer der schlimmsten Naturkatastrophen Europas. 1755 erlebte Lissabon eines der verheerendsten Erdbeben (▶ 20f) der Geschichte, dem nicht nur Zehntausende Menschen, sondern auch ein Großteil der historischen Gebäude des Stadtzentrums zum Opfer fielen. Drastische Ereignisse forderten drastische Maßnahmen, und so wurde der Premierminister des Landes, Marquês de Pombal, vom König beauftragt, das Gebiet nach modernsten Grundsätzen neu zu erbauen. Dieser dachte an gitternetzartig angelegte, 12 m breite Straßen, die mit eleganten, klassischen Gebäuden bebaut werden sollten, und rief Eugénio dos Santos zu sich, der ihm bei der Verwirklichung seiner Vision behilflich sein sollte. Die Struktur des neuen Viertels glich der eines Militärcamps, mit Straßen, die jeweils bestimmten Handwerken vorbehalten waren. Die Straßennamen zeugen davon und noch heute finden Sie Juweliere in der **Rua do Ouro** (Goldstraße) und der **Rua da Prata** (Silberstraße), Schuster in der **Rua dos Sapateiros** und Textilien- und Stoffhändler in der **Rua dos Fanqueiros**.

Blick auf die nächtliche Baixa

Die Baixa

Am besten überschauen Sie Pombals raffinierten Entwurf vom Fluss aus. Eine Fährfahrt von der Estação Fluvial aus, an der Ostseite des Praça do Comércio, eröffnet auf der Rückfahrt eine wunderbare Sicht auf den Platz.

Die Baixa liegt eingebettet zwischen dem Chiado-Viertel im Westen und der Alfama im Osten. Im Norden grenzt sie an den als **Rossio** bekannten Platz, der eigentlich Praça Dom Pedro IV (▶ 52f) heißt, und im Süden an den am Ufer gelegenen **Praça do Comércio**. Anstelle dieses herrlichen, mit Säulengängen gesäumten Platzes befand sich vor dem Erdbeben das Terreiro do Paço, das Palastgelände mit dem königlichen Uferschloss. Nach der Zerstörung ließ Pombal einen großzügigen Platz anlegen, der alle europäischen in den Schatten stellen und als großartiger Schauplatz für eintreffende Könige, Präsidenten und Botschafter fungieren sollte. Seine Gebäude sind bis in die heutige Zeit Sitz einiger Ministerien. Auch die **Câmara Municipal**, das Rathaus Lissabons, befindet sich noch immer im eigens dafür errichteten klassischen Gebäude auf dem eleganten **Praça do Município** (Rathausplatz), der sich im Westen an den Praça do Comércio anschließt. Vom Balkon dieses Rathauses wurde 1910 die Republik Portugal ausgerufen, und so feiert man noch heute den Tag

Säulengang auf dem Praça do Comércio

Das Zentrum und der Norden

der Republik am 5. Oktober auf diesem Platz. Über dem Platz thront das **Reiterstandbild des Königs Josef I.**, der zur Zeit des Bebens regierte und Pombal mit der Neugestaltung beauftragte. Der Bildhauer Joaquim Machado de Castro schuf diese Statue, deren Fuß Figuren des »Sieges« der neuen Gebäude über die »Zerstörung« des Bebens zieren. Die Säulengänge beheimaten das 1782 gegründete historische Café Martinho da Arcada, zu dessen Stammgästen der 1920er und 1930er Jahre auch der berühmte Dichter Fernando Pessoa zählt. Pessoa (1888–1935) kam allabendlich hierher, um an seinem Versepos *Mensagem* zu schreiben. Ein anderer häufig gesehener Gast war der portugiesische Romancier José Saramago, dem 1998 der Nobelpreis für Literatur verliehen wurde. Deutschen Lesern wurde er vor allem mit *Die portugiesische Reise* bekannt.

Kunsthandel in der Rua Augusta

Im Norden des Platzes bildet der **Arco Triunfal**, ein großartiger, neoklassischer Triumphbogen, den Eingang zur Rua Augusta. Oben auf dem Bogen steht Gloria und krönt mit Lorbeerkränzen Genius und Tapferkeit, die links und rechts neben ihr sitzen. Darunter finden sich zu beiden Seiten des königlichen Wappens Statuen von Viriatus, Nuno Álvares Pereira, Vasco da Gama und dem Marquês de Pombal sowie Allegorien der beiden großen Flüsse Tejo und Douro.

Unter dem Triumphbogen beginnt die **Rua Augusta**, die Hauptachse der Baixa, eine stattliche Straße von bestechendem Charme. Die Fassaden der malerischen alten Ladenfronten sind reich mit Fliesenarbeiten geschmückt, das Straßenpflaster ist mit Mosaiken versehen. Wie etliche Straßen dieses Stadtteils ist auch die Rua Augusta jetzt eine Fußgängerzone. Hier wimmelt es von Café *esplanadas*, von deren Terrassen aus sich das alltägliche Schauspiel der Straßenmusikanten, Esskastanienverkäuferinnen und der in der Baixa allgegenwärtigen Schuhputzer gut beobachten lässt. Die Verkaufsstände unter dem Bogen werden von den Einheimischen »Mercado dos Hippies« genannt.

Bummeln Sie die **Rua da Conceição** hinunter, vorbei an den prächtigen Jugendstilfassaden der Herrenausstatter und Kurzwarengeschäfte. Halten Sie Ausschau nach einem rechteckigen Schachtdeckel zwischen den Straßenbahngleisen in der Nähe

Die Baixa

der Kreuzung zur Rua da Prata. Darunter befinden sich Überbleibsel aus der Römerzeit, die wie alte Wasserbecken aussehen und lange für die Ruinen einer Badeanstalt gehalten wurden. Sehr wahrscheinlich aber handelt es sich hier um die Grundmauern eines großen öffentlichen Gebäudes. Wollen Sie mehr von der **Römerstadt** erhaschen, dann nehmen Sie Kurs auf die Banco Comercial Português (BCP). Darunter befindet sich der **Núcleo Arqueológico do BCP** in der Rua dos Correeiros, in dessen Kellern Sie die 1991 ausgegrabenen und rekonstruierten Überreste einer römischen Fabrik bestaunen können, in der vergorener Fisch mit Salz und Kräutern zum überall im Römischen Reich beliebten *Garum* (Fischsauce) verarbeitet wurde.

Drei Straßenecken weiter östlich befindet sich ein weiterer Anziehungspunkt, die Rua do Ouro, einst »Rua Aurea«, mit dem **Elevador de Santa Justa** (▶ 50). Dieser 1902 erbaute Personenaufzug verbindet die Baixa mit dem viel höher gelegenen Chiado. Gen Süden gelangen Sie wieder zum Flussufer. Setzen Sie sich in eines der vielen Cafés und lassen sich vom Alltagsleben der Baixa umfluten.

KLEINE PAUSE
Lassen Sie sich im **Café Martinho da Arcada** (▶ 64) nieder und kosten Sie die besten *Pastéis de Nata* (Eierrahmtörtchen) der Stadt.

✚ 198 A2

Núcleo Arqueológico do BCP in der Rua dos Correeiros
✉ Rua dos Correeiros 9 ☎ 213 211 700 🕐 Führungen Do 15 und 16, Sa 9, 10, 11, 12, 15 und 16 Uhr 💶 frei Ⓜ Rossio, Baixa-Chiado

Skulptur auf dem Praça do Município

DIE BAIXA: INSIDER-INFO

Top-Tipp: Wenn Sie Lissabon im Winter besuchen, dann probieren Sie unbedingt die auf der Straße feilgebotenen **gerösteten Esskastanien**!

- Es lohnt sich, Ihren Besuch mit einem Abstecher in die **Touristeninformation** am **Praça do Comércio** zu beginnen und sich Gratisstadtpläne und Informationsprospekte mitzunehmen.
- Der **späte Nachmittag** ist die beste Zeit, um die Gegend zu erkunden und das Flair der Stadt zu genießen.

Das Zentrum und der Norden

❷ Chiado & Santa Justa

Der Chiado ist einer der beliebtesten Stadtteile Lissabons. Westlich der Baixa schmiegt er sich an den Hügel und ist mit der Unterstadt durch den Aufzug von Santa Justa verbunden. Im 19. und frühen 20. Jahrhundert trafen sich hier Literaten, Künstler und Intellektuelle. Heute künden Museen und Theater, historische Läden, Cafés und prächtige, reich verzierte Kirchen vom regen Kulturleben. Das Zentrum des Viertels wurde 1988 bei einem Feuer zerstört, doch bald erhoben sich neue Gebäude wie Phönix aus der Asche, die die Anziehungskraft dieses Stadtteils bewahren. Kommen Sie, streifen Sie durch die Straßen, genießen Sie die Aussicht von der oberen Plattform des Aufzugs und gönnen Sie sich einen erquicklichen Einkauf!

Zu den Hauptattraktionen Lissabons zählt in jedem Fall eine Fahrt mit dem **Elevador de Santa Justa** hinauf zur Rua do Carmo. Dieses eindrucksvolle Eisengerüst mit seinem gotischen Maßwerk, das sich in den Ruinen des **Convento do Carmo** (▶ 61) wieder findet, wurde 1902 eröffnet und sollte den Einheimischen den steilen Aufstieg von der Baixa hinauf zu den höher gelegenen Stadtteilen erleichtern. Entworfen hat es Raul Mesnier de Ponsard, ein in Porto geborener Architekt französischer Abstammung und Bewunderer des großen Meisters Eiffel. Alle neun städtischen Aufzüge stammen aus Mesnier de Ponsards Feder, heute sind noch vier davon in Betrieb. Santa Justa ist allerdings der einzige senkrechte und hat ganze 45 Höhenmeter zu überwinden. Oben angekommen bietet sich eine überwältigende Sicht über die Baixa bis zum Castelo de São Jorge, nördlich zu den zentralen Plätzen und hinunter auf den Fluss.

Über eine Plattform gelangen Sie zum **Largo do Carmo**, der zu den schönsten Plätze des Chiado zählt und vom zerfallenen

Chiado & Santa Justa

Fernando Pessoa

Fernando Pessoa – Portugals größter moderner Dichter – wurde 1888 im Chiado in der Rua Serpa Pinto geboren. In Lissabon verbrachte er sein ganzes Leben. Von seinen Gedichten, die unter 72 Pseudonymen erschienen und voller Melancholie und Mysterien stecken, wurde zu seinen Lebzeiten nur eines veröffentlicht, das *Mensagem*. Tagsüber arbeitete Pessoa als Übersetzer, seine Abende aber verbrachte er schreibend in seinen beiden Lieblingscafés, im A Brasileira (▶60f) oder im Café Martinho da Arcada (▶64). Der Absinth, den er hier trank, mag seinen frühen Tod 1935 beschleunigt haben.

Convento do Carmo geprägt wird, der seinerzeit dem Beben von 1755 zum Opfer fiel und dessen Ruinen heute das **Museu Arqueológico do Carmo** (▶61) beherbergen.

Von hier aus können Sie hinunter zur **Rua Garrett** laufen, einst die modernste Straße Lissabons, die auch heute noch mit Läden gesäumt ist und von Menschen wimmelt. Die Kirche an deren Ende ist die **Igreja dos Mártires** (Kirche der Märtyrer), die in den 1770ern anstelle einer früheren erbaut wurde. Sie können im **Café A Brasileira** (▶60f) einkehren oder weiter hinab zum **Museu do Chiado** (▶60) und den beiden großen Theatern schlendern, dem **Teatro Nacional de São Carlos** (▶175f) und dem **Teatro Municipal de São Luiz**, beide aus dem 19. Jahrhundert. In der Rua Garrett und den umliegenden Straßen brach 1988 das Feuer aus, das 20 Stunden lang wütete und 18 Gebäude vernichtete, darunter zwei historische Kaufhäuser, das Grandella und das Chiado. Mit dem Wiederaufbau wurde der aus Porto stammende Architekt Álvaro Siza Vieira betraut, nach dessen Plänen die alten Fassaden originalgetreu rekonstruiert und die Neubauten harmonisch in das Stadtbild eingebunden wurden. Die Kaufhäuser wurden durch topmoderne Einkaufszentren ersetzt, die **Armazéns do Chiado**. Folgen Sie von deren Eingang aus rechter Hand der **Rua do Carmo** bis ganz hinunter zum Rossio.

KLEINE PAUSE

Gehen Sie in das **Café A Brasileira** oder in das **Café no Chiado** (Largo do Picadeiro, 10–24 Uhr; Tel. 213 460 501).

🗺 197 F2

Links: Der gusseiserne Elevador de Santa Justa

Elevador de Santa Justa
🗺 197 F3 ✉ Rua do Ouro–Rua do Carmo ☎ 213 613 000 (Carris); www.carris.pt 🕐 tägl. 8–21 Uhr 💰 preiswert 🚇 Baixa-Chiado

CHIADO & SANTA JUSTA: INSIDER-INFO

Top-Tipp: Viele der **Geschäfte im Chiado** sind im späten 19. und frühen 20. Jahrhundert wunderschön restauriert worden und allemal ein Foto wert.
• Wenn Ihnen nach einer schnellen, preiswerten Zwischenmahlzeit ist, dann probieren Sie es bei einem der Imbisse im **Einkaufszentrum Armazéns do Chiado**.

Außerdem Besichtigen Sie die beiden Kirchen am oberen Ende des Largo do Chiado. Rechts befindet sich die **Igreja da Encarnação** (Inkarnationskirche), die 1708 eingeweiht und nach dem Beben 1784 wieder aufgebaut wurde. Sie finden wunderschöne Fliesenarbeiten in der Sakristei. Linker Hand steht die im 16. Jahrhundert durch die italienische Gemeinde der Stadt erbaute **Nossa Senhora do Loreto**. Auch sie wurde nach 1755 rekonstruiert. Der mit Marmorstatuen versehene Hauptalter stammt aus Italien.

3 Rossio, Figueira & Restauradores

An das von Pombal erbaute Schachbrettviertel schließen sich im Norden drei Plätze an, der Rossio, der Figueira und der Restauradores. Sie sind voller Menschen und schwirrenden Verkehrs und bilden natürliche Treffpunkte, die Sie unweigerlich mehrmals täglich passieren müssen. Nur keine Hast! Verweilen Sie und lassen Sie die Gebäude, das Straßenleben, die Geräusche und Gerüche auf sich wirken! Das hier ist der Brennpunkt Lissabons mit einer Geschichte, die jene der ganzen Stadt widerspiegelt. Die bewegten, bunten Menschenmengen stehen sowohl für Portugals einstige imperiale Kraft als auch für die Multiethnizität dieser toleranten und aufgeschlossenen Stadt.

Der Rossio, der eigentlich **Praça Dom Pedro IV.** heißt, ist der größte der drei Plätze, dessen Fläche sich seit dem Mittelalter nicht verändert hat. Seinerzeit war er Handels- und Sammelplatz der Stadt, auf dem Militärparaden, *Autodafés* und Stierkämpfe abgehalten wurden. Bei Hochwasser wurde er überschwemmt. 1755, als viele der Gebäude zerstört oder schwer beschädigt wurden, änderten sich all dies deutlich.

Eugenio dos Santos, der Architekt der Baixa, und seine Kollegen verlegten das Hauptaugenmerk der Stadt vom Rossio weg – hin zum neuen Zentrum am Flussufer, zum Praça do Comércio. Nun konnte der Rossio erhöht, gegen Überschwemmungen geschützt und neu angelegt werden. Im 19. Jahrhundert eroberte der Platz dann seine Rolle als Dreh- und Angelpunkt der Stadt zurück und hat sie bis heute behalten. Als die Panzer am 25. April 1974 in die Innenstadt rollten, war es angeblich ein Blumenverkäufer vom Rossio, der einem Soldaten eine Nelke in die Hand drückte und dem die Revolução dos Cravos, der Nelkenrevolution (▶ 24f), schließlich ihren Namen verdankt.

Heute ist der Rossio ein belebter weiträumiger Platz, gesäumt von historischen Cafés und eleganten Gebäuden. Die **Statue** in der Mitte des Platzes zeigt **Pedro IV.**, der 1826 zum König von

Rechts: Mitten auf dem Rossio steht die Staue König Pedros IV.

Ginjinha – Das Sahnehäubchen des Tages
Rund um das nordöstliche Ende des Platzes gibt es ein halbes Dutzend winzige Bars, die alle nur ein einziges Getränk ausschenken: *Ginjinha*. Dieses klebrige, kräftige Gebräu wird aus Kirschen hergestellt und zählt zu den Leibgetränken der *Lisboetas*. Es wird in Plastikbechern serviert und von früh bis spät hinuntergekippt, egal ob mit oder ohne ganze Kirschen. Kosten Sie den Ginja Sem Rival, die bekannteste Marke, oder auch einen Espinheira. Der Eduardino – ein Kräuterlikör, der seit 1840 produziert wird – ist auch nicht zu verachten.

Rossio, Figueira & Restauradores 53

Portugal ausgerufen wurde. So jedenfalls die offizielle Version. Viele vermuten aber, dass die Statue ursprünglich eine Darstellung des Kaisers Maximilian von Mexiko war. Sie war bis Lissabon gekommen und wartete auf ihre Verschiffung über den Atlantik, als Maximilian ermordet wurde. So kam die Statue schließlich 23 m über dem Rossio zu Ehren. Diese luftige Höhe macht die Frage nach der fehlenden Ähnlichkeit mit Pedro IV. überflüssig.

Das große neoklassische Gebäude auf der Nordseite ist das **Teatro Nacional de Dona Maria**, das 1846 anstelle des alten Inquisitorenpalastes – Ketzer wurden auf dem Rossio verbrannt – eröffnet wurde. Beim Bau wurden Überbleibsel der beim Erdbeben 1755 zerstörten Franziskuskirche verwertet, wie zum Beispiel die sechs ionischen Säulen des Portikus. Westlich davon, auf dem an den Rossio angrenzenden **Largo de São Domingo**, steht die einstige Klosterkirche der Dominikaner. Seit ihrer Errichtung im Jahre 1242 wurde sie oft umgebaut und war lange Zeit das Zentrum der hiesigen Inquisition, die auf dem Rossio ihren Hauptsitz hatte und von Dominikanern geführt wurde. In den letzten Jahren stand São Domingo ein schwarzer Priester vor und auch der Largo wird gern von Afrikanern der früheren portugiesischen Kolonien bevölkert, die sich hier treffen und Neuigkeiten austauschen.

Vom São Domingo gen Süden gelangen Sie zum **Praça da Figueira**, der nach dem Beben erbaut wurde, um das andere Ende der Baixa zu begrenzen. Er ist umgeben von vierstöckigen Gebäuden und nach dem Straßenmarkt benannt, der bis 1949 diesen Platz beherrschte. Er ist weniger elegant als der Rossio, hat aber die gleiche Funktion. In der Mitte steht eine Statue König **Johanns I.**, der 1385 den Thron bestieg und mit England den Vertrag von Windsor unterzeichnete, einen der ältesten erhaltenen Verträge der Welt. Verlassen Sie den Rossio in nördlicher Richtung und gehen vorbei am Teatro Nacional, gelangen Sie zu Lissabons drittem zentralen Platz, dem **Restauradores**. Er wird ganz von den Schnörkeln der Neo-Manuelinischen Fassade des Rossio-Bahnhofs beherrscht, der 1887 als Endstation der Sintra fertiggestellt wurde. Derzeit

54 Das Zentrum und der Norden

ist er aber wegen Tunnelbauarbeiten geschlossen.

Das Denkmal in der Mitte des Platzes erinnert an die Wiederherstellung der Unabhängigkeit von Spanien 1640. Es bildet den Anfang der Avenida da Liberdade, die sich vom Restauradores gen Norden erstreckt. Sie sollte die im 18. Jh. erbaute Innenstadt mit dem im 19. Jh. wachsenden Teil verbinden und wurde nach den Pariser Champs-Elysées entworfen. Auf der Westseite sehen Sie die Fassade des im Art-Nouveau-Stil erbauten einstigen Kinos Eden.

KLEINE PAUSE
Im prächtig restaurierten **Café Nicola** (➤ 64) lässt es sich wunderbar verweilen.

🗺 198 A2 (Rossio und Figueira); 197 F4 (Restauradores)
🚇 Rossio, Restauradores

Oben: Das Eden im Art-Nouveau-Stil

Links: Das Denkmal auf dem Restauradores

ROSSIO, FIGUEIRA & RESTAURADORES: INSIDER-INFO

Top-Tipp: Ein spätnachmittägliches Getränk im **Café Nicola** (➤ 64) oder im **Suíça**, dem berühmtesten Café auf dem Rossio, ist ein Muss!
• Am **Carris-Kiosk** auf dem Praça da Figueira können Sie Nahverkehrstickets kaufen.

❹ Museu Calouste Gulbenkian

Reicht die Zeit nur für ein Museum, dann sollte die Wahl auf das Museu Calouste Gulbenkian fallen. Es ist eine der weltweit einzigartigsten Sammlungen: eine umfangreiche, aber gut erfassbare Auswahl der besten Künstler aus jedem Jahrhundert und aus der ganzen Welt. Mit seinem besucherfreundlichen Gebäude und 7 ha reizvoller Gartenfläche ist das Gulbenkian allen anderen Stadtmuseen haushoch überlegen.

Ganz oben: Vor dem Gulbenkian

Oben: Moderne Skulptur in den Gärten, die das Centro de Arte Moderna umgeben

Das Museum selbst gehört zum großartigsten Kulturgut Portugals: zur **Fundação Calouste Gulbenkian**. Die Stiftung unterstützt sowohl die Kunstsammlung als auch das benachbarte Centro de Arte Moderna. Sie fördert ein Orchester und einen Chor und sie betreibt allein in Lissabon drei Konzerthallen und zwei Galerien. Die Stiftung ist in ganz Portugal aktiv, unterstützt Museen und Bibliotheken und sponsert zudem eine Menge anderer Projekte. Das alles ist Calouste Gulbenkian (1869–1955) (▶ 26f) zu verdanken, der mit seinen Geschäften im Mittleren Osten einst Millionen verdiente und einen Teil davon in das Zusammentragen dieser herausragenden Sammlung steckte, um sie schließlich seiner Wahlheimat Portugal zu vermachen. Gulbenkian persönlich hatte drei Leidenschaften: Venezianische Malerei, französische Möbel und Silber. Aber er hatte auch einen Blick für andere herausragende Künstler. Allein die bloße Qualität und der Konservierungszustand jedes einzelnen Kunstwerks verschlägt einem den Atem. Die Ausstellungsstücke sind mehr oder weniger chronologisch geordnet und geben einen eindrucksvollen Einblick in viertausend Jahre Kunst und Handwerk.

Die Antike, Räume 1–3

Eine kleine Kollektion von herausragender Qualität. Zu sehen sind unter anderem ein durchscheinendes **ägyptisches Alabasterbecken**, datiert um 2500 v. Chr., eine **Relief**-*Stela*, in die eine Szene der Opferbringung an den Pharao geschnitzt ist (1580 v. Chr.) und eine schwarze und eine weiße Schale. Die meisten Besucher bleiben jedoch vor der atemberaubend natürlich wirkenden **Bronzekatze mit ihren Jungen** stehen (664 bis 525 v. Chr.), die vermutlich für ein Katzengrab angefertigt wurde. Aus der griechischen Sammlung sticht eine aus Terrakotta gefertigte **Attische Vase** (ca. 440 v. Chr.) heraus, deren schwarzer Grund mit roten Satyrfiguren, fliehenden Jungfrauen, Pferden und Wagen verziert sind – mit der Geschichte von Kastor und Polydeukes. Im nächsten Raum sehen Sie ein **assyrisches Basrelief** aus dem Palast des Assurbanipal (9. Jahrhundert. v. Chr.), das einen bärtigen Krieger mit federbesetztem Umhang zeigt.

Rembrandts gefeiertes Portrait eines alten Mannes

Schätze aus dem Morgenland, Räume 4–6

In zwei miteinander verbundenen Galerien sind die Islamische und die Armenische Sammlung untergebracht. Wunderschöne Stücke aus diesen Regionen sind hier zu sehen, wobei ein besonderer Schwerpunkt auf den Arbeiten aus dem 15.–17. Jahrhundert liegt. **Kelims** aus Seide oder Wolle, die an den Wänden hingen oder auf dem Boden lagen, verdienen ebenso viel Aufmerksamkeit wie die unzähligen **Wandfliesen** aus dem Osmanischen Reich – darunter eine großartige **Fayence-Fliesenkonsole aus dem 15. Jahrhundert** mit türkis-blau-weißer Fondglasur, ein herausragendes Werk, das nahezu Art-Déco-haft daherkommt. Sehen Sie sich die persischen und türkischen Keramiken an, insbesonders die meist blauweißen **türkischen** Fliesenarbeiten. Ein Einfluss der chinesischen Ming-Kunst lässt sich nicht leugnen, wurden sie doch zu einer Zeit hergestellt, als Waren über die Seidenstraße von Asien nach Europa kamen. Zu bestaunen gibt es auch eine ganze Vitrine mit gläsernen ägyptischen **Moscheelampen** aus dem 14. Jahrhundert. Ein Jahrhundert jünger ist der **weiße Jadekrug** aus Samarkand, der Jahrhunderte lang im Besitz des Urenkels von Timur Lenk (Tamerlan) und Angehöriger der Mughal-Dynastie war. Exponate aus dem fernen Osten schließen sich an, darunter **Mingschalen** mit durchscheinender grüner Seladonglasur und vor allem die

Museu Calouste Gulbenkian

chinesischen Porzellanvasen und Deckelkannen, die hauptsächlich aus dem 17. und 18. Jahrhundert stammen. Zwei der beeindruckendsten Sets sind aus emailliertem Porzellan gefertigt, eines mit mehrfarbigen Chrysanthemen auf weißem Grund, das andere mit Blumen und Naturmotiven auf schwarzem Grund. Sehen Sie sich auch die komplexe chinesische **Koromandel-Lackarbeit** aus dem 14. Jahrhundert an.

Europäische Kunst, Räume 7–15

Die Sammlung europäischer Kunst zeigt vor allem Malerei, Skulpturen, Keramikarbeiten, Möbel und Gold- und Silberwaren. Die Bilder oder Kunstobjekte sind entweder thematisch gehängt oder werden zusammen mit zeitgenössischem Mobiliar gezeigt. Es ist eine beeindruckende Auswahl, die nahezu 1000 Jahre Kunstgeschichte umspannt. Interessant sind nicht nur die wunderschönen **Elfenbeinarbeiten** und die **illuminierten Manuskripte**, sondern vor allem die Gemälde, allen voran die Landschaften und Portraits – Gulbenkians Lieblingsgenres. Zu den Glanzlichtern der Renaissance zählen zum Beispiel die typisch farbenfrohe und detailliert ausgearbeitete venezianische *Heilige Familie* von **Vittore Carpaccio** und **Ghirlandaios** *Portrait einer jungen Dame*, wobei der Blick des Betrachters durch die Korallenkette unweigerlich auf die feinen Haarsträhnen gelenkt wird, die ihr Gesicht umrahmen. Noch mehr schöne Frauen sind auf den Portraits der drei englischen Künstler **Gainsborough**, **Romney** und **Lawrence** zu sehen. **Rembrandts** *Pallas Athena* hingegen bringt eine eher düstere Note hinein. Drei Portraits von **Rembrandt**, **Rubens** und **Van Dyck**, die sich alle durch überaus plastisch dargestellte Kleidung auszeichnen, runden die Schau ab. Auch die nebelschwangere Luft in **Turners** *Quillebeuf, Mündung der Seine* lässt sich spüren, die Wasserwogen und himmlischen Töne. Liebhaber der Venezianischen Malerei sollten sich unbedingt den **Guardi** gewidmeten Nebenraum ansehen, in dem es nicht weniger als 19 naturgetreue oder imaginierte Venezianische Szenen zu bestaunen gibt, darunter *Der Entwurf des Palladios für die Rialtobrücke*.

Gulbenkians Museum von Weltrang ist in einem nüchtern-glatten Gebäude untergebracht

Das Zentrum und der Norden

Die Top 10 im Gulbenkian
Griechisch-attische Vase – Raum 2
Ägyptische Moscheelampe – Raum 4
Isnik-Schale mit Füßen – Raum 4
Famille-Rose-Porzellan – Raum 6
Portrait einer jungen Dame von Domenico Ghirlandaio – Raum 8
Schreibtisch von Martin Carlin – Raum 10
Silberne Senfgefäße von Antoine-Saebastien Durant – Raum 12
Piazza San Marco geschmückt für das Himmelfahrtsfest von Francesco Guardi – Raum 14
Kelch mit Weinreben und Figuren von René Lalique – Raum 17

Mit **Corot**, **Manet**, **Renoir** und **Degas** sind auch die französischen Impressionisten vertreten. Herausragend sind hier zwei Winterszenen: die schneebedeckten Heuschober des *Winter* von Millet und das sehr schön kontrastierende *Treibeis* von Monet.

Schlendern Sie nun von den Gemälden zu den ausgesuchten **französischen Möbeln Louis XV. und Louis XVI.**, die in separaten Räumen zu sehen sind. Gezeigt werden Stühle, Schränke, Sideboards und Intarsientische zusammen mit Wandteppichen und Tapeten. Die Highlights hier sind eine **Kommode** von Deforges aus dem Jahr 1750 mit japanischer Lackkunsttäfelung, ein **Boulle-Schrank** mit seinen in edles Holz gearbeiteten Intarsien, und ein mit Sévresporzellan verzierter **Schreibtisch** von **Carlin** (1772). Mehr vorrevolutionären französischen Überfluss finden Sie in Form des Silber- und Goldgeschirrs und einer stattlichen Menge an **Sévresporzellan**. Ebenso beeindruckend ist die **Silbersammlung** des Museums mit ihren unübertroffenen Arbeiten von französischen Meistern wie **Durant** und **Germain** aus dem 18. Jahrhundert. Gulbenkian erwarb sie zwischen

Museu Calouste Gulbenkian 59

Links: Die Sammlung aus dem Fernen Osten enthält bemerkenswerte Arbeiten chinesischen Porzellans

1928 und 1930, heute erachtet man sie als die bedeutendsten ihrer Art auf der Welt. Diese mit naturgetreu dargestellten Muscheln, Früchten, Fisch, Gemüse und Tieren verzierten, vergoldeten und mit feinen Exotenhölzern ausgestalteten Stücke kommen mit solchem Pomp und solcher Verschwendung daher, wie sie kaum jemals erreicht wurde.

Der letzte Raum ist ausschließlich der Kunst des Art-Nouveau-Juweliers und Designers **René Lalique** gewidmet. Ausgestellt sind 169 seiner **Goldschmiedearbeiten**, verziert mit Emaille, Gold, Diamanten, Perlen und anderen Edelsteinen. Schauen Sie sich das *Orchideen*-**Diadem** an – ein wunderschöner Haarschmuck, in dem Horn, Elfenbein, Gold und Topas verarbeitet wurden – und das *Pfauen*-**Brustkreuz**, in welches Gold, Emaille, Opale und Diamanten gleichermaßen verwoben sind.

KLEINE PAUSE

Im Museum gibt es ein hervorragendes **Café**, das Ihnen sowohl Kaffee und Kuchen als auch ein komplettes Mittagessen serviert.

Unten: Islamische Kunst im Museum

🗺 194 C4
✉ Avenida de Berna 45A ☎ 217 823 000; www.museu.gulbenkian.pt
🕐 Di–So 10–17.45 Uhr 💰 mittel 🍴 Bar und Restaurant im Museum
🚇 São Sebastião, Praça de Espanha 🚌 746 aus dem Zentrum 🎧 Audioguides (mittel), Kombiticket für das Museum und das Centro de Arte Moderna (teuer)

MUSEU CALOUSTE GULBENKIAN: INSIDER-INFO

Top-Tipps: Nehmen Sie sich 2–3 Stunden Zeit für eine Besichtigung ohne Eile
- Planen Sie auch Zeit für ein Durchstreifen der umgebenden **Gärten** ein.
- Kombinieren Sie gegebenenfalls den Museumsbesuch mit dem des zur Stiftung gehörigen **Centro de Arte Moderna**.
- Erfahren Sie mit Hilfe der **Touch-Screen-Computer** noch mehr über die Stiftung, Gulbenkian, das Museum und die Sammlungen.

Außerdem Das Museum zeigt auch Wechselausstellungen im Untergeschoss und kleinere »**Arbeiten im Blickpunkt**«-Ausstellungen in den oberen Räumen, anlässlich derer genauer auf Geschichte und Provenienz einzelner Werke der Sammlung eingegangen wird. Darüber hinaus gibt es eine übersichtliche und informative Ausstellung zum Leben Gulbenkians und der Reihenfolge, in der er diese Schätze erwarb. Alte Fotografien zeigen zudem die Exponate, wie er sie ursprünglich in seiner Pariser Wohnung ausstellte und runden die Schau wirkungsvoll ab.

Nach Lust und Laune!

5 Cais do Sodré & Mercado da Ribeira

Von der Praça do Comércio führt ein Fußgängerweg gen Westen am Tejo entlang hin zum **Cais do Sodré**, einem früheren Rotlichtviertel. Zu Zeiten Salazars war dies der einzige Ort, an dem man spät noch etwas trinken konnte. Huren gibt es heute noch, obwohl sie sich aus dem Hafenviertel zurückzogen und ihr Revier neuen schicken Bars und Clubs überließen. Auch einige der besten Fischrestaurants Lissabons siedelten sich hier an. Gegenüber der Metrostation befindet sich der **Mercado da Ribeira**, Lissabons größter Lebensmittelmarkt. Er ist in einem Gebäude aus dem Jahr 1182 untergebracht, der Markt selbst ist allerdings noch älter. Fisch-, Obst- und Gemüsestände säumen die Gänge der Haupthalle, der Anblick ist ein Fest der Sinne! Süßkartoffeln, getrocknete Bohnen, Koriander, Kohl, Paprika und Chilischoten aus eigener Ernte werden feilgeboten. Daneben Mangos aus Brasilien und afrikanische Okraschoten und Yamswurzeln. Die Zutaten erzählen von den früheren Kolonien. Um die Mittagszeit eröffnen die Blumenhändler in ihrem Gang die Stände, während oben in den Restaurants traditionelle Kost angeboten wird.

🕂 197 E2 ✉ Avenida 24 de Julho
☎ 213 462 966; www.espacoribeira.pt
🕓 Markt Mo–Sa 6–14; Blumenmarkt Mo–Fr 6–14, 15–19, Sa 6–14 Uhr
🍴 Bars und Restaurants im Markt
🚇 Cais do Sodré

Fähre nach Cais do Sodré

6 Museu do Chiado

Das nach dem Brand im Chiadoviertel 1988 (▶ 51) im modernistischen Stil neu erbaute Museu do Chiado wurde 1911 gegründet und feierte 1994 seine Wiedereröffnung. Die **ständigen Ausstellungen** zeigen portugiesische Kunst von 1850 bis 1950 und stellen vor allem die Werke der im letzten Viertel des 19. Jahrhunderts hier in Lissabon arbeitenden Naturalisten zur Schau. Die Sammlung umfasst jede künstlerische Bewegung, von der Romantik über den Naturalismus bis hin zu Modernismus, Surrealismus und abstrakter Malerei. Künstlerisch gesehen überragen Werke wie *A Sesta* von Almada Negreiros und *O Desterrado* von Soares dos Reis, doch das Gros des Publikums findet Lissabonszenen wie Carlos Botelhos *Lisboa e o Tejo* reizvoller. Auch Wechselausstellungen werden regelmäßig gezeigt, deren Besucher zudem die eindrucksvolle Aussicht von der Terrasse über den Chiado genießen können.

🕂 197 F2 ✉ Rua Serpa Pinto 4 ☎ 213 432 148; www.museudochiado-ipmuseus.pt
🕓 Di–So 10–18 Uhr 💰 mittel 🍴 Café no Chiado (▶ 51) 🚇 Baixa-Chiado

7 Café A Brasileira

Diese großartige Lissabonner Institution wurde 1905 vom Brasilianer Adriano Teles eröffnet, der dort die ausgezeichneten Kaffeebohnen der Minas Gerais anbot und damit sein Geschäft machte. Seine Käufer lockte er mit einem kostenlosen *Bica*, einer kleinen Tasse des so geliebten starken Gebräus. Binnen dreier Jahre war aus diesem kleinen Geschäft ein Café geworden. Seit Beginn zog es Schriftsteller und Künstler an, seine Blütezeit aber erreichte es in den 1920er Jahren als Zentrum für Philosophen und Dissidenten. Die Ausstattung passte zur Brillanz der geschwungenen Reden, die Holztäfelung, Spiegel und vergoldeten Deckenventilatoren sind bis heute erhalten.

Nach Lust und Laune! 61

Pessoa-Statue vor dem Café A Brasileira

Die Ruinen des Convento do Carmo

Heute liegt A Brasileira direkt an einer Touristenmeile und kann sich der Besucherschwärme kaum erwehren, die für ein Foto neben der lebensgroßen Statue Fernando Pessoas posieren – Portugals größtem modernen Dichter und ehemaligem Stammgast der Bar.

197 F3 ✉ Rua Garrett 120 ☎ 213 469 541 ⏰ tägl. 8–2 Uhr
🚇 Baixa-Chiado

8 Museu Arqueológico do Carmo

Eine Seite des Largo do Carmo mit seinem klassisch anmutenden Springbrunnen in der Mitte wird von den majestätischen Ruinen des **Convento do Carmo** eingenommen, die heute eine ausgewählte Sammlung archäologischer Funde aus Portugal und Europa beherbergen. Das **Convento de Nossa Senhora do Monte Carmel** wurde im 14. und 15. Jahrhundert auf Veranlassung von Nuno Álvares Pereira erbaut, des Feldherrn unter König Johann I. Er hatte geschworen, eine Kirche zu bauen, sollte er aus einer entscheidenden Schlacht als Sieger hervorgehen. Er bestand auf der hügelseitigen Lage der Kirche, was den Bauarbeitern Probleme bereitete, die mit dem nahen Abgrund und einstürzenden Grundmauern kämpfen mussten. Trotz allem entstand eine prächtige Kirche, die bald schon zum geliebten Wahrzeichen der Stadt werden sollte. Möglich, dass der unsichere Baugrund Ursache für den Einsturz während des großen Bebens war, bei dem das Dach zusammenbrach und unzählige Kirchgänger unter sich begrub. Nur die Wände und ein paar Gewölberippen blieben stehen.

Heute wächst Gras über das Kirchenschiff, die Wände öffnen sich dem Himmel, die aufstrebenden Linien dieser schönen Ruine gemahnen an die Ereignisse von 1755.

197 F3 ✉ Largo do Carmo ☎ 213 478 629
⏰ Mai–Sept. Mo–Sa 10–18 Uhr; Okt.–Apr. 10–17 Uhr 💰 preiswert 🍴 Leitaria Academia, Largo do Carmo 1–3
🚇 Baixa-Chiado

Das Zentrum und der Norden

9 Parque Eduardo VII

Nach dem Bau der Avenida da Liberdade war das nächste große Ziel, einen städtischen Park anzulegen, durch den die Menschen bummeln konnten. Die ersten Entwürfe stammen aus dem Jahre 1888. Von da brauchte es noch 50 Jahre, bis der Park sein heutiges Aussehen erreicht hatte. Benannt wurde er nach dem britischen König Eduard VII., der Lissabon 1903 einen Besuch abgestattet hatte. Den formaler gestalteten mittleren Teil mit seinen makellosen Blumenbeeten, Skulpturen, Springbrunnen und Rosengärten säumen breite Rasen-, Strauch- und Baumflächen. Folgen Sie den Pfaden vom Eingang auf der Praça Marquês de Pombal hügelaufwärts und genießen Sie oben bei der Estufa Fria einen wundervollen Blick über die Stadt und den Fluss. Schauen sie sich die Farne und Orchideen dieser Oase an!

✚ 194 C2 ✉ Praça Marquês de Pombal
🕐 tägl. 9–17.30 Uhr 🌳 Park: frei;
Estufa Fria: preiswert 🍴 Café im Park
🚇 Marquês de Pombal

10 Centro de Arte Moderna

Auf der anderen Seite des Geländes rund um das Museu Calouste Gulbenkian (➤ 55ff) herum befindet sich ein weiteres Unternehmen der Stiftung: das Centro de Arte Moderna. Die in einem modernistischen Gebäude untergebrachte Sammlung konzentriert sich hauptsächlich auf moderne portugiesische Kunst. Eines der Highlights ist José de Almada Negreiros *Selbstportrait in Gruppe*, andere sind Arbeiten der portugiesischen Modernisten wie António Pedro und António da Costa. Davor stehen die Skulpturen der Sammlung wie zum Beispiel Arbeiten des Künstlers Henry Moore.

✚ 194 C4 ✉ Rua Dr Nicolau de Bettencourt ☎ 217 823 474;

Eine Statue bildet den Mittelpunkt eines Teiches im Parque Eduardo VII

Für Kinder

Dieser Stadtteil eignet sich gut für einen Besuch mit Kindern. Gewiss haben sie Freude an der kurzen **Fährfahrt** über den Tejo und zurück (➤ 180f), an einer kleinen Jagd auf Picknickproviant im **Ribeira Markt** (➤ 60) oder an einer **Straßenbahnfahrt** von der Praça do Comércio. Das Café Suíça auf dem Rossio hat leckeres **Eis** und der **Parque Eduardo VII** große Wiesenflächen zum herumtollen. Ältere Kinder könnten sich etwa für eine Museumsstunde im **Museu da Cidade** begeistern, oder sie lassen sich von den Gärten rund um das **Gulbenkian** (➤ 55ff) doch noch in eine der Ausstellungen hineinlocken. Zurück in der **Baixa**: lassen Sie Ihre Kinder laufen und alle »altmodischen« **Läden** (➤ 48) finden, die sie auftreiben können. Oder lotsen Sie sie zu einer besonderen Fahrt mit **Aussicht** über alle Orte, an denen sie gewesen sind, in den **Elevador de Santa Justa** (➤ 50).

Nach Lust und Laune! 63

www.camjap.gulbenkian.org
Di–So 10–18 Uhr mittel
Cafeteria im Museum
São Sebastião, Praça de Espanha
Kombiticket mit Gulbenkian: mittel

Abseits der Touristenwege

11 Museu da Cidade

Wenn Sie sich einen umfassenden Überblick über die Geschichte der Stadt verschaffen wollen, besuchen Sie das Museu da Cidade! Es ist im wunderschönen **Palácio Pimenta** untergebracht – allein deshalb ist es einen Abstecher wert! – und besticht durch seine reich mit Fliesen verzierten Küchen und den vor Bienen summenden Gärten. Sehen Ihnen die Ausstellungsstücke zu beängstigend aus, dann suchen Sie sich selbst die interessantesten aus. Verpassen Sie nicht die

Auffällige Exponate im modernen Centro de Arte Moderna

maßstabgetreue Rekonstruktion der Stadt vor dem Erdbeben oder das Portrait des Marquês de Pombal, der für den Bau der Baixa nach 1755 verantwortlich war.

Einblicke in die Vergangenheit gewähren auch die riesige Leinwand mit der Abbildung des Terreiro do Paço, dem Vorläufer des Praça do Comércio, und ein Gemälde des Torre de Belém (► 120f), als er noch allseits von Wasser umgeben war.

 195 bei E5   Campo Grande 245
 217 513 200   Di–So 10–13, 14–18
 preiswert   Campo Grande

12 Museu Bordalo Pinheiro

Der Töpfer Rafael Bordalo Pinheiro (1846–1905) wurde in Lissabon geboren und lebte später in Caldas da Rainha im Ribatejo. In seiner dortigen Werkstatt widmete er sich hauptsächlich der Arbeit an Karikaturen. Er erfand eine Bauernfigur namens **Zé Povinho**, die in die Stadt ging und es sich zur Gewohnheit machte, immer genau das zu sagen, was er dachte. Bald fand sich die Figur auf Krügen, Schalen und Statuetten. Pinheiro schuf auch fantastisch gestaltete Schalen und Servierplatten, die meist Tiermotive zierten. Sehen Sie sich die Suppenterrinen mit den schweinskopfförmigen Deckeln an! Oder die mit wunderbar natürlich aussehenden Fröschen und Käfern geschmückten Servierplatten!

 195 bei E5   Campo Grande 382
 217 550 468   Di–So 10–18 Uhr
 preiswert   Campo Grande

Wohin zum ...
Essen und Trinken?

Preise
Die Preise gelten pro Person für ein Drei-Gänge-Menü ohne Getränke:
€ unter 20 Euro €€ 20–40 Euro €€€ über 40 Euro

Bonjardim €
Das Bonjardim befindet sich mitten im Touristengetümmel und ist berühmt für seine Geflügelgerichte: Über Holzkohle gegrillte halbe Hähnchen werden hier mit hausgemachten Pommes serviert. Bestellen Sie eine Salatbeilage, träufeln Sie die feurige Piri-Piri-Sauce darüber, die auf den Tischen steht, und genießen Sie die geschäftige Atmosphäre zwischen Einheimischen und der flinken Bedienung. Auch andere Gerichte wie gut abgehangene Steaks werden angeboten. Hausgemachte Kuchen und Torten runden die Mahlzeit ab.

🖽 198 A3 ✉ Travessa de Santo Antão 12 ☎ 213 427 424 🕒 tägl. 12–23 Uhr Ⓜ Restauradores

Café Martinho da Arcada €
Wie auch das *Café Nicola* auf dem Rossio und *A Brasileira* im Chiado war dieses alte Kaffeehaus seit seiner Gründung 1782 ein Treffpunkt für Künstler und Literaten. So kam auch Fernando Pessoa gern hierher, um an seiner täglichen Ration Absinth zu nippen. Das angegliederte Restaurant hat sich in den vergangenen Jahren gut herausgeputzt und ist dementsprechend teuer geworden. Aber die Bar mit ihrem uralten holzgetäfelten Tresen ist noch immer ein guter Ort für einen Kaffee und einen kleinen Imbiss. Nehmen Sie sich eine der *Pasteis de nata* als Zuckerkick!

🖽 198 A/B1 ✉ Praça do Comércio 3 ☎ 218 879 259 🕒 Mo–Sa 7–23 Uhr Ⓜ Baixa-Chiado

Café Nicola €
Seit dem 18. Jahrhundert ist an dieser Stelle ein Café. Auch das Nicola ist ein Schlupfwinkel für Literaten und politische Rankeschmiede. Es bietet ein großartig restauriertes Interieur aus Marmor, Glas und Stahl und eignet sich hervorragend für eine kleine Mahlzeit oder auch zum Verweilen an einem der Terrassentische draußen. Das Essen hier ist einfach und setzt sich vorwiegend aus Fleisch und Pommes zusammen. Das Nicola zählt zu den beliebteren Cafés der Stadt, ein Plätzchen zu ergattern kann manchmal schwierig sein.

🖽 198 A2 ✉ Praça Dom Pedro IV 24 ☎ 213 460 579 🕒 Mo–Sa 8–22, So 9–19 Uhr Ⓜ Rossio

Confeitaria Nacional €
Für Naschkatzen gibt es eine reichliche Auswahl an Törtchen, Kuchen und Gebäck in dieser traditionsreichen Konfiserie, deren Glaskästen und bemalte Paneele seine Entstehung im 19. Jahrhundert bezeugen. Im ersten Stock werden Mittagsgerichte und Snacks serviert, bedient wird zügig und freundlich. Es werden sogar Kekse und Gebäck außer Haus verkauft. Erfreuen Sie Ihre Lieben mit diesen Gaumengenüssen!

🖽 198 A2 ✉ Praça da Figueira 18B–C ☎ 213 424 470;
www.confeitarianacional.com
🕒 Mo–Sa 8–20 Uhr Ⓜ Rossio

Gambrinus €€€
Von allen Restaurants und Gasthäusern dieser Straße ist das Gambrinus das teuerste, aber bei Weitem das beste für eine unvergessliche Mahlzeit. Da überrascht es nicht, dass dieser Ort vornehmlich von Politikern, Journalisten und anderen Personen des öffentlichen Lebens frequentiert wird. Nehmen Sie am Tresen oder in

einem der beiden Speiseräume Platz und wählen Sie aus einem riesigen Angebot an Meerestieren, frischem Fisch, Fleisch und Wildbret der Saison. Die Bedienung ist außerordentlich hilfsbereit und diskret. Nehmen Sie am Ende einen guten Porto!

🏠 198 A3 ✉ Rua Portas de Santo Antão 23 ☎ 213 421 466 🕐 tägl. 12–1.30 Uhr Ⓜ Restauradores

Solar dos Presuntos €€–€€€

Das Solar – ein weiteres empfehlenswertes Lokal in dieser Straße – erkennen Sie an den luftgetrockneten Schinken, die im Fenster hängen. Drinnen sind die Wände mit Fußball-Fanartikeln und Erinnerungen an berühmte Stammgäste dekoriert. Angeboten werden vorrangig Speisen aus der Minho-Region im Norden des Landes wie gebratenes Rehkitz oder – je nach Saison – das hochgeschätzte Neunauge, ein aalähnlicher Flussfisch. Andere Fischarten und Meerestiere werden gedünstet als *Caldeirada* oder einfach gegrillt serviert. Die Bedienung ist freundlich.

🏠 198 A3 ✉ Rua das Portas de Santo Antão 150 ☎ 213 424 253; www.solardospresuntos.com 🕐 Mo–Sa 12–15.30, 19–13 Uhr (im Aug. geschl.) Ⓜ Restauradores

Solmar €€

Es ist wohl der ungetrübte Charme der 1960er Jahre, der dieses große, quirlige Restaurant zu einer Augenweide macht. Die einstige Bierhalle bietet heute ein reichhaltiges Speisenangebot und eine Reihe von Spezialitäten am Abend. Verständlich, dass sie bei Einheimischen wie Touristen gleichermaßen beliebt ist. Wählen Sie Ihren Hummer aus den Becken, entscheiden Sie sich für einen in Salz gebackenen Fisch oder einen Teller Meeresfrüchte an Reis in Koriandersauce, bevor Sie sich auf voll beladenen Serviertischen dargebotenen Puddings übergeben. Das Weinangebot ist überaus reichhaltig.

🏠 198 A3 ✉ Rua das Portas de Santo Antão 108 ☎ 213 460 010 🕐 tägl. 12–22.30 Uhr Ⓜ Restauradores

Terreiro do Paço €€€

Dieses stylische Lokal befindet sich im Herzen des Zentrums und gilt als eines der besten Restaurants in ganz Europa. Angeboten wird hier eine überaus kreative traditionell-portugiesische Küche, v. a. Meeresfrüchte. Die Weinauswahl ist hervorragend.

🏠 198 A/B1 ✉ Praça do Comércio ☎ 210 312 850 🕐 Mo–Fr 12.30–15, 20–23, Sa 20–23 Uhr Ⓜ Baixa-Chiado

Trindade €

Diese wunderschöne alte und mit blauweißen Fliesenarbeiten verzierte Wirtschaft eines der berühmtesten Lokale in Lissabon und abends voller Menschen. Bestellen Sie sich im vorderen Raum ein Bier und einen kleinen Snack oder fragen Sie im zweiten Saal nach der Karte und bestellen sich ein einfaches portugiesisches Essen oder einen Teller leckerer Meeresfrüchte.

🏠 198 A2 ✉ Rua Nova da Trindade 20C ☎ 213 423 506; www.cervejaria trindade.pt 🕐 tägl. 12–1 Uhr Ⓜ Baixa-Chiado

Wohin zum ...
Einkaufen?

An keinem anderen Ort können Sie Portugals gegensätzliche Einkaufskulturen so gut erleben wie in der Baixa und dem Chiado: Topmoderne Einkaufsmeilen wie die **Armazéns do Chiado** (Rua do Carmo 2, Tel. 213 210 600; www.armazensdochiado.com) mit einem umfassenden Angebot an internationalen Markenläden über sechs Etagen hinweg kontrastieren mit kleinen, ausgesuchten und sehr individuellen Geschäften, von denen sich viele über Jahrzehnte hinweg nicht verändert haben. Halten Sie nach letzterem Ausschau, wenn Sie etwas Besonderes suchen. Im **Casa Pereira da Conceição** (Rua Augusta 102; Tel. 213 423 000) beispielsweise wird eine große Auswahl an Tee, Kaffee und Schokolade ange-

Das Zentrum und der Norden

Wohin zum ... Ausgehen?

Entspannen können Sie sich in der Baixa und dem Chiado vornehmlich am frühen Abend, bevor Sie sich ins Nachtleben des Bairro Alto (▶ 100f) stürzen. Gönnen Sie sich hier einen Drink vor dem Abendessen oder vielleicht einer abendlichen Aufführung.

Drei der bedeutendsten Spielstätten befinden sich im Stadtzentrum. Hier werden von einer Wiederaufführung des Sound of Music bis hin zur Grand opéra alle Genres bedient.

Das wunderschöne **Teatro Nacional de São Carlos** (Rua Serpa Pinto 9; Tel. 213 253 045; www.saocarlos.pt), üppig ausgestaltet im Rokokostil, stammt aus dem Jahre 1793 und ist Lissabons führendes Opernhaus. Auch Symphoniekonzerte stehen auf dem Spielplan. Die Eintrittspreise variieren je nach Vorstellung.

Auf dem Rossio befindet sich das **Teatro Dona Maria II** (Praça Dom Pedro I;, Tel. 213 250 800 / 213 250 835; www.teatro-dmaria.pt), das sowohl Theaterstücke als auch klassische Musik aufführt.

Auf der Rua Portas de Santo Antão, liegt das **Coliseu dos Recreios** (Tel. 213 240 585; www.coliseulisboa.com). Es ist bekannt für seine breite Angebotspalette und bietet alles von Ballett über Musicals bis hin zu zeitgenössischer Musik.

Unweit davon befindet sich westlich des Teatro Nacional das städtische **Teatro Municipal de São Luiz** (Rua António Maria Cardosa 40; Tel. 213 257 640). Hier werden bis zu 1000 Zuschauer mit vielfältigen Veranstaltungen von Theaterstück bis Weltmusik unterhalten.

boten und weitere Leckereien im **Manuel Tavares** (Rua da Betesga 1A–1B; Tel. 213 424 209; www.manueltavares.com), einer über 100 Jahre bestehenden Institution in der Baixa. Der Kurzwarenladen **Retrosaria Bijou** (Rua da Conceição 91; Tel. 213 425 049) verkauft jede Menge Borten, Litzen, Knöpfe und Schnallen. Die **Luvaria Ulisses** (Rua do Carmo 87; Tel. 213 420 295) hingegen ist eine Fundgrube an edlen Handschuhen aus Wildleder, Spitze, Leder und Seide. Das **Casa Havaneza** (Largo do Chiado 25; Tel. 213 420 340) wurde 1861 erbaut und verkauft seither beste kubanische Havannazigarren. Fashionistas sollten sich weder **Ana Salazar** (Rua do Carmo 87; Tel. 213 472 289; www.anasalazar.pt), die bekannteste Damenmodedesignerin Portugals, noch die exklusiven Stoffe der **Casa Frazão** (Rua Augusta 259 bis 265; Tel. 213 421 639) entgehen lassen. Für Herren wird in der **Alfaiataria Nunes Corrêa** (Rua Augusta 250; Tel. 213 240 930) gesorgt, einem Schneider und Ausstatter der Luxusklasse, der einst die königliche Familie ausstaffierte. Im **Azevedo Rua** (Praça Dom Pedro IV, 72–73; Tel. 213 470 817) werden unter Stuckdecken stilvoll in Holzvitrinen präsentierte Hüte aller Art verkauft.

Büchernarren kommen in der **Livaria Bertrand** (Rua Garrett, 73–75; Tel. 213 468 646; www.bertrand.pt), auf ihre Kosten, einem wunderbar altmodischen Laden aus dem Jahre 1773, der eine Vielzahl an illustrierten Bildbänden über Lissabon und Portugal anbietet.

In den **Armazéns** finden Sie neben Outlets von **Fnac, Intimissimi, Massimo Dutti, Sephora** oder **L'Occitane** auch das **Casa Batalha** (4. Etage, 10; Tel. 213 427 313), ein 1665 gegründetes Schmuckgeschäft, das bis heute hochwertige Geschmeide und Accessoires anbietet.

In der **Sport Zone** (Tel. 213 230 730) in der unteren Etage finden Sie alles, was das Herz eines Sportfanatikers begehrt. Hier ist auf einer riesigen Verkaufsfläche jede Art von Ausstattung und Zubehör erhältlich.

Mittelalterliches Lissabon

Erste Orientierung 68
An einem Tag 70
Nicht verpassen! 72
Nach Lust und Laune! 87
Wohin zum … 92

Mittelalterliches Lissabon

Erste Orientierung

Die Siedlung, aus der später Lissabon werden sollte, befand sich auf dem Hügel des Castelo de São Jorge, und noch heute prägt diese Festung den ältesten Teil der Stadt. Sie bildet den Brennpunkt eines faszinierenden Stadtteils, der mit Glanzstücken von zusammengedrängten, kunterbunten Straßen der maurischen Alfama bis hin zu großartigen Kirchen, wundervollen Ausblicken und einem halben Dutzend der bedeutendsten Museen der Stadt aufwartet. Das Viertel zählt zu den am dichtesten bevölkerten Lissabons und steckt voller Läden, Restaurants und Bars. Unter den Einwohnern finden sich sowohl verarmte Städter als auch gutbetuchte Geschäftsleute.

Im Osten der Baixa steigt der Hügel hinauf zur Festung, deren Mauern und Plattformen sagenhafte Blicke über die Stadt und den Fluss bieten, steil an. Unter ihnen erstreckt sich das Gewirr der anmutigen Straßen, die nach dem Beben 1755 angelegt und mit stilvollen Häusern bebaut wurden, hier und da durchsprenkelt von einigen der schönsten *Miradouros* (Aussichtspunkte) der Stadt. Von hier schauen Sie aus der Vogelperspektive über die Dächer der

Vorhergehende Seite: Gotisches Relief an den Säulenkapitellen der Kathedrale

Erste Orientierung

Unten: Blick aus den Kreuzgängen der Kathedrale

Ganz unten: Die Befestigungsmauern des Castelo de São Jorge

★ Nicht verpassen!

1. Sé ➤ 72
2. Museu-Escola de Artes Decorativas ➤ 74
3. Castelo de São Jorge ➤ 77
4. São Vicente de Fora ➤ 80
5. Alfama ➤ 82
6. Museu Nacional do Azulejo ➤ 85

Nach Lust und Laune!

7. Igreja e Museu de Santo António ➤ 87
8. Graça ➤ 88
9. Feira da Ladra ➤ 89
10. Panteão Nacional de Santa Engrácia ➤ 89
11. Museu da Agua ➤ 90
12. Museu Militar ➤ 90
13. Casa de Fado ➤ 91

Alfama, das verlockendste Viertel des alten Lissabon, dessen uralte Treppen und Gässchen sich hinunter zur Sé (Kathedrale) und den umliegenden Gebäuden erstrecken. Im Norden stehen die prächtigen Kirchen São Vicente de Fora und Santa Engrácia und das wunderbare Museu-Escola de Artes Decorativas. Folgen Sie den Straßen bergaufwärts und entdecken Sie Graça, einen zauberhaften *Bairro* mit sehr individueller Atmosphäre, oder bummeln Sie hinunter zum Fluss und besuchen weitere Museen.

Mittelalterliches Lissabon

Lissabons Festung wacht über das älteste Viertel der Stadt mit seinen labyrinthischen Straßen voller Museen und Kirchen, den faszinierenden Gassen und den *Miradouros*, den Aussichtspunkten über dem Tejo.

Das mittelalterliche Lissabon an einem Tag

9.30 Uhr
Beginnen Sie den Tag in der **1 Sé** (Kathedrale, ►72f); biegen Sie in den Kreuzgang ein (links). Eine Grabung informiert über die Geschichte Lissabons. Sie können einen Blick in die **7 Igreja de Santo António** (►87) werfen, die dem Hl. Antonius gewidmet ist.

10.30 Uhr
Gehen Sie die Rua da Sé hinauf, vorbei am herrlichen *Miradouro* Santa Luzia (►178), bis zum Largo das Portas do Sol, bevor Sie das **2 Museu-Escola de Artes Decorativas** (►74ff) besichtigen.

11.30 Uhr
Hinter dem Museum gelangen Sie über steile Straßen zum eindrucksvollen **3 Castelo de São Jorge** (►77ff) und weiter oben zur Igreja da Graça (►88), die sich auf einem der höchstgelegenen Punkte Lissabons befindet.

13 Uhr
Ihr Mittagessen können Sie im Café auf der Esplanada da Igreja da Graça (►94) einnehmen und dann die Rua Damasceno Monteiro und die Calçada do Monte zum *Miradouro* Nossa Senhora do Monte gehen, dem höchsten Aussichtspunkt. Oder sie entspannen sich mittags im Mercado de Santa Clara (►93) oberhalb des **10 Panteão Nacional de Santa Engrácia** (►89).

An einem Tag

14.30 Uhr

Nehmen Sie die Straßenbahn zur ❹ **São Vicente de Fora** (➤ 80f) mit ihrem prachtvollen Kreuzgang, der großartigen Aussicht und einigen der schönsten *Azulejos* der Stadt. Dienstag und Samstag können Sie bis etwa 15 Uhr hinter der Kirche die ❾ **Feira da Ladra** (➤ 89) durchstöbern.

15.30 Uhr

Wandern Sie hinunter durch die engen Straßen der ❺ **Alfama** (➤ 82, unten). Unten stoßen Sie schließlich auf den Chafariz de Dentro, der das ⓭ **Casa de Fado** (➤ 91) beheimatet, das sich dieser portugiesischen Musik widmet.

16.45 Uhr

Besteigen Sie den Bus Nr. 794 oder nehmen Sie ein Taxi zum ❻ **Museu Nacional do Azulejo** (➤ 85f; oben), das sich in einem Kloster und seiner angrenzenden verzierten Kirche befindet.

18 Uhr

Schlendern Sie zu einem der *Miradouros* zurück und genießen Sie entspannt die langsam hereinbrechende Dämmerung.

20 Uhr

Auch in der Alfama (rechts) können Sie Ihren Abend gut verbringen. Speisen Sie im Malmequer Bemmequer (➤ 93) und hören sich dann im Parreirinha de Alfama (Beco do Espirito Santo 1; Tel. 218 868 209) den besten *Fado* des *Bairro* an.

Sé

Unter der Vielzahl religiöser Gebäude gibt es kein historisch gewichtigeres als die Sé (die Kathedrale). Sie steht an Stelle der allerersten Gebäude der Stadt. Römer, Westgoten und Mauren hinterließen hier ihre Spuren, und so atmet die großartige Kirche heute die Geschichte Portugals selbst. Der hoch aufstrebende Innenraum bezeugt die über Jahrhunderte gelebte religiöse Inbrunst sowohl der Gründer als auch der Stadt.

Im Jahre 714 fiel Lissabon an die Mauren. Sie errichteten eine reiche Stadt und bauten eine große Moschee. Juden und Christen lebten freundschaftlich miteinander und die Stadt gedieh.

Im Norden aber entstand Portugal als eigener Staat. Die Portugiesen und ihre kreuzfahrenden Verbündeten fegten gen Süden und eroberten die Stadt im Namen Christi. Das maurische Lissabon fiel an Afonso Henriques, den König von Portugal. Er machte seinen englischen Gefolgsmann, Gilbert of Hastings, zum ersten christlichen Bischof der Stadt. Gilbert überwachte den Bau einer **festungsartigen Kathedrale** an Stelle der Moschee, so birgt die **Sé** noch heute viel von diesem romanischen Bauwerk. Die strenge **Fassade** mit ihren bezinnten Zwillingstürmen entstand bei einem Umbau im 14. Jahrhundert, der nach einem Erdbeben nötig wurde. Damals wurden auch der Kreuzgang und die gotischen Innenelemente hinzugefügt. In den folgenden Jahrhunderten gab es zahlreiche Um- und Ausbauten, die umfassendste nach dem Erdbeben von 1755, als der barocke Hochaltar gebaut und die ganze Kathedrale »modernisiert« wurde. Dieses Schmuckwerk wurde in den dreißiger Jahren des 20. Jahrhunderts wieder beseitigt. Aus Fragmenten

Romanische Bögen im Hauptschiff lenken den Blick auf den Hochaltar

Sé

wurde die schöne **Fensterrose** wiederhergestellt, und das heutige Innere – dunkel, ernst und mystisch – kommt dem ursprünglichen Erscheinungsbild des Bauwerks wahrscheinlich so nahe wie nie im Laufe der Jahrhunderte.

Vergessen Sie beim Rundgang durch die Sé nicht den **Wandelgang** hinter dem Hochaltar, ein offener Prozessionsplatz, der den Pilgern Raum geben sollte. Diese gab es zur Zeit des Baus im 14. Jahrhundert reichlich, denn die Sé beherbergte die Reliquien von St. Vinzenz, dem Schutzheiligen von Lissabon. Die Urne mit seinen Überresten fiel dem Erdbeben von 1755 zum Opfer. Hinter dem Südschiff befindet sich die **Schatzkammer** voll mit religiösen Kunstwerken und kunstvoll bestickten Gewändern. Gleich daneben ist der Eingang zum **romanisch-gotischen Kreuzgang** mit seinem gewölbten Dach und den spitzen Bögen. Dessen Mitte birgt eine der größten Sehenswürdigkeiten Lissabons: die **archäologischen Grabungen**, die Schicht für Schicht die unter der Kathedrale befindlichen Gebäude offenlegen. Hier liegt Ihnen die Geschichte der Stadt von der Eisenzeit bis zum frühen Mittelalter zu Füßen. Folgen Sie dem Weg, der die Grabungsstätte umläuft. Es gibt eine römische Straße mit Treppen, Entwässerungskanälen und Läden, die Reste der Gebäude, die dem Bau der Kathedrale weichen mussten, sowie einen mittelalterlichen Brunnen. Das größte Interesse verdient wohl der zur Maurenzeit errichtete Innenhof, der von den rosafarbenen Mauern eines islamischen öffentlichen Gebäudes umgeben ist.

Schonen Sie Ihre Füße und nehmen Sie die Straßenbahn hinauf zur Sé

KLEINE PAUSE

Das **Alfama** hat stimmungsvolle Cafés und Restaurants.

198 B1 ⊠ Largo da Sé ☎ 218 876 628; www.ippar.pt ⊙ tägl., Kathedrale 9–19, Kreuzgang 10–18, Schatzkammer 10–17 Uhr 🛒 Kreuzgang und Schatzkammer preiswert 🍴 Bar auf dem Largo de Santa Luzia 🚋 Trams 12, 28

SÉ: INSIDER-INFO

Nicht verpassen: Das gotische Altarbild in der **Kapelle des Bartolomeu Joanes**, welches Portugals größtem Maler, Grão Vasco (1480–1543), zugeschrieben wird.
• Das **Panorama** von der südöstlichen Ecke des Kreuzgangs, ein wunderschön umrahmter Ausblick auf die durcheinander gewürfelten Dächer der Alfama und den dahinterliegenden Fluss.
• Das schöne **Grabmal des Lopo Fernandes Pacheco** rechts vom Wandelgang.

Museu-Escola de Artes Decorativas

Der Palácio Azurara aus dem 17. Jahrhundert, schön gelegen auf einem panoramaartigen Platz oberhalb der Alfama, beherbergt das Museu-Escola de Artes Decorativas (Museum für angewandte Kunst), eine reiche Fundgrube an Möbeln, Gemälden, Porzellan und Stoffen. Die Sammlungen sind in prächtigen und schön dekorierten Räumen untergebracht, die wie Privatgemächer wirken. So geben sie einen unvergesslichen Einblick in das Leben der Reichen zu einer Zeit, als das Gold aus Portugals überseeischen Besitzungen hereinströmte.

Das ellipsenförmige Musikzimmer hat eine großartige Akustik

Im Jahre 1947 kaufte Ricardo do Espírito Santo Silva, der Bankier, Unterstützer Salazars, Liebhaber der Fadosängerin Amália (▶ 13) und Erbauer des Ritz-Hotels, den **Azurara-Palast**, um darin seine bedeutende Sammlung **portugiesischer angewandter Kunst** unterzubringen. Seine Leidenschaft galt den Möbeln, speziell jenen aus dem 17. und 18. Jahrhundert, und er meinte, dass sie am besten so betrachtet werden sollten, wie sie ursprünglich genutzt wurden, umgeben von **Gemälden, Textilien, Porzellan, Silber** und *Objets d'Art*, positioniert vor einem aristokratischen Hintergrund. Zu diesem Zweck wurde das gesamte Gebäude im Stil des 17. uns 18. Jahrhunderts restauriert und dekoriert. Silva ging sogar soweit, für die Wände zusätzliche *Azulejo*-Platten aus anderen Lissabonner Palästen zu kaufen. Das Ergebnis ist atemberaubend. Sechs Jahre später wurde

Museu-Escola de Artes Decorativas

die **Escola** gegründet, eine Ausbildungsstätte für jeden Zweig der angewanden Künste.

Von der **Eingangshalle** aus führt eine anmutige Flucht flacher Stufen vorbei an blau-weißen Fliesen aus dem 18. Jahrhundert zu drei niedrigen Räumen voller Eleganz und Charme. Kostbare Teppiche aus Arraiolos, dem traditionellen Zentrum der portugiesischen Teppichmanufaktur im Alentejo, bedecken den polierten Boden, auf dem vereinzelt leichte, perfekt proportionierte Möbel stehen. Diese Teppiche, meist aus Leintuch oder Leinwand mit wollener Stickerei, reichen in ihrer Ausführung von ganz einfachen bis zu höchst aufwendig gearbeiteten Stücken. Dieser Raum ist von intimen Ausmaßen, auf den Seitentischen befinden sich für den portugiesischen Markt gefertigte Exportgüter der chinesischen Tang-Dynastie. Der letzte Raum hat einen gänzlich mit Strohmatten belegten Fußboden, wie er im 18. Jahrhundert in portugiesischen Häusern oft benutzt wurde, besonders in den heißeren Monaten.

Im nächsten Stockwerk befinden sich die viel prächtigeren **Hauptwohnräume** des Palastes, alle mit hohen Decken, glänzenden Holzfußböden, kostbaren Stoffen und aufwendig gemalten Dekorationen. Der **Hauptsaal** ist riesig und verfügt über eine eigene kleine, in der Wand versteckte Kapelle. In einem anderen Saal befinden sich franko-flämische Gobelins aus dem 17. Jahrhundert, auf denen die portugiesische Ankunft in Indien dargestellt ist. Das mit Einlegearbeiten aus Elfenbein und Rosenholz ausgestattete Mobiliar stammt aus Portugiesisch-Indien und zeigt Jagdszenen. Die Handelsverbindungen des Landes mit China bezeugen ein riesiges Vasenpaar und chinesisches Exportporzellan, darunter viele Stücke mit portugiesischem Wappen. Durch diesen Raum kommt man zum **Schaufenstersaal** mit halbgefliesten Wänden und einem glänzenden Kronleuchter aus dem 19. Jahrhundert. In der Mitte steht ein typisch portugiesisches Sitzensemble, ein sogenanntes Duchesse brisée. Es besteht aus zwei Sesseln, die durch einen Schemel miteinander verbunden sind, damit sich zwei Personen bequem gegenübersitzen können.

Mehr Komfort bietet der mit rotem Damast ausgekleidete folgende Raum mit seinen Reisebetten und Faltmöbeln. Wie Sie sehen, ist nicht jeder Baldachin mit einem Rüschenband umsäumt, die waren strikt den Männern vorbehalten. Der **Korridor** daneben beherbergt ein weiteres praktisches Stück: eine Schlafcouch aus dem 18. Jahrhundert. Die brokatverzierten Polster lassen sich anheben, um den Sitz zu verbreitern. Nebenan im **Dom-José-Saal** sehen Sie einen herrlichen Spieltisch, ein speziell auf die Bedürfnisse einer spielsüchtigen Gesellschaft

Ihr Wagen ist vorgefahren – ein ungewöhnliches Ausstellungsstück in der Eingangshalle des Museums

Mittelalterliches Lissabon

abgestimmtes Mehrzweckmöbel. Zusammengeklappt sieht er aus wie ein normaler Tisch, geöffnet aber kann er zu einem mit Samt bespannten Kartenspieltisch, einem einfachen Teetisch, oder auch einem Brett für Schach, Dame und Backgammon samt Behältnis für die Spielsteine werden. Es folgt ein **Musizierzimmer**, dessen elliptische Form eine bestmögliche Akustik ermöglichen sollte. Die Wände sind mit musikalischen Motiven geschmückt. Sehen Sie sich die Glasvitrine mit ihrem wunderbaren Miniatur-Kammermusikensemble an. Die folgenden, viel schmaleren Stufen führen hinauf in das Obergeschoss zu vier dunkleren Räumen. Eines der Zimmer ist ein **Speiseraum**, gefliest, bemalt und mit rotem Brokat ausgekleidet. Der Tisch in der Mitte enthält Silber aus dem 17. und 18. Jahrhundert, die wichtigste Kostbarkeit aber ist ein der Ching-Dynastie entstammender Besteckbehälter aus dem 17. Jahrhundert, der in China nach portugiesischem Muster gefertigt und emailliert wurde.

Die schönen indisch-portugiesischen Möbel im großen Hauptraum

KLEINE PAUSE
Gönnen Sie sich einen Kaffee in einem der **Cafés** auf dem **Largo das Portas do Sol** mit Blick über den Fluss.

---

198 C2 ⌧ Largo das Portas do Sol 2 ☎ 218 881 991 ⏰ Di–So 10–17 Uhr
mittel 🍴 Café mit Innenhof im Museum 🚌 37; Trams 12, 28

MUSEU-ESCOLA DE ARTES DECORATIVAS: INSIDER-INFO

Top-Tipp: Viele der Bediensteten **sprechen ein ausgezeichnetes Englisch**, sind engagiert und kennen die Sammlung. Fragen Sie sie aus!
• Rufen Sie vorher an, wenn Sie die **Werkstätten besichtigen** wollen, in denen auszubildende Kunsthandwerker und Restaurateure die Techniken der angewandten Kunst lernen.
• Während Ihres Besuchs müssen Ihre **Taschen** in ziemlich kleine Schließfächer **eingeschlossen** werden. Bringen Sie also keine allzu großen Sachen mit.

3 Castelo de São Jorge

Sobald Sie in Lissabon angekommen sind, werden Sie die honigfarbenen Mauern des Castelo de São Jorge (der Georgsburg) magnetisch anziehen und Sie hinaufflocken, um diesen historischen Komplex zu erkunden. Hier gibt es mächtige Befestigungsanlagen, Wachtürme und Bollwerke, schattige Höfe und verführerische Platzanlagen. Von den Terrassen und Promenaden haben Sie wunderschöne Ausblicke auf die Stadt. Das Herz Lissabons liegt Ihnen zu Füßen.

Der steile Hügel, auf dem das **Castelo** steht, ist der ideale Ort für ein Verteidigungsbollwerk. Eine eisenzeitliche Befestigung stand hier bereits, ehe 138 v. Chr. die Römer kamen und eine Zitadelle errichteten. Die Römische Stadt, Olisipónia, erstreckte sich bald bis hinab zum Fluss. Die Römer beherrschten die iberische Halbinsel bis zum Jahre 403, und nach 300 turbulenten Jahren westgotischer Besatzungszeit kamen 714 die Mauren. Unter Benutzung der Reste römischer Wehranlagen bauten sie hier ihre Festung. Ihr Zentrum war die Alcáçova, der heute noch existierende Palast. Die Moslems blieben über 400 Jahre in Lissabon. Ihre Herrschaft endete 1147 mit der Belagerung des Castelo durch

Castelo de São Jorge, Lissabons antike Festung

Afonso Henriques. Dieser hatte französische und englische Kreuzfahrer auf ihrem Weg nach Jerusalem überzeugt, hier Halt zu machen und bei der Vertreibung der Mauren zu helfen. Dieses Angebot kam den Nordländern sehr gelegen, die immer auf Mord und Plünderung aus waren. Sie schlossen sich Afonso an und belagerten siebzehn Wochen lang das Castelo und die umliegende Innenstadt. Die Mauern fielen schließlich im Oktober, denen sich schaurige Szenen der Verwüstung, des Mordes und der Vergewaltigung von Moslems und Christen anschlossen, die Jahrhunderte lang friedlich Seite an Seite mit den Mauren gelebt

Mittelalterliches Lissabon

hatten. Von 1275 bis 1511 lebten die portugiesischen Könige im alten Maurenpalast und zogen erst nach dem Bau des Palácio da Ribeira um. In den folgenden Jahrhunderten wurden im und um den Burgkomplex Häuser, Paläste und Regierungseinrichtungen gebaut. Vieles davon verschwand in der dreißiger Jahren des vorigen Jahrhunderts, als die Mauern und Festungsanlagen restauriert wurden. Aber das Castelo ist vielmehr als nur eine Festung.

Zu den ältesten Teilen gehören die **Außenmauern**, die wohl römischen Ursprungs sind und die Festung sowie den als *Intramuros* (innerhalb der Mauern) bezeichneten Hof umschließen. In den durch den **Arco de São Jorge** zugänglichen Gassen wohnen ältere Menschen in Sozialwohnungen Seite an Seite mit gut verdienenden Geschäftsleuten, die es sich etwas kosten ließen, in dieser angesagten Enklave zu wohnen. Nordöstlich liegt die **Igreja de Santa Cruz do Castelo**, die anstelle einer Moschee errichtet wurde. Vor Ihnen liegt der Zugang zur eigentlichen Festung. Drinnen befinden Sie sich sodann auf einem breiten Platz mit einem **Standbild des Alfonso Henriques** und Kanonen auf einem Teil der äußeren Wallanlagen. Dies ist ein hervorragender Aussichtspunkt, von dem aus Sie sich gut orientieren können. Der Hang erstreckt sich hinab zur Baixa (▶ 46ff) mit ihren imposanten Plätzen. Dahinter liegen Lissabons Hügel und der Fluss. Folgen Sie den **Burgwällen** und den **gepflegten Gärten** zu den inneren Mauern und schon sind Sie im Herzen der mittelalterlichen Festung mit einer Reihe von **Höfen** und weiteren Mauern. Diese herrlichen und überraschend ursprünglichen Bauten verkörpern alles, was zu einer Burg gehört. Authentisch wirkende Festungsmauern – Ergebnis der Verschönerungsarbeiten in den 1930ern – und zehn Türme umgeben zwei Innenhöfe. Von dort aus gelangen Sie über Treppen auf die begehbaren Festungswälle. Hier können Sie die Türme besteigen, von denen einer die **Câmera Escura** beherbergt, eine altmodische Camera Obscura (Lochkamera), durch deren Linsensystem Sie aus der Vogelperspektive auf die Straßen und die Menschen tief unten schauen können.

Von den begehbaren Festungswällen haben Sie einen herrlichen Blick über Lissabon

Castelo de São Jorge

**Rechts:
Düsteres
Steinrelief an
der Mauer**

Inmitten des Burgkomplexes befindet sich auch die **Alcáçova**, der Maurenpalast, der vom 13. bis zum 16. Jahrhundert als Königspalast diente. Heute ist wenig davon erhalten und selbst die Reste sind gründlich umgestaltet worden. Einen gute Vorstellung von den ursprünglichen Ausmaßen erhalten Sie jedoch in der **Olisipónia**, einer **Multimediashow** zur Geschichte Lissabons. In 25 Minuten werden Sie durch die Vergangenheit der Stadt geführt und über Portugals Goldenes Zeitalter im 15. und 16. Jahrhundert und über das Erdbeben von 1775 informiert. Außerhalb dieses inneren Kerns führt eine weitere Treppe hinab zum außerhalb gelegenen **Torre de São Lourenço**. Der gesamte Komplex wurde zur Expo '98 gründlich restauriert, ebenso die umliegenden Parkanlagen.

KLEINE PAUSE

Im Burgkomplex gibt es ein **Café** und ein **Restaurant**. Getränke können Sie aber auch am Kiosk kaufen.

**Bäume säumen
die gepflasterten Befestigungswälle**

198 B2 ✉ Costa do Castelo ☎ 218 800 620; www.castelosaojorge.egeac.pt
🕒 Burg/Olisipónia: März–Okt. tägl. 9–20.30; Nov.– Feb. tägl. 9–17.30 Uhr; Câmera Escura: März–Okt. tägl. 10–17 Uhr; Nov.– Feb. 11–14.30 Uhr 💰 Burg frei, Olisipónia mittel 🍴 Restaurant/Café in der Burg 🚌 37; Trams 12, 28

CASTELO DE SÃO JORGE: INSIDER-INFO

Top-Tipp: Das **Castelo** und seine **Parkanlagen** sind genau das Richtige für ein paar erholsame Stunden in der heißesten Tageszeit.
• Die Wege sind sehr uneben und es gibt viel zu erlaufen, ziehen Sie sich also am besten **bequeme, flache Schuhe** an.

Ein Muss! Die Olisipónia mit ihrer **Multimediashow** zur Geschichte Lissabons
• Der **Ausblick** von den **Befestigungswällen**
• Das **mittelalterliche Viertel Santa Cruz** innerhalb des äußeren Befestigungsrings

4 São Vicente de Fora

Die wunderschöne, im italienischen Stil erbaute Kirche São Vicente de Fora (St. Vinzenz außerhalb der Stadtmauern) ist nur ein Teil dieses beeindruckenden, hoch über Lissabon und dem Tejo gelegenen Komplexes. Das angrenzende Kloster mit seinem doppelten Kreuzgang und den phantastischen blau-weißen Fliesenarbeiten gehört zu den schönsten Lissabons.

Die erste dem **Hl. Vinzenz**, dem **Schutzpatron Lissabons**, gewidmete Kirche wurde an dieser Stelle zur Erinnerung an die Vertreibung der Mauren errichtet. Afonso Henriques, der erste König Portugals, hatte sich 1147 geschworen, christliche Gebetsstätten überall dort zu errichten, wo portugiesische Soldaten und christliche Kreuzritter begraben worden waren. Das Baugelände befand sich außerhalb der bestehenden Stadtmauern. 1629 wurde die Kirche vollendet, beim Erdbeben von 1755 aber schwer beschädigt. Die Kuppel stürzte ein und erschlug Hunderte Betende. Danach wurde sie wieder aufgebaut und ist heute eines der **exzellentesten Barockbeispiele** der Stadt. Die über eine elegante Treppe zu erreichende Fassade war die erste ihrer Art in Portugal, hatte bautechnisch immensen Einfluss und sollte noch oft in Portugal und auch in den Kolonien des Landes bis hin nach Brasilien und Macao nachgebaut werden. Das nach griechischem Vorbild als gleicharmiges Kreuz errichtete **Kircheninnere** hat ein hoch aufragendes Schiff mit klassischen Wandpfeilern unter einem schönen Kassettengewölbe, die den Blick hinauf zum vergoldeten Hochaltar und seinem Baldachin lenken. Die Wände bedecken Azulejos aus dem 17. und 18. Jahrhundert.

Verlassen Sie die Kirche und biegen Sie links in die Kreuzgänge ein, die einst den Mittelpunkt der Klosterkirche bildeten. Diese zwei angrenzenden Klosterhöfe wurden im Stil des italienischen Manierismus erbaut. Die anmutigen Steinbögen des untersten Stockwerks stützen einen ebenmäßigen grau-weißen zweiten Stock. Wandeln Sie unter diesen Bögen hindurch und Sie befinden sich vor den

Das Kuppelgewölbe lässt Licht in das Kirchenschiff hinein

São Vicente de Fora

Ganz Oben: Das frühere Refektorium dient heute als Portugals Königliches Pantheon

prunkvoll in Blau und Weiß halbhoch gefliesten Wänden. Ein herrlicher Kontrast von Klassizismus und großartiger traditioneller Dekorationskunst! Zwischen den beiden Kreuzgängen befindet sich die **Sakristei**, die vollständig und reich mit mehrfarbigem Marmor ausgekleidet ist. Daneben liegt das ehemalige Refektorium des Klosters, das 1885 umgebaut wurde und seither als **Pantheon** für die Monarchen des Hauses Bagança dient, der letzten regierenden Dynastie Portugals. Zum **Obergeschoss** gelangen Sie über eine elegante Treppe, die reich mit Fliesen verziert ist, auf denen naturalistische Motive zu sehen sind. Hauptanziehungspunkt oben sind die Fliesenarbeiten, welche die in den 1660ern in Frankreich verfassten Fabeln von La Fontaine illustrieren. Von hier aus können Sie hinauf zur Terrasse oberhalb der Kirche klettern.

KLEINE PAUSE

Oben: Die Kirche des Hl. Vinzenz stand einst außerhalb der Stadtmauern

In der Nähe des Museumseinganges gibt es ein **Teezimmer**. Hier gibt es Kaffee, Kuchen und kleine Snacks.

✚ 198 C3 ✉ Largo de São Vicente ☎ 218 824 400, www.ippar.pt ⊙ Kirche Di–Sa 9–16, So 9–12.30 Uhr; Kreuzgänge Di–Sa 10–17, So 10–11.30 Uhr
🍴 Kirche frei, Kloster mittel 🍽 Café im Kloster 🚌 37; Trams 12, 28

SÃO VICENTE DE FORA: INSIDER-INFO

Top-Tipp: Obwohl die **Aussicht vom Turm** eine der besten der Stadt ist, sind die steilen und engen Stufen hinauf beschwerlich. Begnügen Sie sich bei Bedarf mit der **Terrasse**, von der Sie **ebenfalls weit schauen** können.

Ein Muss! Die **Eingangshalle des Klosters** mit ihrer massiven Marmorbalustrade, intarsierten Marmorsäulen, der gewölbten Freskendecke und dem schachbrettartigen Boden aus rosafarbenen, schwarzen und weißen Platten. Die *Fliesen* stammen von Emanuel dos Santos.

Mittelalterliches Lissabon

5 Alfama

Enge labyrinthische Straßen, Treppenfluchten, Sackgassen und kleine Plätze sind die Markenzeichen der wunderbar atmosphärischen Alfama, Lissabons ältestem *Bairro*. Mit seiner hohen Bevölkerungsdichte und einem pulsierenden Straßenleben ist dieser geschichtsträchtige Stadtteil einer der verführerischsten Lissabons. Seine berauschende Mischung aus Anblicken, Gerüchen und Geräuschen beschwört die historische Vergangenheit Lissabons und die Kulturen, die es prägten, in einem Maße herauf, mit dem die umliegenden Viertel schwerlich mithalten können.

Die Alfama ist der älteste *Bairro* Lissabons, ein dicht bebautes, historisches Viertel, das schon zu Zeiten der Römer bewohnt wurde. Die Westgoten lebten hier und so manches Gebäude steht heute noch auf westgotischen Fundamenten. Die meisten Spuren jedoch hinterließen die Mauren. Alfama – der Name selbst – stammt vermutlich vom arabischen »Al-Hama« ab und steht für Quelle oder Brunnen. Tatsächlich sind zwei der Brunnen, der **Chafariz del Rei** (Königsbrunnen) und der **Chafariz del Dentro** (Innerer Brunnen), schon seit dem Mittelalter in Betrieb. Zu Zeiten der Mauren und noch unter christlicher Herrschaft, nahm die Alfama den größten Teil der Stadt ein. Bald jedoch veranlassten eine Reihe von Erdbeben den christlichen Adel, diesem Teil der Stadt den Rücken zu kehren. Und so blieb ein Großteil des maurischen Charakters dieses Bairro unberührt. So auch die komplett erhaltene netz-

Oben rechts: Enge Pflasterstraße des Alfama-Viertels

Links: Largo de São Miguel

Unten: Detail einer Fliesenwand, das den Kampf um die maurische Festung in Lissabon darstellt

Rechts: Blick gen Osten vom Largo das Portas do Sol

Alfama

artige Straßenstruktur, die als Verteidigungssystem angelegt und einst in den *Kasbahs* Nordafrikas entworfen wurde. Die engen Straßen lassen wenig von der Mittagshitze herein. Hinter den Häusern verstecken sich kleine Innenhöfe und Gärtchen, in denen Zitronenbäume und Weinstöcke wachsen. Das auf Fels gebaute Gebiet, das sich eng an das Castelo (▶ 77ff) schmiegt, hat das große Erdbeben weitgehend unbeschadet überstanden. Nach wie vor ist die Alfama ein pulsierendes, dicht besiedeltes Arbeiterviertel, obwohl sich mit dem Zustrom der Touristen auch eine gewisse Kommerzialisierung einschleicht.

Den Kern des Viertels bildet wohl der **Largo de São Miguel**, geprägt von der Fassade der **Igreja de São Miguel** (Kirche St. Michael), die nach dem Beben an Stelle einer älteren Kirche hier erbaut wurde und die einzige, würdevolle Palme des Platzes überragt. An dieser Stelle haben Sie die Wahl: entweder gehen Sie zum täglichen Fischmarkt mit seinen rauen, lärmenden Fischweibern in der **Rua de São Pedro** hinunter oder Sie schlendern die **Rua de São Miguel** entlang.

Wenn man in der Alfama von einer Hauptstraße sprechen kann, dann ist es diese. Das zumindest belegen die Metzger- und kleinen Lebensmittelläden und die übervollen kleinen Bars und *Tascas*. Zu

Der hl. Vinzenz und seine Raben

Über dem Largo das Portas do Sol und den Hängen der Alfama thront eine Statue des hl. Vinzenz, des Schutzpatrons der Stadt Lissabon. Die Legende erzählt, dass Afonso Henriques im 12. Jahrhundert vom Verbleib der Reliquien des Heiligen hörte, die in der Algarve verborgen liegen und von Raben bewacht sein sollten. Er entsandte Schiffe, um die Reliquien zurückzuholen. Beim zweiten Mal war man erfolgreich und das Schiff traf – umsegelt von Raben – im September 1173 unversehrt in Lissabon ein. Der hl. Vinzenz wurde zum Schutzpatron der Stadt erklärt. Seither ist das Bild des Schiffes und der Raben das Wahrzeichen Lissabons.

84 Mittelalterliches Lissabon

beiden Seiten gehen schmale Alleen ab, und genau diese sollten Sie erkunden. Sie führen zu verwinkelten Treppen, niedrigen Bogengängen, kleinen Höfen, Straßen und Gärten, die das Wesen der Alfama ausmachen. Beide Straßen führen zum **Beco do Spirito Santo** und weiter zur Kirche **Santo Estêvão** (St. Stephan), deren Veranda einen eindrucksvollen Blick hinunter auf die Gärten, die umgebenden roten Dächer und den dahinterliegenden Hafen gewährt. Im Westen der São Miguel führen die Alleen zur Sé (▶ 72f) und zum Viertel zwischen Kathedrale und Fluss. Hier befindet sich das **Casa dos Bicos**, ein Handels- und Warenhaus, das 1523 von Brás de Albuquerque erbaut wurde. Abermals westlich, nahe des Praça do Comércio (▶ 47), sehen Sie das erhabene Portal der **Igreja da Conceição-a-Velha** (Kirche Mariä Empfängnis). Ein manuelinischer Eingang zeigt Maria, die Mutter der Barmherzigkeit, die Adligen, Reichen und Armen gleichermaßen Zuflucht unter ihrem Umhang gewährt, während geflügelte Cherubim die Seitenpfeiler hinaufklettern, die einzigen Überbleibsel der alten Kirche, die vor dem Erdbeben erbaut wurde.

Die roten Dächer und die gekalkten Häuser sind typisch für die Alfama

KLEINE PAUSE

Suchen Sie sich eine der vielen **Bars** oder **Cafés**, an denen Sie auf Ihrem Streifzug durch die Alfama vorbeilaufen.

☩ 198 C2 🍴 Zahlreiche in diesem Viertel 🚋 Trams 12, 28

ALFAMA: INSIDER-INFO

Top-Tipp: Wenn Sie sich in der Alfama verlieren, keine Bange! Gehen Sie **einfach bergabwärts**, um sich neu zu orientieren.
- Die **beste Besuchszeit ist der Morgen**, wenn Sie das hiesige **Straßenleben** erhaschen wollen, oder der **Abend**, wenn die Restaurants und Fado-Häuser öffnen.
- Taschendiebe können in der Alfama ein Problem sein. **Passen Sie gut auf Ihre Taschen, Geldbörsen und Kameras auf!**
- Möchten Sie den Aufstieg vermeiden, dann **fahren Sie mit der Straßenbahn** bis zur São Vicente de Fora und laufen dann hinunter.

6 Museu Nacional do Azulejo

Azulejos (Fliesen) finden Sie überall in Lissabon, am besten jedoch im Museu Nacional do Azulejo (Nationales Fliesenmuseum). In einer der bezauberndsten Klosteranlagen der Stadt sind einige der ältesten und schönsten Fliesen ausgestellt, die jemals hergestellt wurden. Vor einer Kulisse von Innenhöfen und Kreuzgängen sind tausende von Fliesen zu sehen, die besten wohl im üppigen Kircheninneren der Igreja da Madre de Deus (Kirche der Mutter Gottes).

Die Kirche Madre de Deus ist voller prächtiger vergoldeter Holzarbeiten und Azulejos

Das Franziskanerkloster **Madre de Deus** wurde 1509 von Königin Leonor gegründet und blieb bis 1834 in königlichem Besitz. Über die Jahrhunderte wurde viel gebaut, das Geld dafür kam mit dem Gold aus Brasilien. Man veränderte die Sakristei, kleidete die Kirche mit vergoldeten Schnitzereien, Fliesen, Gemälden mehrfarbigem Marmor und exotischen Hölzern aus und machte das Kloster zu einem der üppigsten Barockgebäude Portugals. Das war auch der Grund dafür, dass das 1971 gegründete Nationale Fliesenmuseum schließlich in dieses Kloster einzog.

Das Wort *Azulejo* stammt von den arabischen Worten *lazuward* (blauer Stein, Lasurstein) und *az-zulaij* (polierter Stein) ab. Wie sie hergestellt werden, das erfahren Sie gleich zu Beginn der Museumstour. Die Fliesen tauchten in Lissabon erstmals zu Beginn des 16. Jahrhunderts auf. In den folgenden 200 Jahren übernahmen die Portugiesen niederländische, italieni-

Mittelalterliches Lissabon

sche und chinesische Techniken und Ideen, die Fliesen wurden in Gestalt und Farben komplexer, und schließlich war Portugal europaweit das führende Land in der Fliesenherstellung.

Der Charme des Museums liegt sicher im Gebäude und seinen dekorativen Fliesen begründet. Einige Exemplare sollten Sie keinesfalls verpassen. Ganz oben auf der Liste steht dabei das **Panorama von Lissabon** von 1700, das die Stadt vor dem großen Erdbeben zeigt. Die Fliesenarbeit ist 23 m lang, bildet 14 km Küstenstreifen ab und zeigt detailliert sämtliche Hügel, Paläste, Kirchen und öffentliche Gebäude einer Stadt, die nur ein halbes Jahrhundert später in Schutt und Asche fiel. Reizvoll sind auch jene Fliesen, die für den Hausgebrauch in Küchen, Gärten und Wohnzimmern hergestellt und mit Pflanzen, Blumen, Früchten, Obst und Tieren bemalt wurden. Schauen Sie sich diese im Raum **Santos Simões** an. Sehenswert ist auch das **Claustrim** (Kleiner Kreuzgang), der frühere Ort für heilige Handlungen und Meditationen, dessen Wände heute sowohl mit mehrbigen als auch mit blau-weißen Fliesen bedeckt sind und ein perfektes Gegenstück zur manuelinisch angehauchten Architektur darstellen. Von hier aus gelangen Sie in die **Kirche** hinein, die im Vergleich zum vorher gesehenen in ihrer Opulenz nahezu aggressiv wirkt: der vergoldete Hochaltar, die Gemälde, die Holzschnitzereien, der Marmor und – natürlich – die Fliesen. Das kühle Blau kontrastiert angenehm mit dem reichen Dekor.

Unten: Beispiel einer farbigen Fliesenarbeit

Ganz unten: Azulejo-Panorama des Flussufers

KLEINE PAUSE

Im Museum gibt es ein **Café** und ein **Restaurant**, in denen Sie etwas zu sich nehmen und sich entspannen können. Draußen im Garten werden im Sommer oft auch Erfrischungsgetränke serviert.

199 F5 ✉ Rua da Madre de Deus 4 ☎ 218 100 340; www.mnazulejo-ipmuseus.pt ⊙ Di 14–18, Mi–So 10–18 Uhr 💶 mittel 🍽 Café und Restaurant im Museum 🚌 794

MUSEU NACIONAL DO AZULEJO: INSIDER-INFO

Ein Muss! Die **Kreuzgänge** – zwei sehr gegensätzliche Innenhöfe
- Die **Kirche** und das **Altarbild** – exemplarischer barocker Prunk
- Das **Jagdzimmer** – grüne, blaue und gelbe Fliesen mit deutlich fernöstlichem Einfluss
- Das **Panorama von Lissabon** – ein kleiner Einblick in das Lissabon vor dem großen Beben

Nach Lust und Laune!

7 Igreja e Museu de Santo António

Mag sein, dass der hl. Vinzenz Lissabons offizieller Schutzpatron ist. Der Beliebteste aber ist der 1195 hier geborene hl. Antonius von Padua. Er reiste nach Marokko, erlitt Schiffbruch und wurde im italienischen Padua von den Wellen an Land gespült. Nach seinem Tode 1231 errichtete man dort eines der größten Grabmale Italiens.

Die Igreja de Santo António (auch bekannt als Museu Antoniano) befindet sich heute am Geburtsort des Heiligen. Diese kleine, typisch **barocke Kirche** wurde im Jahre 1787 fertiggestellt, nachdem der Ursprungsbau beim Erdbeben zerstört worden war. Viele Gläubige kommen hierher, um eine Kerze zu entzünden. Zu einem wahren Publikumsmagneten aber wird sie am 12. Juni, dem Vorabend des Gedenktages des Heiligen Antonius.

Am Nachmittag werden bis zu 16 Paare, die zuvor ausgelost wurden, in einer prachtvollen Zeremonie gleichzeitig getraut. Dem folgt am nächsten Tag eine Prozession von der Kirche zur Sé. Obwohl die Kathedrale nur einen Katzensprung entfernt ist, braucht der Umzug zwei Stunden, um sich durch die Straßen der Alfama zu schlängeln. Das Fest endet schließlich mit einem riesigen Straßenfest.

Die Kirche des hl. Antonius

Blick von der Esplanada da Igreja de Graça

Mittelalterliches Lissabon

Eines der quirligsten Einkaufserlebnisse Lissabons: die Feira da Ladra

Mehr über das Leben des hl. António erfahren Sie im **Museum** neben der Kirche.

🕂 198 B2 ✉ Largo de Santo António à Sé 24 ☎ 218 860 447 (Museum) 🕘 Kirche 8–19.30 Uhr; Museum Di–So 10–13, 14–18 Uhr 💶 preiswert 🍴 Bars in der Nähe 🚌 37; Trams 12, 28

❽ Graça

Die Straßenbahn Nr. 28 fährt nach Graça hinauf, einem Nachbarviertel auf einem Hügel hinter São Vicente. Dieser *Bairro* dehnte sich im 19. Jahrhundert aus, als man unbebaute Grundstücke in preiswerten Wohnraum für die Arbeiter der Stadt umwandelte. Diese typischen, oft gefliesten Häuser garantieren Graça wachsende Einwohnerzahlen und verleihen ihm eine unverwechselbare Kleinstadtatmosphäre.

Im Zentrum befindet sich der geschäftige **Largo da Graça**, den Sie überqueren und zur Esplanada da Igreja flanieren können, einem Terrassencafé mit Lissabons schönstem Blick auf den Sonnenuntergang. Ebenfalls hier oben befindet sich die **Igreja da Graça** (Mo–Sa 9 bis 12, 15–19, So 9.30 bis 12.30, 18–20 Uhr). Einst war diese Kirche das Zentrum einer im 13. Jahrhundert gegründeten Klostergemeinschaft. 1834 wurde das Kloster aufgelöst und die Gebäude der Armee übergeben. Die Kirche jedoch, die nach dem Erdbeben wieder aufgebaut wurde, wird auch heute noch rege genutzt. Über die Rua Damasceno Monteiro gelangen Sie zu einem großartigen *Miradouro*, und über Calçada do Monte zur Nossa Senhora do Monte, eine auf dem höchsten Hügel der Stadt gelegenen Kapelle. Sie beherbergt einen antiken Marmorstuhl, der dem römischen Bischof St. Gens gehört haben soll. Man sagte dem Stuhl nach, er könne durch Arbeit hervorgerufene Schmerzen lindern, und trotz seines ursprünglich männlichen Besitzers erfreute er sich großer Beliebtheit bei portugiesischen Königinnen, die in den Wehen lagen.

🕂 198 C3 ✉ Graça 🍴 Zahlreiche Bars 🚌 Trams 12, 28

Nach Lust und Laune!

🟢 Feira da Ladra

Zur vollen Geltung kommt der Campo de Santa Clara dienstags und samstags, wenn Lissabons **Flohmarkt** stattfindet, die Feira da Ladra (Diebesmarkt). Ab Tagesanbruch bieten Händler ihre Ware feil. Manche breiten sie einfach auf dem Boden aus, andere haben Stände, die rund um den Platz herum stehen. Geboten wird das typische Flohmarktsortiment, darunter natürlich auch viel Ramsch. Wenn Sie zeitig genug da sind, können Sie aus dem Schnickschnack oder bei den Fliesen vielleicht das eine oder andere Schnäppchen ergattern. Das größte Vergnügen bereiten freilich die Stände, die von Kuriositäten überquellen – von alten Büchern, afrikanischen Gegenständen, Schuhen und Kleidung.

In der Nähe befindet sich der **Mercado de Santa Clara**, ein quirliger Lebensmittelmarkt, auf dem Sie sich ein Picknick zusammenstellen oder vorzüglich essen können (➤ 93).

🗺 199 D3 ✉ Campo de Santa Clara, São Vicente 🕐 Di, Sa 6–16 Uhr; Mercado de Santa Clara Mo–Sa 8–14 Uhr 🍴 Bars in der Nähe 🚌 34; Tram 28

🔟 Panteão Nacional de Santa Engrácia

Die weiße Kuppel der Igreja de Santa Engrácia ist nicht zu verfehlen. 1916 wurde sie durch die republikanische Regierung als Begräbnisstätte für portugiesische Nationalhelden ausgerufen. Der Bau der heutigen Kirche geht auf das Jahr 1683 zurück, und es sollte 285 Jahre dauern, bis sie fertiggestellt wurde. Die Kuppel wurde erst 1966 vollendet. Heute bezeichnen die *Lisboetas* alles, was den Zeitplan sprengt, als »Arbeiten an der Santa Engrácia«. Der Vorgängerbau wurde 1630 abgerissen, weil sie ein Jude angeblich durch einen Diebstahl entweiht haben soll. Er aber beteuerte seine Unschuld und soll vorausgesagt haben, dass die neue Kirche aufgrund der falschen Beschuldigungen nie fertiggestellt würde.

Die Igreja de Santa Engrácia mit ihrer eindrucksvollen Kuppel

---

Für Kinder

Das Highlight für Kinder hier ist eine lange Fahrt mit der Tram Nr. 28. Sie steigen an der Praça Martim Moniz zu und sitzen dicht gedrängt während der Fahrt hinauf auf den Hügel und wieder runter zur Sé. Mögliche Absprungstellen sind Graça oder der Largo das Portas do Sol. Auch das Castelo de São Jorge ist beliebt. Hier gibt es viele Möglichkeiten sich auszutoben, die Bollwerke zu stürmen oder Wälle aus dem Hinterhalt anzugreifen. Viele Kinder werden von der Alfama begeistert sein und haben Spaß, das Straßenleben zu beobachten und zu erkunden. Im Museu-Escola de Artes Decorativas werden ältere Kinder sich gerne als Teil eines Märchens, als Teil des Lebens im 18. Jahrhundert vorstellen. Und ein leckeres »Eis mit Aussicht« mag fast jedes Kind – egal welchen Alters. Besteigen Sie einen der *Miradouros* und entdecken Sie mit Ihrer Familie die Stadt von oben.

Mittelalterliches Lissabon

Ausstellung im Vasco-da-Gama-Raum des einzigartigen Militärmuseums

Tatsächlich stürzte der erste Folgebau 1681 ein. Die Arbeiten begannen erneut mit Plänen, die stark vom Petersdom in Rom inspiriert waren. Es entstand ein enormes Gebäude, dessen Inneres reich mit buntem Marmor ausgestattet ist; eine angemessene Stätte für berühmte Verstorbene, die hier bestattet werden oder derer hier gedacht wird. Nichtportugiesen ist wohl am ehesten die große *Fadista* Amália Rodrigues ein Begriff. Gedenkstätten für Vasco da Gama und Heinrich den Seefahrer befinden sich ebenfalls hier.

✚ 199 D3 ✉ Campo de Santa Clara
☎ 218 854 820; www.ippar.pt ⊙ Di–So 10–17 Uhr 💶 preiswert 🍴 Bars in der Nähe 🚌 34; Tram 28

⓫ Museu da Agua

EPAL, die Unabhängige portugiesische Wasserwirtschaft, gewann bereits mehrere Preise für dieses Museum, das die Geschichte der öffentlichen Wasserversorgung Portugals von der römischen Zeit bis heute zeigt. Das Museum ist nur einer von vier Schauplätzen, die von der EPAL betrieben werden. Fans von Dampfmaschinen werden hier besonders auf ihre Kosten kommen, denn hier ist die erste, 1830 errichtete Pumpstation zu sehen, die die ganze Stadt versorgen konnte. Ihre höhlenartige **Dampfhalle** beherbergt vier riesige Dampfmaschinen aus dem Jahre 1880, die regelmäßig in Betrieb gesetzt werden. Rufen Sie vorher an, um sicherzugehen, dass während Ihres Besuchs eine solche Vorführung stattfindet. Außerdem können Sie sich von den Angestellten eine Exkursion zu dem Aquädukt von Alcântara im Westen Lissabons organisieren lassen.

✚ 199 E4 ✉ Rua Alviela 12
☎ 218 100 215 ⊙ Mo–Sa 10–18 Uhr
💶 preiswert 🍴 Bars in der Nähe 🚌 794

⓬ Museu Militar

Mit seinem ruhigen, fliesenverzierten Hof und seiner wunderschönen Innenausstattung lässt das Museu Militar (Militärmuseum) seine Besucher kaum glauben, dass sie sich hier tatsächlich in einer ehemaligen Waffenfabrik befinden. 35 Räume sind mit Rüstungen, Waffen, Uniformen und militärischem Zubehör gefüllt und illustrieren die **Militärgeschichte** Portugals. Der Rundgang beginnt im Obergeschoss in zwei Räumen, die den Napoleonischen Feldzügen gewidmet sind. Weiter geht es durch kunstvoll geschmückte Räume, die auf triumphalen Deckengemälden buchstäblich tausend Geschütze auffahren – der Himmel für den Krieg geputzt. Neben den Ausrüstungen aus dem

Nach Lust und Laune!

17. und 18. Jahrhundert gibt es auch eine Menge Rüstungen und Waffen des 20. Jahrhunderts zu sehen, wie sie von den Portugiesen und deren Gegnern während der blutigen Kolonialkriege in den späten 1970ern verwendet wurden.

🗺 199 D2 ✉ Largo do Museu do Artilharia ☎ 218 842 568; www.geira.pt/mmilitar 🕐 Di–So 10–17 Uhr 💰 mittel 🍴 Bars in der Nähe 🚌 794 ❓ Die Beschilderung ist ausschließlich portugiesisch. Fragen Sie an der Kasse nach englischen Prospekten.

🔟 Casa de Fado

Wer etwas über den Fado wissen möchte, sollte unbedingt das Casa de Fado (Fadohaus) besuchen, ein faszinierendes Museum, das im Jahr 2000 seine Pforten öffnete und diese typische portugiesische Leidenschaft erklärt und illustriert. Eine Reihe von Exponaten, Postern, Aufnahmen und Modellen führen Sie in die Geschichte ein und lassen Sie die Musik genießen und die Stars bewundern. Sollten Sie irgendwann den Wunsch verspüren, *Fado* (➤ 12f) live zu erleben, so wird Sie dieses Museum wunderbar darauf vorbereiten und jedes folgende Konzert zu einem Genuss

Beispiele einer portugiesischen Gitarre (*guitarra portuguesa*)

machen. Werfen Sie einen Blick in die Gitarren-Werkstatt, in der die unverwechselbare 10-saitige portugiesische Gitarre hergestellt wird! Ein Fadohaus im Stil der 1940er gibt es ebenfalls zu besichtigen. Denjenigen, die CDs oder Bücher erwerben möchten, sei der Museumsshop empfohlen. Er verfügt über eine sehr gute Auswahl.

🗺 198 C2 ✉ Largo do Chafariz de Dentro ☎ 218 823 470; www.museudo fado.egeac.pt (Englisch) 🕐 Di–So 10–17.30 Uhr 💰 preiswert 🍴 Café im Museum 🚌 8, 28, 35, 90, 746, 759, 794

Wohin zum ... Essen und Trinken?

Preise
Die Preise gelten pro Person für ein Drei-Gänge-Menü ohne Getränke:
€ unter 20 Euro €€ 20–40 Euro €€€ über 40 Euro

Antiga Casa de Pasto Estrela da Sé €

In Lissabon gab es einst unzählige *Casas de Pasto*, preiswerte und schlichte Restaurants für einfache Leute. Dieses hier ist eines der letzten erhaltenen. Treten Sie ein und reisen Sie zurück in eine Zeit der stoffverkleideten hölzernen Séparées des 19. Jahrhunderts, die einen Hauch Privatsphäre für angehende Liebespaare noch erlaubten! Das Essen ist einfach, frisch und traditionell, die Portionen sind groß. Ein originelles Lissabonner Speiseerlebnis, das kein Vermögen kostet.

✚ 198 B2 ◾ Largo de Santo António da Sé 4 ☎ 218 870 455 ⓖ Mo–Fr 12–15, 19–22 Uhr 🚋 Tram 28

Arco do Castelo €€

Das ist echtes Essen aus Goa, das einst portugiesisch besetzt war. Hier bekommen Sie vor allem Fisch und Meerestiere, gut gewürzt mit frischem Ingwer und feurigen Gewürzen. Kosten Sie das Garnelencurry mit Kokosmilch und *Xacuti*, eine Spezialität des Hauses. Reservieren Sie!

✚ 198 B2 ◾ Rua Chão da Feira 25, Castelo ☎ 218 876 598 ⓖ Mo–Sa 12.30–22.30 Uhr 🚋 Trams 12, 28

Bica do Sapato €€€

Das coole Bica do Sapato gehört zum Teil John Malkovich und steht ganz oben auf der Liste der angesagtesten Restaurants der Stadt. Seine Lage bei den Docks unweit des Bahnhofes Santa Apolónia ist günstig, und die Gestaltung der drei Speisebereiche ergänzt das Essen hervorragend. Das Hauptrestaurant bietet vorrangig ausgefallene, moderne Speisen und jeweils ein gängiges *Sugestão da semana* (Angebot der Woche). Liebhaber der portugiesischen Küche werden eher im Café fündig. Fisch hingegen bekommt man frisch in der Sushi-Bar, in der Sie jeden Mittwoch ein Menü *Dia dos Sabores* (Tag des Geschmacks) zu besonders günstigen Konditionen genießen können. Jeden Donnerstagabend gibt es hier ein riesiges Tapas-Buffet.

✚ 199 E3 ◾ Avenida Infante Dom Henrique, Armazém B, Cais da Pedra, Santa Apolónia ☎ 218 810 320; www.bicadosapato.com
ⓖ Restaurant: Mo 20–23.30, Di–Sa 12–14.30, 20–23.30 Uhr.
Café: Mo 19.30–1, Di–Sa 12.30–15.30, 19.30–1 Uhr. Sushi-bar: Mo–Sa 19.30–1 Uhr
🚌 9, 12, 51, 81, 90

Casanova €€

Mögen Sie mal keine portugiesische Küche, dann ist dieses alte Warenlager am Bahnhof Santa Apolónia mit seiner italienischen Küche die richtige Abwechslung. Wählen Sie zwischen unzähligen preiswerten Pizzas, die hauchdünn ausgeformt und im Holzofen gebacken werden, oder probieren Sie andere Spezialitäten, wie *Crostini* oder *Bruschetta* bis hin zu schonend gegarten Bohnengerichten, wenn Sie sich trauen. Reservierungen werden keine angenommen, aber die Wechsel sind fliegend. Sie werden nicht lange warten!

✚ 199 3E ◾ Avenida Infante Dom Henrique, Cais da Pedra, Armazém B, loja 7 (Haus B, Shop Nr 7), Santa Apolónia ☎ 218 877 532; www.restaurantecasanostra.com
ⓖ Di–So 12.30–1 Uhr; Di Mittag geschl 🚌 9, 12, 51, 81, 90

93 Mittelalterliches Lissabon

Hua Ta Li €€
Die klaren Aromen des chinesischen Hua Ta Li sind nach Tagen portugiesischer Kost eine willkommene Abwechslung. Die Zutaten sind frisch und von hervorragender Qualität, die Bedienung ist schnell und willkommen. Das macht das wenig inspirierte Plastikdekor glatt wieder wett. Seien Sie rechtzeitig hier, bevor es wie immer voll wird.
🏠 198 B1 ⊠ Rua dos Bacalhoeiros 109–115, Alfama ☎ 218 879 170
🕐 tägl. 11–15.30, 19–22 Uhr
🚋 Trams 18, 28

Malmequer Bemmequer €€
Dieses freundliche kleine Restaurant mitten in der Alfama zieht Touristen scharenweise an. Trotzdem werden die klassisch portugiesischen Gerichte mit vor gut gekocht und hübsch angerichtet. Das Aushängeschild ist auf Holzkohle gegrilltes *Barbecue dos diabos* (Teufelsbraten): verschiedene Fleisch- und Geflügelsorten an scharfem Cayennepfeffer. Auch die Reisgerichte sind sehr gut. Pommes, fein abgeschmeckt mit Koriander. Lassen Sie noch etwas Platz für eines der Desserts!
🏠 198 C2 ⊠ Rua de São Miguel 23–25, Alfama ☎ 218 876 535
🕐 Di 19–23, Mi–So 12–15, 19–22.30 Uhr

Mercado de Santa Clara €
Um dieses Restaurant zu erreichen, müssen Sie bis ins Obergeschoss des Santa-Clara-Marktes steigen. Doch sowohl die Aussicht über die Baumwipfel zur Kuppel des Panteão Nacional de Santa Engrácia als auch das vortreffliche Essen lohnen die Anstrengung! Carlos Braz Lopes, der Inhaber, gibt auch Kochkurse in seinem Gourmetgeschäft jenseits der Stadt und hat ein Herz für alles, was Lissabon zu bieten hat. Geboten werden traditionelle Gerichte mit hochwertigen Zutaten. Sowohl das Schweinefleisch als auch das Rind sind gut abgehangen und hervorragend zubereitet. Wenn Sie noch keinen *Bacalhao* gekostet haben, dann bestellen Sie *Bacalhau à bras*, Stockfisch an Rührei, Zwiebeln und
🏠 199 D3 ⊠ Campo de Santa Clara ☎ 218 873 986 🕐 Mo–Sa 12.30–15, 20–22.30, So 12.30–15 Uhr 🚋 Tram 28

Via Graça €€€
Ganz oben im Graça-Viertel finden Sie eines der romantischsten Restaurants der Stadt, ein Plätzchen mit wunderschöner Aussicht auf die beleuchteten Burgwälle und die darunterliegende Stadt. Geboten wird klassische portugiesische Küche mit einem Hauch Raffinesse im Geschmack wie etwa eine Moscatel-Note in der Entenbeize. Die Bedienung lässt keine Wünsche offen, ebensowenig das Angebot an guten Rotweinen, speziell aus der Alentejo-Region. Einziger Wermutstropfen sind die mehr als großzügigen Portionen.
🏠 198 B3/4 ⊠ Rua Damasceno Monteiro 9B, Graça ☎ 218 870 830; www.restauranteviagraca.com
🕐 Mo–Fr 12.30–15, 19.30–23, Sa und So 19.30–23 Uhr 🚋 Tram 28

Wohin zum... Einkaufen?

Trotz ihrer charmanten Straßen und Alleen ist die Alfama nicht gerade ein Einkaufsparadies. Sie können vielleicht das eine oder andere Schnäppchen in den **Graça**-Läden machen oder ihr Geld in den **Antiquitätenläden** um die Sé und das Castelo herum verbraten, aber wenn Sie nicht transportierbare Dinge suchen, dann gehen Sie lieber in die Einkaufstempel der Baixa und des Chiado. Naturlich gibt es Ausnahmen. Fadofans etwa finden die beste Auswahl an CDs im Museumsladen des **Casa de Fado** (▶ 91). Am Rand dieses Viertels, auf einem weniger ansehnlichen Platz, befindet sich eines der besten Fliesengeschäfte Lissabons, **Viúva Lamego** (Largo do Intendente 25; Tel. 218 852 408; www.viuvalamego.com), dessen Außenwand mit

Fliesen verziert ist. Seit 1849 produziert es auf Bestellung nach alter Vorlage gefertigte Fliesen und versendet heute sogar weltweit. Ganz in der Nähe, auf dem Largo Martim Moniz, befindet sich das **Centro Comercial Mouraria**, ein geschäftiges Gewirr multiethnischer Läden. Hier gibt es Lebensmittel aus all den alten Kolonien Portugals, erschwingliche Kleidung, Uhren und CDs. Am faszinierendsten jedoch ist die bunte Mischung der Immigranten selbst. Haben Sie die Burg besichtigt, so halten Sie Ausschau nach dem nahegelegenen **Pessoa de Carvalho** (Costa do Castelo 4; Tel. 218 862 413), einem Handwerks- und Souvenirladen, der in einem alten Alfamahaus untergebracht ist. Oder schlendern Sie hinunter zum Casa dos Bicos, in dessen unmittelbarer Nähe sich das **Atelier** (Rua dos Bacalhoeiros 12; Tel. 218 865 563) befindet, das auf handbemalte Fliesen spezialisiert ist. Auch hier haben Sie Einblick in die Werkstatt und können sich Ihre Einkäufe nach Hause schicken lassen.

Wohin zum ... Ausgehen?

Neben dem Bairro Alto ist auch die **Alfama** ein gutes Pflaster für traditionellen *Fado*. Entweder Sie gehen ins *Casa de fado*, das eine ganze Reihe von Veranstaltungen bietet, in dem man aber zu Abend essen muss. Oder Sie suchen sich eine Bar, die *Fado vadio* bietet. Hier kann sich jeder einbringen und singen. Gute *Fado*-Restaurants in der Alfama sind der **Clube de Fado** (Rua São João da Praça, Tel. 218 852 704, www.clube-de-fado.com), ein gediegenes Plätzchen mit regelmäßigen traditionellen Sessions, das **Parreirinha de Alfama** (Beco do Espírito Santo 1; beim Largo do Chafariz de Dentro, Tel. 218 868 209) und das **A Baiuca** (Rua de São Miguel 20; Tel. 218 867 284), ein kleiner, auf *fado vadio* spezialisierter Familienbetrieb.

Kühlere Rhythmen bieten das **Netjazzcafé** (Costa del Castelo 7; Tel. 218 804 406) – untergebracht im Waschhaus eines früheren Frauengefängnisses – mit vertrauter, vielseitiger Musik, vor allem aber Jazz. Gleich in der Nähe, auf der Terrasse der **Bar das Imagens** (Calçada Marquês de Tancos 1; Tel. 218 884 636) an der Costa do Castelo können Sie entspannt Musik hören und dabei ihre Blicke über die Baixa schweifen lassen. Oder Sie gehen hinunter Richtung Fluss zum **Onda Jazz** (Arco de Jesus 7; Tel. 218 873 064; www.ondajazz.com; Di–Do 21–2, Fr–Sa 21–3 Uhr), in dem zusätzlich zum monatlichen Programm jeden Dienstag Live-Jamsessions stattfinden.

Auch von der Terrasse der **Cerca Moura** (Largo das Portas do Sol 4; Tel. 218 874 859) können Sie gut in die Nacht schauen, wobei die Bar, die in die alte maurische Stadtmauer hineingebaut wurde, ebenso gemütlich ist. Weiter bergauf in der **Esplanada da Igreja da Graça** (Largo da Graça) lässt sich in den Abendstunden ein großartiger Ausblick mit ausgewählter Musik verbinden. Clubgänger sollten keine Zeit verlieren und gleich ins **Lux** gehen (Avenida Infante Dom Henrique, Armazém A, Cais da Pedra, Santa Apolónia; Tel. 218 820 890; www.luxfragil.com). Das Lux ist ein gigantischer, angesagter Club in einem alten Lagerhaus am Ufer mit postmodern minimalistischer Innenausstattung. Einheimische und internationale DJs bedienen die stylische Menge mit einer Mischung aus Dance und Mainstream. Eine Alternative ist auch das **MUSIcais** (Pavilhão A/B, Tel. 937 583 698) im nahegelegenen Doca do Jardim do Tobaco, zwei Bars in einer, die mit Livemusik auf der *Esplanada* und einen DJ aufwarten.

Die westlichen Hügel

Erste Orientierung 96
An einem Tag 98
Nicht verpassen! 100
Nach Lust und Laune! 109
Wohin zum ... 112

Die westlichen Hügel

Erste Orientierung

Westlich der Baixa steigt der Hügel steil zu einem Gebiet an, das sich im 16. Jahrhundert entwickelte. Damals ließen sich hier Aristokraten und Händler nieder, die ihre Häuser rund um die Jesuitenkirche São Roque errichteten. Der Bezirk wurde bekannt als das Bairro Alto de São Roque – »das Hohe Gebiet des heiligen Steins«. Heute liegt hier das Bairro Alto, das Partyviertel Lissabons, auf dessen schmalen Gassen sich an Wochenenden das Partyvolk drängelt. Hier finden Sie Restaurants, Bars und Cafés, und es gibt mehr Clubs und *fado*-Häuser als irgendwo anders in Lissabon. Dazu befinden sich hier einige der schicksten Geschäfte der Stadt, und so ist es kein Wunder, dass das Bairro Alto ein Magnet für Einheimische und Touristen ist.

Im Norden liegt der Jardim Botânico, im Süden die Santa Catarina mit ihrem schönen Blick auf den Fluss. Im Westen befinden sich die ruhigeren Straßen von São Bento, dem Sitz der portugiesischen Nationalversammlung. Es ist ein hügeliges Gebiet, in dem die Straßen unaufhaltsam auf und ab führen. Westlich von São Bento führen sie zum *bairro* von Estrela, dessen höchsten Punkt die großartigen Basílica da Estrela krönt. Hier wohnt die wohlhabende Mittelklasse, und die Grundstückspreise steigen an, je weiter man sich dem Tejo nähert. In Lapa, von dessen noblen, mit Villen gesäumten Straßen sich ein Blick auf den Fluss bietet, mischt sich das große Geld mit dem Corps der Diplomaten. Unten am Fluss geht Lapa in den Stadtteil Santos über, einen der am längsten besiedelten Teile von Lissabon, in dem sich eines von Portugals wichtigsten Museen, das Museu de Arte Antiga, befindet.

Seite 95: Goldverzierungen und Schnitzereien in der Kirche São Roque

Unten: Reklame im Bairro Alto

Erste Orientierung

★ Nicht verpassen!
1. Bairro Alto ➤ 100
2. Basílica da Estrela ➤ 102
3. Museu Nacional de Arte Antiga ➤ 104

Nach Lust und Laune!
4. Igreja de São Roque ➤ 109
5. Jardim Botânico & Praça do Príncipe Real ➤ 109
6. São Bento & Lapa ➤ 110
7. Igreja de Santa Catarina ➤ 110
8. Mãe d'Água ➤ 111

Abseits der Touristenwege
9. Palácio dos Marquêses de Fronteira ➤ 111

Die Kuppel der Basílica da Estrela

98 Die westlichen Hügel

In diesem vielseitigen Gebiet befindet sich das Bairro Alto, berühmt für seine Clubs und sein Nachtleben, für elegante und trendige Wohnviertel, für hübsche Kirchen, schattige Plätze und ein großartiges Museum.

Die westlichen Hügel an einem Tag

9.30 Uhr

Beginnen Sie den Tag damit, sich im **Bairro Alto** (➤ 100f) umzuschauen, wenn es dort am ruhigsten ist. Sie werden Zeit und Platz haben, in den originellen Geschäften zu stöbern und einen Eindruck vom Leben dieses Bezirks zu bekommen. Schonen Sie Ihre Füße, indem Sie den **Elevador da Glória** oder den **Elevador da Bica** nehmen. Ein Trip in diesen alten Standseilbahnen (➤ 32) gehört bei einem Lissabon-Besuch dazu.

11 Uhr

Genießen Sie einen Kaffee mit Aussicht auf die *esplanada* am Miradouro de Santa Catarina (➤ 110). Von hier haben Sie einen weiten Blick über den Fluss, bevor Sie die Straße den Hügel hinauf führt und in die Calçada de Estrela übergeht. Diese lange Straße führt hinter dem **Palácio de São Bento** (➤ 110; rechts) hinauf zur **2 Basílica da Estrela** (➤ 102f), deren mächtige Kuppel eines der schönsten Wahrzeichen Lissabons bildet.

12.30 Uhr

Besichtigen Sie die Basilika und gehen Sie dann zum Essen zurück ins Bairro Alto, von wo aus Sie in den Nachmittag starten können.

An einem Tag 99

14.30 Uhr
Streunen Sie durch die Straßen von ❻ **Lapa** (➤ 110; links) mit seinen eleganten Häusern bis zum ❸ **Museu Nacional de Arte Antiga** (➤ 104ff). Dort können Sie auswählen, was sie sich ansehen möchten, um einen Überblick über die Höhepunkte der portugiesischen und internationalen Kunst zu erhalten.

17 Uhr
Gehen Sie die Stufen unterhalb des Museums herab und nehmen Sie den Bus, der ostwärts zum Caís do Sodré und dem Stadtzentrum fährt. In Ihrem Hotel können Sie sich erholen, bevor Sie den Abend im Bairro Alto verbringen.

19.30 Uhr
Kehren Sie zurück in das ❶ **Bairro Alto** und beginnen Sie den Abend in einer der Bars auf den beiden Hauptstraßen, Rua do Diário de Notícias oder Rua da Atalaia. Sichere Tipps sind das B'Artis (Rua do Diário de Notícias 95–97; Tel. 213 424 795) und das Cafédiário (Rua do Diário de Notícias 3), beide auf der Notícias, wobei es sich hier erst nach 22.30 Uhr richtig füllt.

20.30 Uhr
Spazieren Sie hinüber zur Rua da Atalaia, um dort zu **essen**; das 1° de Maio (➤ 112) ist eine preiswerte Wahl. Sie können sich auch im Pap'Açorda (➤ 113) preisgekrönte Küche in minimalistischer Umgebung gönnen.

22.30 Uhr
Zeit, sich ins **Nachtleben** zu stürzen. Es gibt eine riesige Auswahl an Bars im Bairro Alto, in denen Livemusik gespielt wird und die bis spät in die Nacht geöffnet sind. *Fado* können Sie im Adega Machado (➤ 114) genießen.

Bairro Alto

Das Bairro Alto, die Oberstadt, befindet sich hoch über dem Stadtzentrum. Es ist ein unkonventioneller Bezirk, dem es problemlos gelingt, seine Rolle als bodenständige Wohngegend mit der eines pulsierenden Ausgehmekkas zu kombinieren. Tagsüber sehen Sie, wie das Leben in diesem relativ kleinen Bereich gemächlich abläuft. Nachts jedoch geht es ganz anders zu, wenn das *bairro* sich dem Vergnügen hingibt und bis in die Morgenstunden brummt. Hier finden Sie enge hügelige Straßen, hübsche Plätze, eine der größten Kirchen Lissabons und einige der originellsten Geschäfte der Stadt mit aktueller Mode.

Das Gebiet wurde im 16. Jahrhundert angelegt, und es war der erste Bezirk in Lissabon, dessen Straßen nach einem bestimmten Muster gebaut wurden. Nach damaligen Maßstäben mögen sie systematisch angelegt worden sein, doch heute kann man sich in den Sträßchen und Sackgassen genauso schnell verlaufen wie in der Alfama (➤ 82ff). Es gibt zwei Hauptplätze, den **Largo de Trindade Coelho**, der an das obere Chiado grenzt, und den **Praça Luís de Camões** an der Südseite des *bairro*.

Nehmen Sie von Restauradores (➤ 174) aus den **Elevador da Glória**. Die Fahrt mit der symbolträchtigen Standseilbahn schont die Beinmuskulatur seit ihrer Inbetriebnahme im Jahr 1885. Nach dem Aussteigen sehen Sie direkt gegenüber den **Palácio Ludovice**, 1747 von Johann Friedrich Ludwig, dem Architekten von Mafra (➤ 170), als sein Stadthaus erbaut. Heute beherbergt er das **Solar do Vinho do Porto** (Institut für Portwein), und es ist ein guter Ort, einige der besten Portweine auszuprobieren – in der Bar (➤ 113) stehen über 200 Sorten zur Auswahl. Direkt südlich von hier versteckt sich hinter der nüchternen Fassade der Kirche von **São Roque** eines der opulentesten Interieurs der Stadt. Die Kirche aus dem 16. Jahrhundert hat eine Reihe von prächtig vergoldeten und mit Marmor ausgekleideten Seitenkapellen (➤ 109).

Wenn Sie die Straße überqueren, befinden Sie sich im Herzen des **Bairro Alto**, Mittelpunkt des Partylebens und eine Hochburg des *fado* – im *bairro* gibt es über 20 *fado*-Häuser. In den einst prachtvollen Straßen breiteten sich später Kaufleute aus,

Oben: Das farbenfrohe Restaurante Alfaia

Rechts oben: Der steile Hügel des Bairro Alto führt hinunter zum Meer

Rechts: Frisches Gemüse am Verkaufsstand

Bairro Alto

gefolgt von Zeitungshäusern. Sowohl die **Rua do Século**, in der 1699 der Marquês de Pombal im Palácio dos Carvalhos geboren wurde, als auch die **Rua do Diário de Notícias** haben ihre Namen nach den einst hier ansässigen Zeitungen erhalten. Es gibt hier nur wenige Paläste oder Monumente, und die größte Attraktivität des *bairro* besteht darin, durch die Straßen zu spazieren, wobei die **Rua do Diário de Notícias**, die **Rua da Atalaia** und die **Rua da Rosa** besonders reizvoll sind. Wenn Sie durch den Bogen am Ende der Rua da Rosa gehen, sehen Sie die obere Endhaltestelle des 1892 in Betrieb genommenen Elevador da Bica, der das Bairro Alto mit Bica (➤ 111) verbindet. Neben den Bars und Restaurants gibt es eine Menge Geschäfte – Mode, Plattenläden und Buchhandlungen um die Rua Nova de Trindade herum, und auch eines der berühmtesten Brauhäuser (➤ 65) Lissabons.

KLEINE PAUSE

Auf den Hauptstraßen des Bairro werden Sie mit einer großen Auswahl an Cafés verwöhnt – probieren Sie die **Pastelaria São Roque** (Rua Dom Pedro V 45), eine alte Konditorei mit einer Inneneinrichtung aus Marmor und Kacheln.

🗺 197 E3 ✉ Bairro Alto
🍴 zahlreiche Cafés, Bars, Restaurants 🚇 Baixa-Chiado
🚌 92; Tram 28

BAIRRO ALTO: INSIDER-INFO

Top-Tipp: Nach Sonnenuntergang geht es im Bairro Alto **am lebhaftesten** zu. Langeweile kommt dann bestimmt nicht auf.
• Wenn Sie die *elevadores* benutzen, um **auf den Hügel** zu gelangen, vergewissern Sie sich, dass sie in Betrieb sind; manchmal sind sie wegen Reparaturen geschlossen.

Geheimtipp: Nördlich des Elevador da Glória finden Sie beim **Jardim de São Pedro de Alcântara** einen *miradouro*, der einen anderen Blickwinkel auf Lissabon bietet. Von hier aus erstrecken sich die Avenida da Liberdade, das Castelo, die Baixa und der Fluss zu Ihren Füßen (Spaziergang ➤ 174ff).

❷ Basílica da Estrela

Die kunstvoll verzierte Kuppel der Basílica da Estrela, ein Wahrzeichen der Stadt, beherrscht die westliche Skyline von Lissabon. Dieses hoch auf einem Hügel erbaute Meisterwerk ist das Sinnbild einer Ära des Wohlstandes und der Zuversicht. Hier verbinden sich Extravaganz und Strenge in perfekter Weise. Wenige Bauwerke fassen so geschickt den Geist einer Zeit zusammen, in der intellektuelle Neugier und hohe moralische Werte mit großer Liebe zum Prunk einhergingen.

Im Jahr 1770 gelobte die portugiesische Thronerbin Maria Francisca, eine dem Herzen Jesu gewidmete Basilika zu erbauen, falls sie einen männlichen Erben gebären sollte. Innerhalb weniger Jahre bekam sie zwei Söhne, und so begann der Bau im Jahr 1779. Dank der vielen Arbeitskräfte schritt das Projekt schnell voran, und 1788 waren die Glocken gesegnet und montiert. Nur einen Monat später läuteten sie zum Tod eines der Thronfolger, der an Pocken gestorben war. Das Gebäude wurde 1789 eingesegnet. Maria I., 1816 in Brasilien gestorben, liegt in einem monumentalen Grab in der Hauptkapelle ihrer Gabe an Gott und die Stadt.

Das **Mittelschiff** dieses gewaltigen Bauwerks hat sechs Seitenkapellen, von denen jede einen eigenen Altar beherbergt. Diese Kapellen werden von Marmorpfeilern begrenzt, die ins reich geschmückte **Gewölbe** aufstreben. Am hinteren Ende des Querschiffes badet die Vierung mit der Apsis im Licht, das durch die **zweistöckige Kuppel** hineinströmt. Überall sehen Sie rosa, grauen und cremefarbenen Marmor; am Hauptaltar funkelt die Vergoldung, Statuen gestikulieren auf allen Seiten. Etwas leichter wird die Atmosphäre im **Sala do Presépio**, wo eine Krippe steht, die vollständig aus Kork angefertigt ist. Der Künstler ist Machado do Castro, der auch das Flachrelief des Heiligen Geistes an der Fassade geformt hat. Die Krippe enthält über 500 Figuren: die traditionelle heilige Familie, Schäfer, Engel und die Weisen aus dem Morgenland sowie Figuren aus jeder Gesellschaftsschicht. Sie können auf die Kuppel hinaufsteigen, von wo aus Sie einen wunderbaren Blick auf die Stadt haben.

Oben: Der Altar der Basilika besteht aus rosa, grauem und schwarzem Marmor

Basílica da Estrela

Unten: Die strenge Fassade der Basilika

Rechts unten: Ein angenehm schattiges Plätzchen in den Gärten

Gegenüber der Basilika liegt der Haupteingang des Parks **Jardim da Estrela**. Die Einheimischen kommen hier tagsüber hin, um sich am schattigen Laubwerk, den Blumen und Teichen des Parks zu erfreuen, und auf den Parkbänken sitzend vertreiben sich alte Männer die Zeit. Eltern können im Café einen Kaffee trinken, während die Kinder auf dem Spielplatz herumtollen. Sie können auch Brot mitbringen und damit die Enten füttern.

Wenn Sie den Park durch das obere Tor verlassen und die Straße überqueren, sehen Sie die Mauer des **Cemitério Inglês**, eines protestantischen Friedhofs, der auf das Jahr 1654 zurückgeht. Umgeben von hohen Mauern liegt dort das Grab des Romanciers Henry Fielding, der im 18. Jahrhundert *Tom Jones* erfand.

KLEINE PAUSE

Überqueren Sie die Straße und gehen Sie in den **Jardim da Estrela**, wo Sie im Café dieses ruhigen Parks sitzen können.

🗺 196 B3 ✉ Largo da Estrela
☎ 213 960 915 🕐 tägl. 8–19 Uhr
💶 frei 🍴 Bar im Jardim da Estrela
🚌 713, 773; Trams 25, 28

Jardim da Estrela
🗺 196 B3 ✉ Praça da Estrela
☎ 213 963 275 🕐 tägl. 7–24 Uhr

Cemitério Inglês
🗺 196 B4 ✉ Rua de São Jorge à Estrela
☎ 213 906 248 🕐 Mo–Sa 9–17, So 9–13 Uhr ❓ Eingang: laut am Haupttor klopfen

BASÍLICA DA ESTRELA: INSIDER-INFO

Außerdem Die Architekten, die die Basilika entwarfen, Mateus Vicente Oliveira und Reinaldo Manuel, sind auch für **Mafra** (▶ 170ff) verantwortlich, und so haben die beiden Gebäude viele Züge gemeinsam. Die Figuren auf den Pfeilern der Fassade, Allegorien für Glauben, Bewunderung, Dankbarkeit und Freiheit, wurden von den gleichen Bildhauern, die in Mafra arbeiteten, hergestellt. Das gesamte Äußere der Basilika ist auch als »Mini-Mafra« bezeichnet worden. Im Inneren wurde der gleiche Marmor verwendet, der auch in der Hauptgalerie in Mafra verarbeitet wurde. Und die Verbindung von Rokoko mit klassizistischen Elementen ist dieselbe.

Die westlichen Hügel

3 Museu Nacional de Arte Antiga

Das Museu Nacional de Arte Antiga (Nationales Museum für Alte Kunst oder MNAA) gehört zu den idealen Orten in Lissabon, um sich einen Überblick über portugiesische und europäische Maler zu verschaffen. Hier können Sie auch eine atemberaubende Sammlung von Möbeln, Textilien und Kunsthandwerk auf sich wirken lassen. Die Exponate werden in einem Palast aus dem 17. Jahrhundert ansprechend präsentiert. Sie zeichnen die Kunstgeschichte Portugals nach und bieten einen Einblick in die Beziehung zwischen Geschichte und Lebensart.

Das 1884 gegründete MNAA war das erste große öffentliche, den Künsten gewidmete Museum, das in Portugal eröffnet wurde. Es ist im ehemaligen **Palácio das Janelas Verdes** (Palast der grünen Fenster) untergebracht, das seinen Namen aufgrund der 40 grün gestrichenen Fenster der Nordfassade erhalten hat. Das Gebäude wurde beträchtlich verändert, als es in den 1880er-Jahren zu einem Museum umgebaut wurde. Im Jahr 1940 wurde auf dem einst vom angeschlossenen Karmeliterorden besetzten Gebiet ein Anbau errichtet. Die reich vergoldete und mit blauweißen *azulejos* dekorierte **Kirche** des Klosters wurde verschont und bildet heute einen Teil des Museums. Die Stärke des Museums ist die portugiesische Kunst, von der ein großer Teil infolge der Unterdrückung von Stiften und Klöstern im 19. Jahrhundert angeschafft wurde. Daneben ragen die Afrikanische, Indische und Fernöstliche Sammlung heraus, besonders das Porzellan aus dem 16. Jahrhundert und die japanische Kunst der Namban-Epoche aus der Zeit des ersten Handels mit Japan. Außerdem gibt es eine gute Sammlung europäischer Kunst, Silberobjekte und französische Möbel aus dem 18. Jahrhundert.

Rechts: Eine vergoldete und mit Edelsteinen besetzte Monstranz, verwendet für die Ausgabe der gesegneten Hostien, aus der kirchlichen Sammlung des Museums

Unten: Der Vinzenz-Altar von Nuno Gonçalves

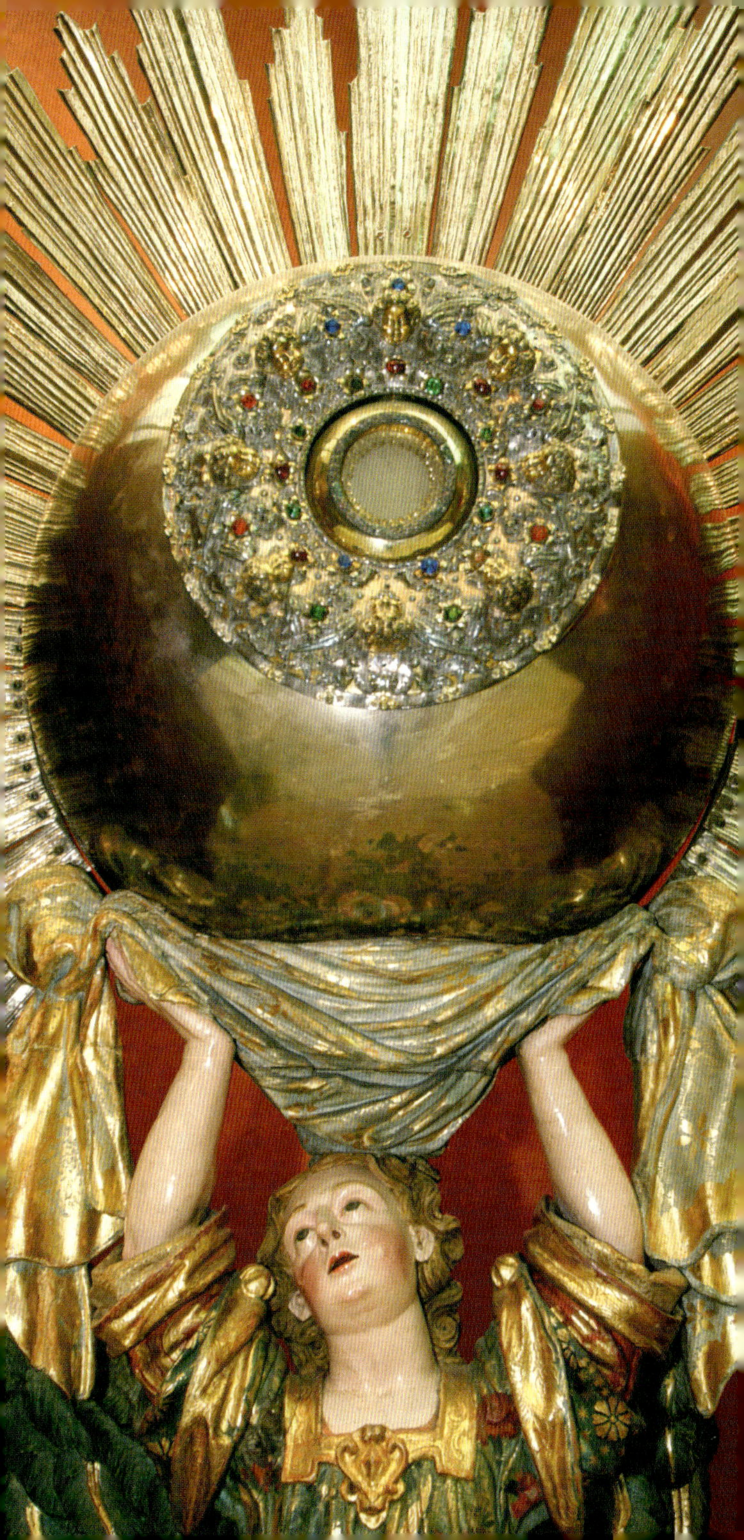

106 Die westlichen Hügel

Ein Serviertablett, Kerzenständer und eine Kaffeekanne aus dem französischen Silberservice von Germain, 18. Jahrhundert

Ebene 1 (Erdgeschoss)
Europäische Malerei, Mobiliar und Kunsthandwerk

Gemäldeliebhaber sollten sich die 15 Bildergalerien der **europäischen Malerei** ansehen. Die flämische und deutsche Schule sind hier stark vertreten. Eines der Meisterwerke ist *Die Versuchung des Heiligen Antonius* von Hieronymus Bosch, ein herausragendes Beispiel für seinen surrealen Stil. Die Herkunft des um 1500 entstandenen Werkes ist geheimnisvoll – möglicherweise ist es mit dem Hofstaat Philipps II. von Spanien hierher gelangt. Vollgepackt mit bizarren Figuren und Monstern, halb menschlich, halb tierisch, zeigt es den Heiligen, umgeben von der Völlerei, Wolllust und Habgier. Es ist auch heute noch ein beunruhigendes Werk. Bemerkenswert ist auch das Gemälde *Hl. Hieronymus*, 1521 von **Dürer** gemalt, das den bejahrten Heiligen über Sterblichkeit nachdenkend zeigt, während das Kruzifix an der Wand auf Christus den Erlöser hinweist. Andere Werke, auf die es sich besonders zu achten lohnt, sind die heitere *St. Augustine* von Piero della Francesca in Raum 53 und die großartigen *Zwölf Apostel* des spanischen Malers Zurbarán in Raum 62.

Die Gemäldegalerien führen zu Ausstellungen von **Kunsthandwerk, Mobiliar und Textilien**. In Raum 69 befindet sich ein **silbernes Tafelservice von Germain**, um 1770 in Paris für die Herzöge von Aveiro angefertigt. Es besteht aus Tellern, Besteck, Suppenkellen, Terrinen, Kandelabern und einem vollständigen Set vergoldeter Tänzerfiguren aus Silber zur Tischdekoration. Das riesige Objekt für die Tischmitte mit seinem verschlungenen Blattwerk und den anmutigen Windhunden wurde wohl in den 1720er-Jahren angefertigt. Zudem gibt es frühe **Glaswaren** und **Porzellan**, einschließlich einiger früher Wedgwood Jasperware-Stücke und vergoldetes Meissener Porzellan.

Ebene 2
Goldobjekte, Keramik und Fernöstliche Kunst

Am oberen Ende der Treppe, befindet sich Raum 29, wo Sie die **Monstranz von Belém** finden, die für das Hieronymus-Kloster (▶ 128ff) in Auftrag gegeben wurde. Der große Goldschmied

Museu Nacional de Arte Antiga 107

Gil Vicente fertigte sie 1506, angeblich aus dem ersten Gold, das Vasco da Gama aus Indien mitbrachte. Die mit vielen Details und manuelinischen Symbolen verzierte Monstranz wurde für die Ausgabe der Hostien verwendet. Sie ist von knienden Gold- und Emaillefiguren umgeben, und gilt als das schönste Goldobjekt Portugals. Wenn Sie von hier aus an der dem Fluss zugewandten Seite des Gebäudes weiter gehen, gelangen Sie in die Räumlichkeiten, die sich den prächtigen **Keramikobjekten** des Museums widmen. Hier finden Sie für den portugiesischen Markt hergestelltes **Ess- und Teegeschirr**, viele der Garnituren sind komplett und mit dem Wappen der großen Familien Portugals versehen, für die sie einst hergestellt wurden. Es war ein wechselseitiger Prozess: orientalische Einflüsse zeigen sich in portugiesischem Porzellan, andererseits gibt es im 17. Jahrhundert angefertigte Kopien chinesischer **blau-weißer Vasen und Gewürzgefäße**. Manchmal schwang das interkulturelle Pendel in die andere Richtung, wie aus den in Indien und China angefertigten **Kirchengewändern** ersichtlich wird, bei denen bedruckte Baumwolle dazu verwendet wurde, die reich bestickten Stoffe im heimischen Portugal nachzuahmen. Portugiesische Schreiner trugen dazu bei, Muster an indische Möbelhersteller weiterzugeben, in deren Produkten indische und portugiesische Formge-

Offizielle Top Ten der MNAA

Dies sind die Werke, die die Museumsleitung für die schönsten der Sammlungen hält
- Prozessionskreuz des Dom Sancho, 1214
- Vinzenz-Altar, Nuno Gonçalves, 15. Jahrhundert
- Die Versuchung des hl. Antonius, Hieronymus Bosch, um 1500
- Monstranz von Belém, Gil Vicente, 1506
- Hl. Leonard, Andrea della Robbia, 1502–1510
- Hl. Hieronymus, Albrecht Dürer, 1521
- Salzfässchen aus Benin, um 1525
- Portugiesischer Doppelbrunnen, 16. Jahrhundert
- Namban-Wandschirme, Japan um 1600
- Silberservice angefertigt für die Herzöge von Aveiro, Thomas & François Thomas Germain, 1729–1751

Oben: Die Statue der hl. Dreifaltigkeit

bung verschmilzt. Achten Sie besonders auf die **Mahagonimöbel** mit Intarsien aus Rosenholz, Silber und Ebenholz im einzigartigen portugiesischen Stil. Den Höhepunkt der östlichen Schätze bilden jedoch die **Namban-Wandschirme**, zwischen 1593 und 1602 in Japan hergestellt. Diese in japanischen Häu-

108 Die westlichen Hügel

sern üblichen Wandschirme schildern die Ankunft der Portugiesen in Nagasaki aus der Sicht der Japaner. Sie sind voll mit schrulligen Beobachtungen über die europäischen »Langnasen« und deren Aktivitäten, mit Segelschiffen, Seglern, Händlern mit all ihren Handelswaren. Die Europäer ragen über die Einheimischen hinaus, und diese östliche Abbildung der storchgleichen Beine der Ausländer muss für die Portugiesen, die diese Schirme anfertigen ließen, eine Überraschung gewesen sein.

Ebene 3
Portugiesische Malerei und Bildhauerei

Die Gemäldesammlung umfasst die Schulen des 15. und 16. Jahrhunderts, als die portugiesische Malerei sich aus der Gotik in die Renaissance bewegte. Damals wurde sie stark von flämischen Künstlern wie Jan van Eyck und Rogier van der Weyden beeinflusst. Die großen Namen sind **Nuno Gonçalves**, **Gregório Lopes** und **Frei Carlos**, alles Maler streng religiöser Szenen. Das Meisterstück Gonçalves' ist das *Polyptychon des hl. Vinzenz*, ein aus sechs Bildtafeln bestehendes Altarbild, das den Schutzheiligen Lissabons zeigt. Die zwischen 1458 und 1464, zu einer Zeit als Gonçalves Hofmaler von Alfons V. war, gemalten Altarbilder beinhalten die Porträts von 60 bekannten Personen. Der König und die Königin stehen im Mittelpunkt, umgeben von Rittern, Händlern und Klerikern, die so deutlich porträtiert sind, dass man sie alle auf der Stelle wiedererkennen würde. Hier oben finden Sie auch Skulpturen des 12. bis 19. Jahrhunderts. Die Hauptattraktion ist das um 1525 in Afrika, im heutigen Nigeria hergestellte **Salzfässchen aus Benin**. Das im ursprünglichen gotischen Stil aufwändig geschnitzte Werk mit Rittern und exotischen Kreaturen ist ein weiteres großartiges Beispiel für den interkulturellen Austausch während des Zeitalters der Entdeckungen.

Außerhalb des Museu Nacional de Arte Antiga

KLEINE PAUSE

Das **Museumscafé** eignet sich besonders gut für eine Pause; Sie können draußen im ruhigen Garten sitzen.

🗺 196 B1 ✉ Rua das Janelas Verdes ☎ 213 912 800; www.mnarteantiga-ipmuseus.pt
🕐 Di 14–18, Mi–So 10–18 Uhr
💶 preiswert 🚌 60, 713, 714, 732; Trams 15, 18, 25

MUSEU NACIONAL DE ARTE ANTIGA: INSIDER-INFO

Top-Tipp: Nehmen Sie sich **an der Kasse eine Broschüre mit**; der Plan wird Ihnen helfen, in diesem verwirrenden Gebäude den Überblick zu behalten.
• Planung ist wichtig, um kulturelle Reizüberflutung zu vermeiden; denken Sie daran, dass es **keinen Kurzführer oder Audio-Guide** gibt.
• In vielen Räumen gibt es gute Informationstafeln in **englischer Sprache**; in Kästen finden Sie laminierte Infoblätter zum Mitnehmen.

Nach Lust und Laune!

4 Igreja de São Roque

Zwischen 1565 und 1583 erbaut, steht São Roque auf den Mauern einer früheren Kirche, die dem hl. Rochus, dem Schutzpatron der aussichtslosen Fälle und der Pestkranken, gewidmet war. Das Innere der einschiffigen Kirche und die bemalte Holzdecke haben das Erdbeben überlebt. Achten Sie besonders auf die Capela de São Roque mit ihren großartigen *azulejos* und die Capela de São João Baptista, eine Ansammlung aus Marmor, Ebenholz, Gold und Lapislazuli. Sie wurde in Rom gebaut und dann nach Lissabon verschifft, wo man vier Jahre benötigte, um sie wieder zusammenzusetzen. Neben der Kirche gibt es ein **Museum**.

 197 F3 Largo Trindade Coelho
 213 235 000 tägl. 8.30–17 Uhr
 Bars und Cafés in der Nähe
 Elevador da Glória

Museum
 neben der Kirche 213 235 380
 Di–So 10–17 Uhr preiswert

5 Jardim Botânico & Praça do Príncipe Real

Gehen Sie die Allee an der Escola Politécnica entlang, so erreichen Sie den sich hinter dem Museu de Ciência

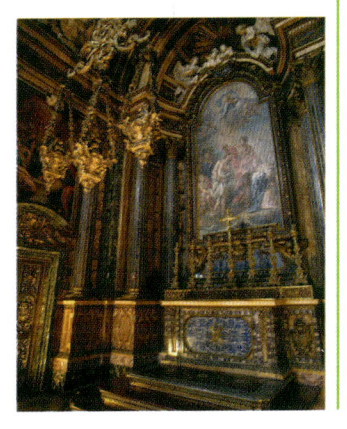

Die schönen botanischen Gärten Lissabons

ausdehnenden botanischen Garten, der zwischen 1873 und 1878 angelegt wurde. Zwischen den etwa 10 000 Pflanzen, von denen viele aus den früheren portugiesischen Kolonien importiert sind, winden sich schattige Wege. Achten Sie besonders auf die *strelitzia regina*, die Paradiesvogelblume, und auf die Palmfarne aus prähistorischer Zeit.

Überqueren Sie die Straße vor der Anlage und gehen Sie den Hügel hinunter, um zum Praça do Príncipe Real zu gelangen. Die in den 1850er-Jahren angelegten zentralen Gärten sind ein wunderbarer Ort für eine Pause. Der hübsche Platz liegt inmitten pastellfarbener Häuser, und die neomaurische Fantasie der Nr. 26 wurde als Palácio Ribeiro da Cunha erbaut und ist heute ein Teil der Universität.

Die barocke Pracht von São Roque

Die westlichen Hügel

✚ 197 D4
Jardim Botânico
✉ Rua da Escola Politécnica 58
☎ 213 921 802; www.jb.ul.pt (Portugiesisch) 🕒 Mai–Sept. Mo–Fr 9–20, Sa–So 10–20 Uhr; Okt.–April Mo–Fr 9–18, Sa–So 10–18 Uhr 💶 preiswert
🍴 Pastelaria-Padaria São Roque, Rua Dom Pedro V 57 Ⓜ Rato
🚌 58, 790

6 São Bento & Lapa

Das Viertel von São Bento hat seinen Namen vom Palácio de São Bento erhalten, dem ehemaligen Benediktinerkloster, in dem sich heute die **Assembleia da República**, die Nationalversammlung der Republik Portugal, befindet. Das beeindruckende Gebäude mit seinem hohen Giebel und seinen Pfeilern wurde 1834 zum Regierungssitz. Seitdem ist es renoviert worden, und in seinem Inneren können Sie an einer Führungen durch die von Rafael Bordalo Pinheiro zwischen 1920 und 1926 bemalten Mauern teilnehmen. Die Straße ein Stück weiter hinauf liegt die Nr. 193, das ehemalige Haus der *fadista* Amália Rodrigues (➤ 13), heute ein Museum.

Westlich von hier liegt Lapa, der nobelste Stadtteil Lissabons, mit seinen großen Villen und kleinen Palästen. Gehen Sie für einen Blick auf die schönsten Gebäude die Rua do Pau de Bandeira hinab, wo heute ein Teil der US-Botschaft untergebracht ist. Sie können auch beim Lapa Palace Hotel (➤ 35) vorbeischauen.

✚ 196 A2 (Lapa); 196 C3 (São Bento)
🍴 auf der Rua de São Bento Ⓜ São Bento: 6, 713; Trams 25, 28; Lapa: 713, Tram 25

Palácio da Assembleia da República
✉ Largo das Cortes, Rua de São Bento ☎ 213 919 000; www.parlamento.pt 🕒 nur geführte Touren (☎ 213 919 625 für die Buchung am Vortag) 💶 frei
Ⓜ Rato 🚌 6, 713; Tram 25, 28

7 Igreja de Santa Catarina

Santa Catarina hockt oberhalb der Bica, einem bunt gemischten Viertel, in dem Sie modische Restaurants und Bars, Geschäfte und einfache Gasthäuser finden. Die steilen Hügel entstanden, als während des Erdbebens im Jahr 1598 ein Erdrutsch eine sanftere Erhebung hinwegfegte. Das Gebiet erlebte 1755 ein zweites Beben, und die 1647 erbaute Kirche von Santa Catarina wurde anschließend umgestaltet. Sie enthält eine Sammlung von Goldarbeiten aus dem 17. Jahrhundert und eine im 18. Jahrhundert bemalte Decke. Von hier aus können Sie zur Esplanada do Adamastor oder zur Esplanada de Santa Catarina hinauflaufen. Letztere ist einer der schönsten *miradouros* Lissabons, von dem aus Sie einen großartigen Blick über den Tejo haben. An den Platz grenzt das **Museu da Farmácia** an, dessen Sammlung medizinischer Artefakte einen Zeitraum von über 2000 Jahren abdeckt.

✚ 197 E3 ✉ Calçada do Combro 82 ☎ 213 464 443 🕒 tägl. 8–19.30 Uhr 💶 frei 🍴 auf der Esplanada de Santa Catarina 🚌 92; Tram 28

Museu da Farmácia
✉ Rua Marechal Saldanha 1 ☎ 213 400 080 🕒 Mo–Fr 10–18 Uhr 💶 mittel
🍴 auf der Esplanada de Santa Catarina
🚌 92; Tram 28

Der großartige Eingang zum imposanten Palácio de São Bento

Nach Lust und Laune!

Wandkacheln mit 12 Rittern im Palácio dos Marquêses de Fronteira

8 Mãe d'Água

Der Aqueduto das Aguas Livres wurde zwischen 1731 und 1748 erbaut, um aus 58 km Entfernung Wasser nach Lissabon zu leiten. Die weiteste Spanne überbrückt das Tal von Alcântara – eine 940 m lange, 64 m hohe Serie von Bögen, die den Wasserkanal tragen. Sie führt in die Mãe d'Água (Mutter des Wassers), ein großes Steingebäude, das einen Tank mit der Lagerkapazität von 5500 m³ Wasser beinhaltet. Weder der Aquädukt, noch die Tanks wurden vom Erdbeben beschädigt, und heute wird die Mãe d'Água für Ausstellungen und Vorführungen benutzt. Im Inneren des Gebäudes können Sie beobachten, wie das ankommende Wasser dramatisch über eine außergewöhnliche Skulptur hinweg in den Tank hinunter fällt. Sie können sich auch in diesem kühlen, hallenden Steinbauwerk eine der gerade laufenden Shows ansehen.

196 C5 ✉ Praça das Amoreiras 10
☎ 213 251 646 🕐 Mo–Sa 10–18 Uhr
mittel 🍷 Bars in der Nähe 🚇 Rato
🚌 6,9, 58, 74

Abseits der Touristenwege

9 Palácio dos Marquêses de Fronteira

Wenn Sie die Verbindung von *azulejos*, Bildhauerkunst, Brunnen und Gärten mögen, dann sollten Sie den Palast des Marquis de Fronteira besichtigen, der sich auf den niedrigeren Hügeln des Waldes von Monsanto befindet. Er wurde 1640 als Jagdhaus erbaut und nach dem Erdbeben wieder aufgebaut. Einige der Räume können Sie besichtigen, der mit Kacheln aus dem 17. Jahrhundert reichhaltig dekorierte **Sala das Batalhas** ist besonders erwähnenswert. Draußen in den Gärten sehen Sie *azulejos*, wo immer Sie hinschauen. In Verbindung mit dem Plätschern des Wassers, den adrett geschnittenen Beeten und der opulenten barocken Bildhauerkunst gehören die gekachelten Gärten von Fronteira zu den reizvollsten in Lissabon.

194 bei A5 ✉ Largo de São Domingos de Benfica 1, Sete Rios ☎ 217 782 023
🕐 nur Führungen; Palast und Gärten Juni–Sept. Mo–Sa 10.30, 11, 11.30, 12 Uhr; Okt.–Mai Mo–Sa 11, 12 Uhr; Gärten nur Mo–Sa 10–18 Uhr ganzjährig 💰 Erwachsene: teuer, Kinder unter 14: mittel 🚇 Jardim Zoológico ❓ ca 10 min. Fußmarsch von der Metro; Taxi empfohlen oder Bus 70

Für Kinder

Größere Kinder werden das **Bairro Alto** mögen – besonders zum Abendessen und einem Spaziergang, wenn sich das Viertel auf das Nachtleben einstimmt. Eine Fahrt mit dem **Elevador da Bica** und ein Gang zum *miradouro* bei der **Santa Catarina** gefällt bestimmt Kindern jeden Alters. Wenn Ihre Kinder kleiner sind, gehen Sie mit ihnen in den Zoo, den **Jardim Zoológico** (rechts) in Sete Rios (Praça Marechal Humberto Delgado, Tel. 217 232 910), wo es auch einen Freizeitpark und das **Museu das Crianças** (Tel. 213 976 007) gibt. Nicht weit von hier liegt der **Parque Recreativo do Alto de Serafina** in Monsanto (Tel. 217 710 870), ein Abenteuerpark mit Rutschen, Schaukeln, Booten und mehr. Monsanto war bekannt für Drogendealer und andere unerwünschte Gäste, aber nach einer massiven Kampagne zur Säuberung der Umgebung ist der Bezirk heute viel sicherer, auch wenn man ihn nachts meiden sollte.

Die westlichen Hügel

Wohin zum … Essen und Trinken?

Preise
Die Preise gelten pro Person für ein Drei-Gänge-Menü ohne Getränke:
€ unter 20 Euro   €€ 20–40 Euro   €€€ über 40 Euro

1° de Maio €€

Kommen Sie vor 21 Uhr oder stellen Sie sich aufs Warten vor diesem beliebten Restaurant ein. Die Preise sind angemessen. Inmitten von gekachelten Wänden können Sie ein täglich wechselndes Menü einnehmen. Es bes eht meist aus beliebten portugiesischen Zutaten wie frischem Fisch, *açorda* (ein auf Brot basierender Eintopf), Bohnen und Reis oder aus ve'schiedenen *bacalhau*-Gerich en.

✚ 197 E3 ✉ Rua Atalaia 8, Bairro Alto ☎ 213 426 840 ⓖ Mo–Fr 12–15, 19 bis 22.30, Sa 12–15 Ur Ⓜ Baixa-Chiado

O Acontecimento – Clube dos Jornalistas €€

Die innovative katalanische Küche dieses kleinen hübschen Restaurants mit seinem schönen Innenhof zieht die Massen an, sodass sich eine Reservierung empfiehlt. Beginnen Sie mit *pão com azeite*, Scheiben von mit Olivenöl beträufeltem Landbrot, und gehen Sie dann über zu einer der Spezialitäten des Hauses, wie Kabeljau in Rosmarin und Honig, Zwiebelkuchen oder Lachs mit Feta. Das Eis ist großartig, aber der unangefochtene Gewinner bei den Nachtischen ist das *delirium au chocolate*.

✚ 196 B2 ✉ Rua das Trinas 129-r/c (Erdgeschoss), Lapa ☎ 213 977 138 ⓖ Mo–Sa 12–15, 20–24 Uhr Ⓣ Tram 28 bis Estrela, dann Fußweg

Alcântara Café €€–€€€

Diese Räumlichkeiten sind in einer alten Lagerhalle im Hafen untergebracht. Hier können Sie in prächtiger, von Edelstahl und Samt beherrschter Atmosphäre Fusion Cuisine, bestehend aus Fisch und Meeresfrüchten, Fleisch und frischem Obst und Gemüse der Saison, genießen. Es erwarten Sie große Portionen, Kultiviertheit, hohe Qualität und aufmerksames Personal.

✚ 196 A1 ✉ Rua Maria Luisa Holstein 15, Alcântara ☎ 213 637 176 ⓖ tägl. 20–1 Uhr Ⓣ Tram 15, 18

Ali-à-Papa €€

Wenn Sie eine Abwechslung zur portugiesischen Kost suchen, dann sollten Sie dieses marokkanische Restaurant besuchen, dessen Einrichtung aus zeltartigen Vorhängen und Kerzen die ethnischen Wurzeln der würzigen Küche spiegelt. Die Speisekarte ist kurz und auf die Qualität der Zutaten und die Sorgfalt, die auf die Zubereitung von Gerichten wie *cuscus Tifanya* mit zimtgewürztem Lamm und Rosinen sowie *tagine Moderbel* mit Auberginen und Lamm verwandt wird. Reservierung empfohlen.

✚ 197 E3 ✉ Rua da Atalaia 95, Bairro Alto ☎ 213 474 143 ⓖ Mi–Mo 19.30–1 Uhr Ⓜ Baixa-Chiado

O Chá da Lapa €

Nur wenige Minuten vom Museu Nacional de Arte Antiga entfernt liegt dieser elegante *salon de chá* (Teehaus), ein exzellenter Ort für ein leichtes Mittagessen oder einen Snack. Sinken Sie in eines der roten Plüschsofas und genießen Sie die köstlichen frisch gebackenen Kuchen und Kekse, oder wählen Sie aus den zwei oder drei *pratos do dia* (Tagesgerichten) und den köstlichen Quiches, die zur Mittagszeit angeboten werden.

✚ 196 A1 ✉ Rua do Olival 8–10, Lapa ☎ 213 957 029 ⓖ tägl. 9–19 Uhr

Wohin zum ...

A Charcutaria €€

Hier bestimmen Ziegelbögen, Holzvertäfelungen und Korbstühle die Atmosphäre. Es gibt Wild, z. B. Hase oder Rebhuhn, doch mit Gerichten wie *carpaccio de bacalhau* liegen Sie immer richtig. Dies ist der richtige Ort, wenn Sie eines der zucker- und eihaltigen *doces conventuais*, der ursprünglich in Klostern hergestellten Desserts, probieren möchten.

🏠 197 E2 ✉ Rua do Alecrim 47A, Bairro Alto ☎ 213 423 845 🕐 Mo–Fr 12.30–16, 19–23, Sa 19–24 Uhr
Ⓜ Baixa-Chiado

Comida de Santo €€

Für dieses winzige brasilianische Restaurant sollten Sie im Voraus reservieren. Sie können einen *Caipirinha* aus weißem Rum und Limetten schlürfen, während Sie die Auswahl treffen zwischen Hähnchen in Kokosmilch gekochten Hähnchen *muqueca* oder einem *feijoada*, einem Eintopf aus Schweinefleisch und schwarzen Bohnen. Die Atmosphäre begeistert, die Portionen sind groß.

🏠 197 D4 ✉ Calçada Engenheiro Miguel Pais 39, Rato ☎ 213 963 339 🕐 tägl. 12.30–15.30, 19.30–1 Uhr
Ⓜ Rato

Conventual €€

Das Restaurant befindet sich auf einem der schönsten Plätze und ist mit kirchlicher Kunst dekoriert. Für ein Abendessen stehen Ihnen sowohl Papst von Avignon-Schnecken als auch einige exzellente Reisgerichte zur Auswahl – probieren Sie *arroz de pato* (Ente mit Reis).

🏠 197 D4 ✉ Praça das Flores 44–45, Rato ☎ 213 909 246 🕐 Di–Fr 12.30–15.30, 19.30–23 Uhr; Sa, Mo und an Feiertagen 19.30–23 Uhr; im Aug. geschl. Ⓜ Rato

Pap' Açorda €€

Das Namensgericht dieses eleganten Restaurants, *açorda*, ist ein dickflüssiger Eintopf aus Brot und Koriander, gemischt mit Knoblauch, Koriander und Garnelen. Auf der Speisekarte finden Sie jedoch auch andere Kombinationen. Die Vorspeisen bestehen aus dem frischesten Fisch und Meeresfrüchten, die Sie jemals gegessen haben.

🏠 197 E3 ✉ Rua da Atalaia 57–59, Bairro Alto ☎ 213 464 811 🕐 Di–Sa 12–14, 20–23 Uhr; Anfang Juli und Nov. jeweils 2 Wochen geschl.
Ⓜ Baixa-Chiado

Primavera €

Wenn Sie Wert auf gute, bodenständige portugiesische Küche legen, sollten Sie das Primavera besuchen. Beliebte Gerichte sind Wild, deftige Fleischgerichte aus dem Norden und zarte weiße Muscheln. Wenn Sie etwas Preiswerteres möchten, wird ein vortreffliches Gericht aus *bacalhao* oder ein *sopa alentejana* Ihr Budget nicht überstrapazieren.

🏠 197 E3 ✉ Travessa da Espera, Bairro Alto ☎ 213 420 477 🕐 Di–Sa 12–15, 19.30–23.30 Uhr
Ⓜ Baixa-Chiado

Solar do Vinho do Porto €–€€

Das Solar wird vom Portwein-Institut betrieben und bietet eine Auswahl von über 200 Sorten an. Es liegt in einem eleganten Palast aus dem 18. Jahrhundert, und Sie können hier ein paar nette Stunden damit verbringen, die Freuden des Genusses von Portwein auf seinem Heimatboden zu entdecken.

🏠 197 E3 ✉ Rua de São Pedro de Alcântara 45, Bairro Alto ☎ 213 475 707/8 🕐 Mo–Sa 11–24 Uhr
🚡 Standseilbahn: Elevador da Gloria

XL €€

Das XL zieht diejenigen an, die spät am Abend noch etwas essen möchten. Die ockerfarben gestrichenen Wände, Bauernmöbel und antiken Kuriositäten geben diesem beliebten Restaurant eine heimelige Atmosphäre. Seine Stärke sind die Soufflés. Zu empfehlen ist auch der panierte Camembert mit Himbeersauce und die traditionellen portugiesischen Gerichte.

🏠 196 B3 ✉ Calçada da Estrela 57, Estrela ☎ 213 956 118
🕐 Mo–Mi 20 bis 24, Do–So 20–2 Uhr
🚋 Tram 28

114 Die westlichen Hügel

Wohin zum … Einkaufen?

Im Bairro Alto und Umgebung finden sich Einkaufsmöglichkeiten für jeden Geschmack. Die Skala reicht von originellen Geschäften, von denen viele die neuesten Modetrends verkaufen, zu etablierten gehobenen Einzelhändlern mit beneidenswertem Ruf. Modefans sollten **Fátima Lope** (Rua da Atalaia 36, Bairro Alto; Tel. 213 240 546) besuchen, eine der kreativsten Designerinnen Lissabons, deren asymmetrisch geschnittener Stil einhergeht mit dem Körper schmeichelnden Stoffen und tiefen Ausschnitten. Ein anderer Topname ist **José António Tenente** (Travessa do Carmo 8; Tel. 213 422 560), der unter Ana Salazar gelernt hat und heute einer der führenden Designer Portugals ist – elegante Kleidung und Accessoires, für die man sein Leben geben würde.

Lena Aires entwirft unverwechselbare und farbenfrohe Damenbekleidung, die Sie bei **1a** (Rua da Atalaia 96; Tel. 213 461 815) kaufen können. Wenn Sie etwas für Ihr Heim suchen, die Rua Dom Pedro V ist bekannt für ihre Antiquitätenläden – einer der besten ist **Solar** (Rua Dom Pedro V 68–70; Tel. 213 465 522) mit einer riesigen Auswahl an antiken, handbemalten Kacheln. In der Nähe von São Bento finden Sie portugiesische Glaswaren im **Depósito da Marinha Grande** (Rua de São Bento 234–242; Tel. 213 963 234), einem Direktverkauf für Geschirr, Vasen und Karaffen. Leichter zu tragende Souvenirs, wie z. B. Kerzen, erhalten Sie in der **Casa das Velas Loreto** (Rua do Loreto 53; Tel. 213 425 387), deren Schaukästen aus Glas und Mahagoni mit Kerzen jeder erdenklichen Art gefüllt sind. Eine weitere stimmungsvolle alte Einrichtung finden Sie bei **A Carioca** (Rua da Misericórdia 9; Tel. 213 420 377), wo Sie Kaffee – als Bohnen oder frisch gemahlen – und Tee sowie Zubehör für die Zubereitung erstehen können.

Wohin zum … Ausgehen?

Die Hauptstraßen des Bairro Alto sind voller Bars, die sich oft bis auf die Straße ausbreiten, und der halbe Spaß eines gelungenen Abends ist es, die Atmosphäre – und Drinks – in einer angemessenen Auswahl auf sich wirken zu lassen. Anhänger des *fado* können das **Arcadas do Faia** (Rua da Barroca 54–56; Tel. 213 426 742) ausprobieren, ein großes Lokal, in dem Sie mit Sicherheit guten *fado* zu hören bekommen, oder das **Adega Machado** (Rua do Norte 91; Tel. 213 224 640), das seit 1931 existiert. Südamerikanische Rhythmen vibrieren im **A Tasca** (Travessa da Queimada, 13–15; Tel. 213 433 431), großartig für Tequila, Nachos und lateinamerikanische Musik. Wenn Sie mit Reichen und Schönen Lissabons tanzen wollen, steuern Sie das **Kapital** (Avenida 24 de Julho 68, Santos; Tel. 213 957 101) an, ein trendiger Ausgehschuppen mit einem äußerst selektiven Türsteher – elegante Kleidung könnte beim Reinkommen helfen. Auf derselben Straße liegt auch das **Plateau** (Avenida 24 de Julho, Escadinhas da Praia 7; Tel. 213 965 116), ein einzigartiger Lissabonner Club, in dem 1980er-Jahre, Pop und Rock an der Tagesordnung sind, falls Sie es schaffen hineinzukommen. Das Gleiche trifft auch auf das **Kremlin** (Avenida 24 de Julho, Rua das Escadinhas da Praia 5; Tel. 213 525 867) zu; wenn Sie einmal drinnen sind, können Sie zwischen verschiedenen Musikstilen wählen. Das **Trumps** (Rua da Imprensa Nacional 104B; Tel. 213 971 059) im Bairro Alto ist der beste und größte Gay Club der Stadt.

Belém

Erste Orientierung	116
An einem Tag	118
Nicht verpassen!	120
Nach Lust und Laune!	136
Wohin zum ...	139

116 Belém

Erste Orientierung

Einige der typischsten Ansichten Lissabons, bekannt von Tausenden von Postkarten, finden sich in Belém, dessen Ansammlung großartiger Denkmäler und Museen im Westen des Stadtzentrums am Wasser liegt. Mit einer 600 Jahre überspannenden Architektur und einer Geschichte, in der das Echo des Goldenen Zeitalters nachhallt, spiegeln sie die Geschichte Portugals wider. Der Stadtteil, der ursprünglich Restelo hieß, lag einst abgesondert von der übrigen Stadt; ein wichtiger Hafen mit leichtem Zugang zum Meer. Von hier aus stachen im 15. Jahrhundert die Expeditionen in See. Belém, das seinen neuen Namen, Bethlehem, ein Jahrhundert später erhielt, sah zu, wie der größte Seefahrer des Landes, Vasco da Gama, in See stach, um einen Seeweg nach Indien zu entdecken.

Es gibt hier genug Sehenswertes, um sich einen ganzen Tag lang zu beschäftigen. Denkmäler und Museen liegen in einem weiten Gebiet am Tejo verstreut, und es bieten sich schöne Ausblicke auf den Fluss und eine Fülle von weitläufigen Promenaden, Parks und Wasseranlagen. Konzentrieren Sie sich auf das, was Ihnen am meisten zusagt, und planen Sie auch freie Zeit ein, in der Sie einfach das Szenario genießen können. Die drei Hauptattraktionen, den Torre de Belém, das Mosteiro dos Jerónimos und den Padrão dos Descobrimentos, sollten Sie nicht verpassen, aber die Museumsbesichtigungen hängen ganz von Ihrem Geschmack und Durchhaltevermögen ab. Beginnen Sie Ihre Entdeckungstour am Torre de Belém und arbeiten Sie sich nach Osten zum Padrão und dem Mosteiro dos Jerónimos vor. Alles übrige, mit Ausnahme der Igreja da Memória und des Palácio da Ajuda, liegt auf demselben Weg entlang der Küste.

Erste Orientierung

★ Nicht verpassen!

1. Torre de Belém ➤ 120
2. Padrão dos Descobrimentos ➤ 122
3. Museu de Marinha ➤ 124
4. Mosteiro dos Jerónimos ➤ 128
5. Museu Nacional dos Coches ➤ 133

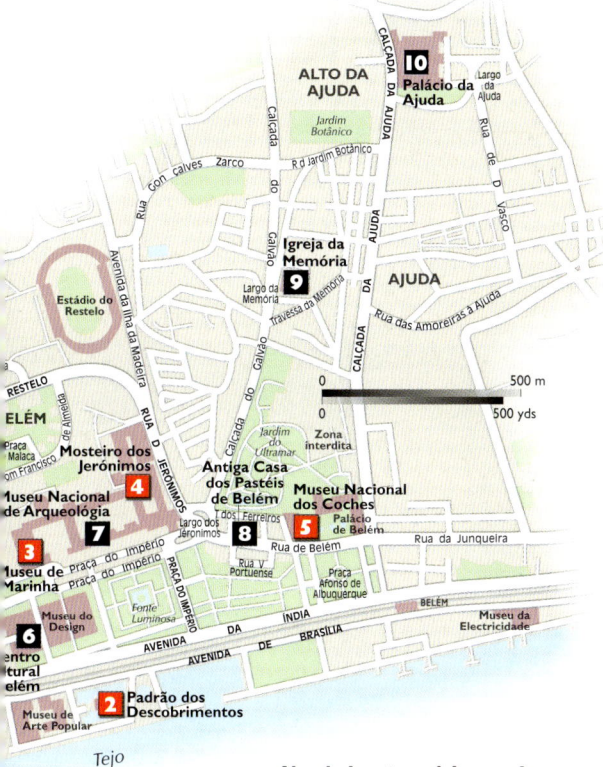

Nach Lust und Laune!

6. Centro Cultural de Belém ➤ 136
7. Museu Nacional de Arqueológia ➤ 136
8. Antiga Casa dos Pastéis de Belém ➤ 137

Etwas außerhalb

9. Igreja da Memória ➤ 138
10. Palácio da Ajuda ➤ 138

Seite 115: Manuelinisches Maßwerk am Torre de Belém
Ganz links: Das Denkmal der Entdeckungen
Links: Blick über Belém vom Denkmal

118 Belém

Dieses schöne Gebiet am Fluss, voller Denkmäler des Goldenen Zeitalters, beherbergt einige der typischsten Ansichten Lissabons und eine Ansammlung von Bauwerken und Museen, die Sie den ganzen Tag hindurch beschäftigt halten wird.

Belém an einem Tag
9.30 Uhr

Brechen Sie rechtzeitig zur Öffnung der Denkmäler und Museen um 10 Uhr nach **Belém** auf. Nehmen Sie entweder die schnelle, moderne Tram Nr. 15 oder den Cascais-Zug; beide fahren von Cais do Sodré ab und die Tickets gelten für beide Züge. Wenn Sie kein Ticket besitzen, können Sie eines in der Straßenbahn oder ein Zugticket in einer der Verkaufsautomaten im Bahnhof kaufen. Wenn Sie mit der Tram fahren, dann steigen Sie an der Haltestelle hinter der Klosteranlage aus, sodass Sie direkt hinunter zum **Torre do Belém** (unten) gehen können. Zugreisende können in Algés aussteigen.

10 Uhr

Halten Sie Ihren Fotoapparat bereit, während Sie den ❶**Torre de Belém** (➤ 120f) erforschen; Sie möchten bestimmt dieses wunderbare Bauwerk festhalten. Nach der Besichtigung sollten Sie daran denken, dass die Sehenswürdigkeiten von Belém ziemlich verstreut liegen und Sie besser den **Touristenzug** benutzen. Der offene Miniaturzug hält stündlich an den Denkmälern und Museen (Di–So 10–17 Uhr).

11 Uhr

Der nächste Halt ist am ❷**Padrão dos Descobrimentos** (Denkmal der Eroberungen; ➤ 122f; oben), wo Sie sich die Multimediashow ansehen können, bevor Sie mit dem Aufzug an die Spitze des Denkmals fahren, von wo aus Sie auf den Fluss blicken können. Vor dem Denkmal befindet sich eine **Weltkarte**, auf der die Routen der portugiesischen Entdecker eingezeichnet sind.

An einem Tag

12 Uhr
Führen Sie das maritime Thema weiter, indem Sie das ❸ **Museu de Marinha** (Marinemuseum, ➤ 124 ff; links) besuchen, eine große Sammlung von nautischen Gegenständen, in der sich für jeden Besucher etwas findet.

13 Uhr
Das Museumscafé eignet sich gut für ein kleines Mittagessen. Oder sie gehen in eine der Bars jenseits der Straße in Richtung Fluss.

13.30 Uhr
Brechen Sie auf zum ❹ **Mosteiro dos Jerónimos** (➤ 128ff), bevor die nachmittäglichen Reisegruppen ankommen. So haben Sie die Möglichkeit, diese Anlage in Ruhe zu bewundern (Alternativ können Sie auch zuerst das Museu dos Coches besuchen und später am Nachmittag zum Jerónimos zurückkehren).

15 Uhr
Spazieren Sie zum ❺ **Museu Nacional dos Coches** (➤ 133ff; Detail einer Kutsche rechts). Am ❽ **Antiga Casa dos Pastéis de Belém** (➤ 137) können Sie eine Kaffeepause einlegen.

16.30 Uhr
Zeit, in den **Parks** auf dieser Seite Beléms zu entspannen. Hier gibt es Kioske, die Getränke und Eis verkaufen. Sie können sich auch in ein Café setzen.

18 Uhr
Bevor Sie für den Abend in die Stadt zurückkehren, lohnt es sich zu schauen, was das ❻ **Centro Cultural de Belém** (➤ 136), einer der Hauptveranstaltungsorte Lissabons für Musik, Theater und Tanz, im Angebot hat.

Belém

Torre de Belém

Massiv, gedrungen und doch elegant bewacht das phantastische Gebilde des Torre de Belém den Zugang zu Lissabon. Er ist ein mächtiges Denkmal der Vergangenheit, des Mutes der Seekapitäne und der Visionen der Könige des Landes. Er verkündet den Stellenwert Lissabons im 16. Jahrhundert als Hauptstadt einer Weltmacht, indem er die Stärke und den Reichtum der Stadt den ankommenden Schiffen entgegenposaunt. Das Goldene Zeitalter ist lange vorbei, doch sein Zauber klingt nach, und in diesem wunderbaren Bauwerk hallen die Echos des vergangenen Ruhmes und des heutigen Nationalstolzes nach.

Der zwischen 1515 und 1519 unter Manuel I. errichtete **Torre de Belém** war dem heiligen Vinzent, dem Schutzpatron Lissabons gewidmet und stand ursprünglich auf einer Insel weit draußen im Fluss. Er wurde als Festung erbaut, die den westlichen Zugang zum Hafen Lissabons sichern sollte. Das große Erdbeben 1755 veränderte den Flusslauf wesentlich, und so steht der Torre heute auf drei Seiten vom Wasser eingeschlossen am Ufer. Er wurde von Francisco de Arruda für König Manuel entworfen. Die Kombination maurischer Elemente mit gotischem, venezianischem und byzantinischem Einfluss macht den Turm einmalig und zum einzigen komplett manuelinischen Bauwerk in Portugal. Die anderen sind entweder umgestaltete Gebäude aus früherer Zeit oder wurden erst später fertiggestellt. Der Turm verlor seine ursprüngliche Bedeutung, als Lissabon 1580 von den Spaniern besetzt wurde. Während der folgenden Jahrhunderte wurde er als Gefängnis und als Zollhaus benutzt. Das vernachlässigte und zerbröckelnde Bauwerk wurde in den 1840er-Jahren restauriert und 1910 zum Nationaldenkmal erklärt.

Der Torre de Belém wurde ursprünglich erbaut, um Lissabons Hafen zu verteidigen

Spazieren Sie über die Brücke, die den Turm mit dem Ufer verbindet und Sie erreichen die sechseckige **Bastion**, an deren Seite der Turm 35 Meter in die Höhe ragt. Diese Gewölbekammer hat 17 Schießscharten für Kanonen, und eine Treppe führt hinauf zu einer offenen Plattform mit maurischen Türmchen an den Ecken. Dies ist ein hübscher Ort, an dem Sie die Aussicht auf den Fluss genießen können, bevor Sie den eigentlichen

Torre de Belém

Turm betreten. Schauen Sie beim Hineingehen auf die gotische Statue **Unserer Lieben Frau der sicheren Heimkehr**, die oberhalb des Portals in einer Nische unter einem Baldachin steht. Was Sie hauptsächlich bemerken werden, ist die Fülle maritimer Details und Motive, die auf König Manuel selbst anspielen, vor allem die Armillarsphären (astronomische Geräte). Diese repräsentieren die Weltkugel und waren das persönliche Kennzeichen des Königs, genau wie das Kreuz des militärischen Ordens der Christusritter, der früheren Templer, die eine führende Rolle in allen Militäraktionen Portugals spielten. Genauso wenig sollten Sie das verschlungene Steintauwerk, eine typisch manuelinische Verzierung, unbeachtet lassen, das an der Nordfassade einen kompletten Knoten formt. Auf der Südseite befindet sich auf der Höhe der ersten Etage eine eindeutig venezianische Renaissance-Loggia, die sich genauso gut an einem Palast am Canale Grande befinden könnte. In der vierten Etage gelangen Sie in die **Kapelle** mit ihrem prächtigen manuelinischen Kreuzrippengewölbe und endlos weiten Ausblicken über den Fluss.

Bogenfenster und Balkone im venezianischen Stil auf dem Torre de Belém

KLEINE PAUSE

Gehen Sie zurück zum **Centro Cultural de Belém**, um sich im dortigen Café eine Pause zu gönnen.

---

192 A1 ✉ Avenida de Brasília, Belém
☎ 213 620 034/38; www.mosteirojeronimos.pt oder www.ippar.pt/english/monumentos/castelo_belem
🕐 Mai–Sept. Di–So 10–18.30 Uhr; Okt.–April Di–So 10–17 Uhr (letzter Einlass 30 Min. vor Schließung)
mittel 🍴 Cafés in der Nähe
🚌 729; Tram 15 🚢 Belém/Algés

TORRE DE BELÉM: INSIDER-INFO

Top-Tipp: Die Stufen hinauf zum Torre sind **eng und steil** und Sie müssen eventuell warten; nicht zu empfehlen, wenn Sie Schwierigkeiten mit Treppen haben.
• Versuchen Sie, bereits um 10 Uhr hier zu sein, wenn der Torre öffnet. So **vermeiden Sie die Massen** von Bustouristen in diesem relativ engen Monument.

Geheimtipp: Steuern Sie im Raum in der **ersten Etage** die Öffnung für den Durchgang an, der in die nordwestliche Ecke führt, und schauen Sie aus dem Fenster hinunter. Dort unten befindet sich, leicht verwittert, dennoch wacker aufs Wasser schauend, die Plastik eines Nashorns. Dies ist die erste Darstellung dessen in Europa, was im 16. Jahrhundert ein geradezu sagenhaftes Tier war, und sie soll den deutschen Künstler Albrecht Dürer zu seiner berühmten Zeichnung inspiriert haben.

Außerdem Der Torre de Belém wurde zusammen mit dem Mosteiro dos Jerónimos im Jahr 1983 von der Unesco unter zwei Kriterien zum **Weltkulturerbe** erklärt. Er wurde bezeichnet als »ein einmaliges Zeugnis einer kulturellen Tradition«, das »mit Geschehnissen von herausragender universaler Bedeutung konkret verknüpft« ist, und zu den offiziell anerkanntesten Schätzen der Welt hinzugezählt.

2 Padrão dos Descobrimentos

Wie der Bug eines großen Schiffes ragt der Padrão dos Descobrimentos (Denkmal der Entdeckungen), das Symbol des portugiesischen Nationalstolzes, ins Wasser hinaus. Sein steil ansteigendes, nüchternes Profil, abgemildert durch Skulpturen der meistverehrten historischen Persönlichkeiten des Landes, zieht den Blick auf sich und lenkt ihn darüber hinaus – ein Symbol für die gewagten Visionen der großen Entdecker. An seinem Fuße zeigt die wunderbare Weltkarte die Reiserouten der Entdecker auf.

Im Jahr 1940, als der Zweite Weltkrieg in ganz Europa wütete, inszenierte der Diktator Salazar die Ausstellung der portugiesischen Welt, eine Feier zu Ehren des Nationalismus, die geplant wurde, um die nationale Aufmerksamkeit von den äußeren Geschehnissen abzulenken. Für diesen Zweck wurde der Bezirk Belém saniert und Gebäude und Denkmäler wurden errichtet. Der ursprüngliche Padrão war eines davon, ein Bauwerk, das die Entdeckungen im Namen des Salazar-Regimes verherrlichte. Es erwies sich als Erfolg, und im Jahr 1960, dem 500. Todestag Heinrich des Seefahrers (▶ 8f), wurde ein dauerhafter Nachbau aus Stein konstruiert.

Wie ein Schiffsbug ragt der Padrão in Belém ins Wasser hinein

Gehen Sie für die beste Sicht auf den 52 m hohen **Padrão** auf eine Seite, wo Sie sehen können, wie sehr er einem Schiff ähnelt, das im Begriff ist, in See zu stechen. Der Bug ist bereits seewärts gerichtet, während eine Prozession von Figuren sich hinter **Prinz Heinrich** entlang der Reling aufreiht. Es ist romantisch, es ist idealisiert, und über der reinen wuchtigen Form liegt mehr als ein Hauch Faschismus, und dennoch spricht es die Gefühle an. Heinrich führt die Gruppe an, hinter ihm folgen **König Manuel I.** (1495–1521), unter dessen Herrschaft viele Entdeckungen gemacht wurden, und die Figuren der großen Seefahrer – **Vasco da Gama**, Entdecker des Seeweges nach

Padrão dos Descobrimentos 123

Indien; **Pedro Alvares**, der Brasilien entdeckte; **Ferdinand Magellan**, der erste Weltumsegler; und **Bartolomeu Dias**, der als Erster das Kap der Guten Hoffnung umsegelte. Ihre Heldentaten wurden vom Dichter **Luís de Camões** in seinem Werk **Os Lusíadas (Die Lusiaden)** gerühmt. Auch er befindet sich unter den Figuren, während der Maler **Nuno Gonçalves** in der Nähe steht.

Vor dem Padrão erstreckt sich eine Weltkarte, auf der Schatten des Denkmals das Fortschreiten der Entdecker nachzeichnet. Sie ist hübsch, die Länder sind in rotem Marmor hervorgehoben, um den äußeren Rand läuft die Markierung einer Windrose, und die Daten der portugiesischen Entdeckungen sind deutlich gekennzeichnet. Das Kap der Guten Hoffnung liegt in der Mitte, ein Tribut an die südafrikanische Regierung, die das Mosaik 1960 in Gedenken an Prinz Heinrich stiftete.

Innen im Padrão können Sie sich eine **Multimediashow** über Lissabon und Belém ansehen, aber die meisten Besucher strömen direkt zum Aufzug, der Sie fast bis an die Spitze des Denkmals bringt. Halten Sie den Fotoapparat bereit, um die erstaunliche Aussicht festzuhalten, die sich auf den Fluss, auf Belém, das südliche Ufer und die fröhlichen Segel der kleinen Boote bietet.

KLEINE PAUSE
Machen Sie Pause im **Centro Cultural de Belém** (➤ 136).

Heldenhafte Seefahrer und Entdecker auf dem Denkmal

192 C2 ✉ Avenida de Brasília ☎ 213 031 950; www.padraodescobrimentos.egeac.pt 🕐 Mai–Sept. Di–So 10–18.30 Uhr, Okt.–April Di–So 10–17.50 Uhr 💰 preiswert 🍴 Cafés in der Nähe 🚌 714, 727, 729, 732, 759; Tram 15 🚉 Belém

PADRÃO DOS DESCOBRIMENTOS: INSIDER-INFO

Top-Tipp: Falls Sie **kleine Kinder** haben, denken Sie daran, dass die Brüstung um die Spitze des Padrão zu hoch ist, als dass sie drüberschauen könnten.
• Kinder werden es mögen, auf dem Pflaster vor dem Padrão »**in der Welt herumzulaufen**«.

124 Belém

3 Museu de Marinha

Einen Steinwurf entfernt von Vasco da Gamas Startpunkt seiner Reise nach Indien befindet sich das Museu de Marinha (Marinemuseum), eines der wichtigsten seiner Art in Europa. Diese umfangreiche Sammlung rückt die lange Geschichte der portugiesischen Seefahrt ins rechte Licht und gibt Aufschluss über die Wirklichkeit der großen Seefahrten. Hier gibt es Schiffe, königliche Barkassen, Kompasse, Weltkugeln, Karten, Gewehre, Uniformen, Gemälde und Fotografien – eine überwältigende Auswahl an allem, was mit dem Meer in Verbindung steht, die sogar die eingefleischteste Landratte faszinieren wird.

Das Museu de Marinha ist im Westflügel des **Mosteiro dos Jerónimos** (▶ 128ff) in einem Anbau aus dem 19. Jahrhundert untergebracht. Die von König Ludwig I. im Jahr 1863 begründete Sammlung wurde ursprünglich im Waffenlager der Marine gezeigt. Später zog sie in den Palácio Farrobo im Nordwesten des Stadtgebiets um, bevor sie 1962 ihr endgültiges Zuhause in Belém fand. Ein moderner Pavillon wurde angeschlossen, der die größten Exponate beherbergte, und an demselben Ort befindet sich auch das **Planetário Calouste Gulbenkian** (Calouste Gulbenkian Planetarium). Bei der Masse der Ausstellungsstücke sollten Sie sich auf das konzentrieren, was Sie am meisten reizt.

Das Marinemuseum ist ein schönes Beispiel manuelinischer Architektur

Das Erste, was Sie beim Betreten sehen, ist ein Tribut in Form von Statuen an die **Helden des Zeitalters der Entdeckungen**, mit Heinrich dem Seefahrer auf dem Ehrenplatz in der Mitte des Raumes. Nehmen Sie sich Zeit, die **Planisphäre** zu studieren, die Ihnen zeigt, wie sich während des 15. Jahrhunderts die Routen rund um den Erdball öffneten, als die Portugiesen sich weiter und weiter vorwagten.

Der nächste Raum ist den Reisen und Entdeckungen gewidmet, und die Ausstellungen beinhalten Modelle der **Karavellen, Navigationsinstrumente und Seekarten**. Effiziente Kompasse, Astrolabien für die Berechnung der Position der Sterne und gute Seekarten brachten die Expeditionen voran. Die Portugiesen hielten sie geheim, genau wie sie die Bauweise und Komponenten ihrer Schiffe geheim hielten. Auch werden Sie hier **religiöse Statuen** finden, die oft als Schutz vor Gefahren auf Reisen mitgenommen wurden. Der Hauptschatz des Museums ist eine hölzerne mehrfarbige Figur des **Erzengels Rafael**, die Vasco da Gama 1497 auf seiner Reise nach Indien begleitete.

Als die Seefahrer in Richtung Osten vorstießen, wurde Portugal von neuen Fundstücken überschwemmt, und Raum 2 ist den **Fernöstlichen Exponaten** gewidmet. Hier gibt es chinesisches Porzellan, das verwendet wurde, um die exotischen neuen Getränke zu servieren, die nach Europa gelangten – Tee im Besonderen, und dank der Entdeckung des Gebietes, das später Brasilien heißen sollte, auch Kaffee und Kakao. Es gibt Modelle von Schiffen, die in China und Ostindien benutzt wurden und zwei schöne Garnituren japanischer Samuraiwaffen.

MUSEU DE MARINHA

Belém

Die Ausstellungen in den anderen Räumen zeigen die **Entwicklung der Handelsschifffahrt** auf, die portugiesischen **Fischereiflotten** und ihre Heldentaten vor Grönland und Neufundland, den Schiffsbau, Flussboote und das hochspezialisierte einheimische Handwerk auf Madeira und auf den Azoren. Ein Raum ist der Konstruktion eines Schiffes aus dem 18. Jahrhundert gewidmet, ein anderer den großartigen **Weltkugeln**, unter denen sich ein Globus befindet, den der bedeutendste aller Kartografen, Willem Jansz Blaeu, im Jahr 1645 hergestellt hat. Dennoch werden die meisten Menschen mehr vom Raum angezogen, der sich der **königlichen** Yacht *Amélia* widmet. Von der königlichen Familie zwischen 1887 und 1910 benutzt, war dies das Boot, das schließlich den letzten Monarchen, König Karl, ins Exil brachte. Die prachtvolle Holzvertäfelung und tiefen Polstermöbel rufen wunderbar die Freuden des Lebens an Bord eines Schiffes im 19. Jahrhundert wach, besonders die der Angehörigen der höheren Gesellschaft. Der letzte Teil der Sammlung, untergebracht in einem Verbindungsflügel, ist ein gewaltiges Aufgebot **größerer Schiffe**, das zwei weitere **Prunkbarkassen** aus dem 18. Jahrhundert beinhaltet. Die eine, in den 1870er-Jahren für Königin

Ein Schiff für Entdeckungen

Es wird viel gesprochen über die Wichtigkeit der portugiesischen Karavelle, aber was genau machte dieses Schiff so besonders? Zwei Dinge: seine Geschwindigkeit und die Segelgarnitur, was bedeutete, dass eine Karavelle besser hoch am Wind segeln konnte als bei Rückenwind. Portugiesische Seefahrer nahmen sich ein Beispiel an arabischen Schiffen, die hohe Hecks und dreieckige Segel hatten, und verwendeten diese Elemente beim Bau der Karavellen. Diese waren leichter, schneller und manövrierfähiger als frühere Schiffe. Sie waren in der Lage, genauso problemlos in Küstennähe zu segeln wie auf dem offenen Meer. Die Karavellen erschlossen die afrikanische Küste und den Indischen Ozean und ermöglichten den Portugiesen, mit ihren Handelsrouten immer weiter nach Osten vorzustoßen.

Oben: Der Eingang des Museums

Museu de Marinha

Maria I. erbaut, war fast 200 Jahre später noch immer in Betrieb, als sie, mit 78 Ruderern bemannt, Königin Elisabeth II. im Jahr 1957 während eines feierlichen Besuchs in Portugal transportierte. Ein anderes Exponat scheint zunächst seltsam in einem Marinemuseum – ein Flugzeug. Doch wenn Sie näher herangehen sehen Sie, dass es ein Wasserflugzeug ist. In der *Santa Cruz* überquerten zwei portugiesische Flieger zum ersten Mal den Atlantik. Im Jahr 1922 brachen sie von Belém aus auf, um 7284 km nach Rio de Janeiro zu fliegen. Die Überquerung dauerte fast vier Monate, da die ersten beiden Flugzeuge, die *Lusitania* und die *Portugal* mitten im Ozean notwassern mussten. Schließlich erreichten die Flieger in der *Santa Cruz* nach 62,5 Stunden Brasilien. Das Ausstellungsstück ist ein angemessener Nachruf auf den Mut der unzähligen Reisenden, derer hier gedacht wird.

Gulbenkians Planetarium bietet spezielle Shows für Kinder an

KLEINE PAUSE

Um Cafés und Restaurants zu finden, müssen Sie das Museum verlassen und zurück zur **Rua de Belém** gehen.

192 C2 ⊠ Praça do Império, Belém ☎ 213 620 019; www.museumarinha.pt ⊙ Okt.–März Di–So 10–17 Uhr, April–Sept. Di–So 10–18 Uhr; letzter Einlass 30 Min. vor Schließung 🖲 mittel 🍴 Café/Bar im Museum 🚌 714, 727, 759; Tram 15 🚉 Belém

Planetário Calouste Gulbenkian
☎ 213 620 002; www.planetario.online.pt
⊙ Do 16, Sa 15.30, So 11, 15.30 Uhr 🖲 mittel

MUSEU DE MARINHA: INSIDER-INFO

Top-Tipp: Es dauert etwa 1,5 bis 2 Stunden, alles in diesem riesigen Museum anzuschauen; planen Sie Ihren **Besuch mithilfe des Museumsführers**, bevor Sie losgehen.
- Erwarten Sie keine interaktiven Bildschirme oder hypermodernen Exponate; dies ist ein **altmodisches**, aber dennoch **faszinierendes** Museum.
- Das Museum ist **thematisch** und nicht chronologisch geordnet, die verschiedenen Räume sind unterschiedlichen Themen gewidmet.
- Die interessantesten Teile des Museums sind die Räume, die dem **Zeitalter der Entdeckungen** gewidmet sind.

Ein Muss! Die Statue des **Erzengels Rafael**
- Die **Prunkbarkassen** im Pavilhão das Galeotas
- Die **Astrolabien** und **alten Karten**

Mosteiro dos Jerónimos

Kurz gesagt, das Mosteiro dos Jerónimos (Hieronymitenkloster) ist das schönste Bauwerk Lissabons. Diese symbolträchtige Anlage ist nicht nur das führende Meisterwerk manuelinischer Architektur sondern auch das Symbol des Goldenen Zeitalters von Portugal, ein massives Monument, das mit dem Gold aus der Neuen Welt erbaut wurde. Seine Mönche kümmerten sich um die mutigen Männer, die zu den großen Seereisen aufbrachen, und es beherbergt das Grab des größten Seefahrers von allen, Vasco da Gama.

Das **Mosteiro** wurde am Standort einer früheren Kirche erbaut, die der Jungfrau von Bethlehem geweiht und von Heinrich dem Seefahrer begründet worden war. Hier hatte Vasco da Gama seine letzte Nacht an Land verbracht, bevor er 1497 seine Seereise gen Osten antrat. König Manuel I. gelobte, eine größere Kirche erbauen zu lassen, wenn die Reise erfolgreich verliefe, und so begann der Bau im Jahr 1501. Der König stellte sich das neue Gebäude einerseits als Grabstätte für sich und seine Nachkommen vor. Andererseits sollte es auch als Stützpunkt dienen, in dem die Hieronymiten den aufbrechenden Seefahrern geistlichen Beistand anbieten konnten und ihnen die Absolution von ihren Sünden erteilten, bevor die Seefahrer sich den bevorstehenden Gefahren aussetzten. Diese Mönche gehörten einem iberischen Orden an, der sowohl in Portugal als auch in Spanien Klöster unterhielt. Als Hauptarchitekten benannte König Manuel den Begründer des manuelinischen Stils, Diogo de Boitaca, und João de Castilho, einen Spanier, der die platereksen Elemente einführte, die die Manuelinik dann aufnahm. Im Jahr 1521 hatten die 250 Arbeiter die Kirche fertiggestellt, und der gesamte Komplex wurde bis zum Ende des Jahrhunderts vollendet. Nach der Schließung aller Klöster und Stifte im Jahr 1834 wurde das Jerónimos zu Staatseigentum. Die Restaurierung des allmählich baufälligen Gebäudes begann Anfang des 20. Jahrhunderts. Das Kloster zählt seit 1983 zum Weltkulturerbe und gilt heute als eines der wichtigsten Denkmäler Portugals.

Unten und rechts: Sommerliches Sonnenlicht fällt auf die manuelinischen Schnitzereien im Kreuzgang des Mosteiro dos Jerónimos

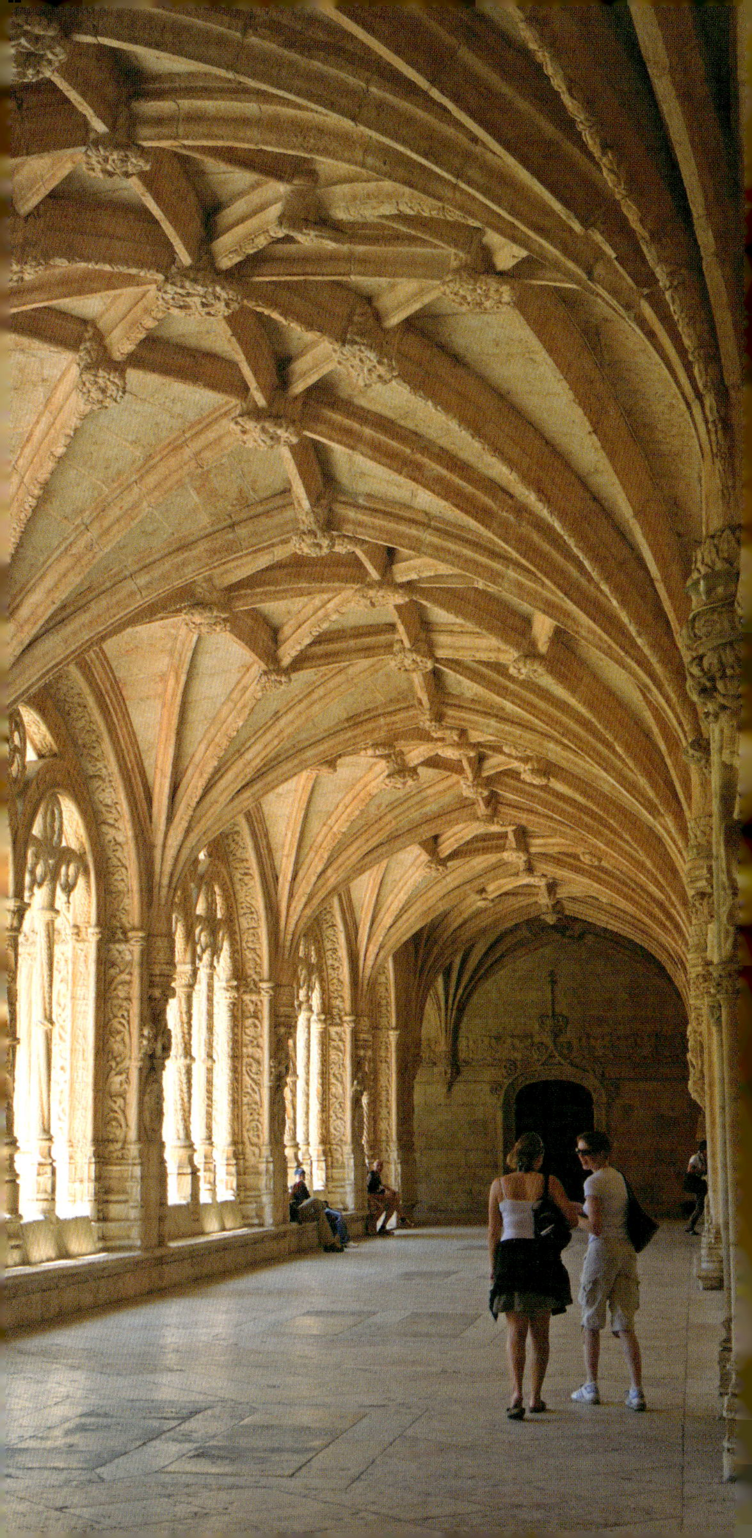

Belém

Betrachten Sie vor dem Hineingehen in die Kirche die 96 m breite **Südfassade** mit ihrem wunderschönen **Eingangsportal**. Sie wurde von João de Castilho entworfen und wird von Abbildung der Jungfrau von Belém in der Mitte des Bogens dominiert. Sie wird flankiert von vier Märtyrerjungfrauen, vier Propheten und den zwölf Aposteln, umgeben von Engeln und Musikanten. Dies ist ein perfektes Beispiel für die Verschmelzung von Gotik, Renaissance und Plateresk, die zur Manuelinik, dem einzigartigen dekorativen portugiesischen Stil führte. Das **Westportal**, das Hauptportal der Kirche, ist heute durch einen Gewölbegang zu erreichen. Dieser ist Teil der im 19. Jahrhundert durchgeführten Anbauten, die das Marinemuseum (▶ 124ff) und das Archäologische Museum (▶ 136) beherbergen. Die wunderbaren Steinmetzarbeiten an diesem Portal, ein Übergang von der Gotik zur Renaissance, sind das Werk Nicolas de Chanterennes und stellen Manuel I. und seine zweite Gemahlin, Maria von Spanien dar.

Wenn Sie innerhalb der **Kirche** unter der Empore hindurchgehen, so werden Sie im hinteren Teil des Hauptschiffes zu Ihrer Linken das **Grab von Vasco da Gama** finden. Das Grabmal für **Luís de Camões**, den Dichter und Aufzeichner der Entdeckungen, steht im rechten Seitenschiff. Der Sarkophag da Gamas wird von Löwen gestützt und ist mit seinem Wappen, Schiffstau-Ornamenten und sechsegligen Karavellen verziert. Von hier an säumen hohe Säulen, die an Palmen erinnern, das **Kirchenschiff** und streben hinauf in das prunkvolle **Kreuzrippengewölbe**. Die schwere Verzierung der Säulen steht im Kontrast zu den klaren Linien der Gewölbedecke und betont die räumliche Spannung im gesamten Gebäude. Dieser ist einer der Hauptmerkmale des manuelinischen Stils, und es gibt kaum einen besseren Ort, ihn zu erleben als hier. Schauen Sie es sich an, wenn das Morgenlicht durch die Südfenster hineinfällt, und es ist einfach zu verstehen, weshalb sich die Kirchgänger der Vergangenheit in diesem erhebenden Raum Gott nahe fühlten. Das Hauptschiff wird von **zwei Seitenschiffen** flankiert und endet

Oben: Das heutige Kloster ist am Standort einer kleinen, von Heinrich dem Seefahrer begründeten Kirche erbaut

Rechts: Das großartige manuelinische Südportal von João de Castilho

Mosteiro dos Jerónimos | 131

im Querschiff. Die **sechs Altäre des Querschiffes** sind detailreich: An einem Altar auf der linken Seite befindet sich eine schöne mehrfarbige Terrakottafigur des heiligen Hieronymus, des Schutzheiligen des Hieronymitenordens. Der jetzige **Hochaltar** (1569–72) ersetzt einen früheren; er beherbergt die Gräber König Manuels und seiner Königin, Maria, sowie diejenigen von Johann III. und Königin Katharina.

Um den zwischen 1517 und 1541 erbauten **zweistöckigen Kreuzgang** zu erreichen, müssen Sie die Kirche verlassen. Als eines der schönsten und wichtigsten architektonischen Werke in ganz Portugal verkörpert es die Fähigkeit der Manuelinik, verschiedene Architekturstile miteinander zu kombinieren. Dabei kontrastieren Elemente der Gotik und Renaissance mit ihren eigenen innovativen und prunkvollen Elementen, so wie die wiederkehrenden Anker, Seile und maritimen Motive, während die Monarchie durch Schilder und Wappen, Manuels Armillarsphären und die Wappen des Christusordens repräsentiert wird. Unbedingt ansehen sollten Sie sich die hier befindlichen winzigen **Beichtstühle**, in denen die Seefahrer die Absolution erteilt bekamen, bevor sie zu ihren

Vasco da Gama

Der um das Jahr 1460 geborene portugiesische Entdecker kam aus einer Oberschichtfamilie mit militärischem Hintergrund. Er folgte der Familientradition, indem er seinen Vater begleitete, der eine Expedition mit dem Ziel, die Seeroute nach Westen zu öffnen, vorbereitete. Im Jahr 1497 verstarb der ältere da Gama und Vasco nahm seine Stelle ein, indem er von Belém aus in See stach. Er umsegelte das Kap der Guten Hoffnung, segelte nach Mosambik und Mombasa und erreichte im folgenden Jahr triumphierend Kalikut (Kalkutta). Als er 1499 wieder heimkehrte, wurde er reichlich mit Titeln, Landgütern und einer Pension belohnt, doch das ruhige Leben dauerte nur bis 1502 an, als er nach Indien gesandt wurde, um das Massaker an portugiesischen Emigranten zu rächen. Er rächte sich zur Genüge, indem er Boote verbrannte und Hunderte tötete, bevor er dazu überging, die Küste zu bombardieren und unschuldige Hindu-Fischer zu töten. Wieder zurück zu Hause betätigte er sich als Ratgeber des Königs in indischen Angelegenheiten, eine Rolle, die 1524 zu seiner Ernennung zum portugiesischen Vizekönig Indiens führte. Er stach im selben Jahr in See, doch er verstarb kurz nach seiner Ankunft in Goa.

Belém

Expeditionen aufbrachen. Der Kreuzgang beherbergt auch das **Refektorium**, einen einfachen, überwölbten Raum mit phantastischem steinernem Tauwerk und schimmernden blau-weißen Kacheln. In jeder Ecke des Kreuzganges befindet sich eine Treppe, die in das obere Geschoss führt. Dies ist nicht nur der geeignetste Ort, um einen Überblick über den Kreuzgang zu bekommen, sondern ermöglicht auch eine Nahansicht der phantastischen **Wasserspeier** – Krokodile, Engel, Vögel, Löwen, Widderköpfe und sogar ein Adler.

Wenn Sie auf dieser Etage um den Kreuzgang herumgehen, gelangen Sie zum **Ausstellungsraum**, in dem die Exponate in portugiesischer und englischer Sprache hübsch präsentiert werden. Hier wird die Geschichte der Hieronymiten im Zusammenhang sowohl mit dem Weltgeschehen als auch mit den Ereignissen in Portugal von 1501 bis 2001 dargestellt.

KLEINE PAUSE
Machen Sie Pause in einem der **Cafés** auf der Rua de Belém.

---

192 C3 ⊠ Praça do Império ☎ 213 620 034; www.mosteirojeronimos.pt
⏰ Mai–Sept. Di–So 10–18 Uhr, Okt.–April Di–So 10–17 Uhr; letzter Einlass 30 Min. vor Schließung 🏛 Kirche: frei, Kreuzgänge: mittel
🍴 Cafés in der Nähe 🚌 714, 727, 759; Tram 15 🚉 Belém

Die Parkanlagen vor dem Kloster führen hinunter zum Fluss Tejo

MOSTEIRO DOS JERÓNIMOS: INSIDER-INFO

Top-Tipp: Um das Kloster vom Padrão aus zu erreichen, müssen Sie **die Straße und die Schienen** überqueren. Es gibt einen **nicht ausgeschilderten Tunnel** leicht links des Padrão, durch den Sie gegenüber des großen Brunnens in den Parkanlagen vor dem Kloster herauskommen.

- Als Hauptattraktion Beléms wird das Kloster **von Reisegruppen überschwemmt**. Kommen Sie **früh**, besichtigen Sie es **während der Mittagszeit** oder warten Sie bis zum **späten Nachmittag**, wenn Sie dem schlimmsten Andrang entgehen wollen.

Ein Muss! Das Südportal, gekrönt von der Statue der Jungfrau von Belém
- Die **Gräber** von Vasco da Gama und Luís de Camões
- Das **Chorgestuhl**
- Blick auf das **Interieur** aus der Galerie
- **Rippen- und Sterngewölbe** im Haupt- und Querschiff
- Der **Kreuzgang** und das **Refektorium**

Museu Nacional dos Coches

Die Monarchen und der Adel Portugals verlangten auf ihren Reisen nach kostbaren Hölzern, kunstfertigen Schnitzereien, opulenter Vergoldung, samtenen Polsterungen und Komfort. Hier, in diesem außergewöhnlichen Museum, ist die größte und wertvollste Sammlung von Pferdekutschen und -karossen der gesamten Welt zusammengestellt. Das Gebäude selbst war im 18. Jahrhundert eine königliche Reitschule und bildet eine passende Kulisse für diese erstaunlichen Fahrzeuge und den Lebensstil, den sie repräsentieren.

Die königliche Familie Portugals erstand im Jahr 1726 in Belém Eigentum, das auch eine Reitarena beinhaltete. Sechzig Jahre später wurde diese durch das heutige Gebäude ersetzt, eine klassizistische zweistöckige Halle mit einer Länge von 50 m und einer Breite von 17 m. Die obere, mit *azulejos* verzierte Galerie bot der königlichen Familie und ihrem Hofstaat einen guten Ausblick auf die Reitvorführungen in der Haupthalle. Die Wände und die Decke sind mit Malereien und Vertäfelungen verziert, auf denen allerlei Reiterszenen dargestellt sind. Hier sind **Prunkfahrzeuge** und solche für den **alltäglichen Gebrauch** versammelt, die vom 17. bis zum 19. Jahrhundert verwendet wurden, eine Prozession von sich verändernden Designs in den Tagen vor der Geburt des Automobils.

Eine prächtige Kutsche im Nationalen Kutschenmuseum

134 Belém

Die meisten **Kutschen** in der Haupthalle stammen aus Portugal, Frankreich und Spanien. Unter den frühen Modellen befindet sich die **Reisekutsche Philipp II. von Spanien**. Es gab keinen eigenen Platz für den Kutscher, sondern er saß auf einem der Leitpferde. Bis zum 17. Jahrhundert hatte sich die Kutsche zur **Berline** weiterentwickelt, deren Kutschkasten von Lederriemen gestützt wurde, die in einer Art primitiver Abfederung das Gerüttel während der Fahrt ein klein wenig abdämpften. Prunkkutschen wurden bis ins 18. Jahrhundert gebaut, und das Museum beinhaltet einige unglaublich prächtige Exemplare. Achten Sie auf die **Kutsche Maria Annas von Österreich**. Die Außenseite ist vollständig mit vergoldeten Holzschnitzereien bedeckt, die symbolisch die Tugenden Annas darstellen. Geschnitzte Figuren vorne und hinten am Kutschkasten repräsentieren die Kontinente Europa, Amerika, Afrika und Asien. Auf diesem Geschenk des Papstes Klemens XI. an Johann zu Ehren der Geburt eines Prinzen gibt es noch mehr geografische Anspielungen: Die vier Kontinente flankieren die Seiten, Karyatiden am Heck repräsentieren die Jahreszeiten, während der Kutscher gestützt von einer riesigen vergoldeten Muschel sitzt. Johann zeigte sich erkenntlich, indem er dem Papst die **Ozean-Kutsche** sandte, die noch pompöser war, mit Hecksculpturen des Atlantischen und Indischen Ozeans, vergoldeten Figuren des Frühlings und Sommers, einem Interieur aus Goldbrokat und einer Vertäfelung aus rotem Samt. Diese Kutsche wurde in den 1990er-Jahren vollständig restauriert und ist das beste Beispiel dafür, wie übertrieben diese Fahrzeuge seinerzeit gewesen sein müssen. In der Nähe stehen vier Berlinen aus dem 18. Jahrhundert, aufwendig verziert und viel leichter als die schwerfälligen Kutschen; sie wurden in Portugal und Frankreich als Prunkfahrzeuge für die königliche Familie gebaut. Achten Sie auch auf die englische Kutsche, die 1824 in London erbaut wurde.

Nach dieser Besichtigung ist es gewissermaßen eine Erleichterung, zu den neueren Fahrzeugen in der zweiten Halle weiterzugehen. Einige unter ihnen sind auf erfrischende Weise schlichter. **Kabrioletts** tauchten im späten 18. Jahrhundert auf

Aufgemalte Verzierungen und Wappen auf einigen der ausgestellten Kutschen

Museu Nacional dos Coches

Kutschentüren an der Fassade des Museums, einer ehemaligen Reitschule

und waren während des ganzen 19. Jahrhunderts populär. Sie sind viel leichter und besser gefedert und waren beliebt für nachmittägliche Ausfahrten. Es gibt ein bezauberndes Exemplar aus der zweiten Hälfte des 18. Jahrhunderts, das von den Prinzen und Prinzessinnen in den Anlagen der königlichen Paläste in Mafra (► 170ff) und Queluz (► 167) benutzt wurde. Etwa während der gleichen Zeit tauchte die **Brillenkutsche** auf, ein robustes, schnelles Fahrzeug, dass vom Insassen gelenkt werden konnte, der durch zwei lederne Vorhänge vor Wind und Wetter geschützt war. Die Vorhänge hatten jeweils ein rundes Glasfenster – daher der Name. In Städten waren **Sänften** populär, die aus einem Kasten bestanden, der von der Seite oder von vorn betreten wurde und von Maultieren oder Trägern getragen wurde.

All diese Fahrzeuge sind umgeben von Gegenständen, die im Entferntesten mit dem Reiten zu tun haben – Gemälde, Schnitzereien, Insignien, Livreen und Prozessionsgegenstände. Es gibt auch einige wunderbare Annoncen aus dem 19. Jahrhundert. Achten Sie auf eine, die den Vorteil von in England hergestellten »Landauern, Coupés und Mylords« anpreist.

KLEINE PAUSE

Es gibt **Cafés** auf der Straße vor dem Museum.

🖶 193 D2 ✉ Praça Afonso de Albuquerque ☎ 213 610 850; www.museudoscoches-ipmuseus.pt 🕒 Di–So 10–18 Uhr (letzter Einlass 17.30 Uhr) 💶 mittel 🍴 Café in der Nähe 🚌 714, 727, 732, 759; Tram 15 🚊 Belém

---

MUSEU NACIONAL DOS COCHES: INSIDER-INFO

Top-Tipps: Nutzen Sie die guten **Informationstafeln in englischer Sprache**, um mehr über die Exponate zu erfahren.
- Der Museumsshop verkauft eine Reihe von Artikeln aus allen **staatlichen Museen Portugals** – Porzellan, Glaswaren und andere hochkarätige Souvenirs.

Nach Lust und Laune!

⑥ Centro Cultural de Belém

Den riesigen, nüchternen Klotz des Centro Cultural de Belém (CCB) können Sie nicht übersehen. Er dominiert die Westseite der offenen Fläche vor dem Mosteiro dos Jerónimos (▶ 128ff). Der erste öffentliche Raum in Lissabon für Kunst und Vorführungen wurde 1992 als Vorzeigestück für Portugals Vorsitz der Europäischen Union gebaut. Von Vittorio Gregotti und Manuel Salgado entworfen, wurde er ursprünglich für seine Kosten kritisiert, doch bald wurde er zu einem der beliebtesten Veranstaltungsorte der Stadt. Mit seinen weitläufigen, klaren Linien und hübschen Terrassen mit Blick auf das Wasser ist er ein reizvoller Ort, um ein paar Stunden zu vertrödeln, sich eine Ausstellung anzusehen oder um einen Snack oder eine Mahlzeit in seinem ausgezeichneten Café und Restaurant einzunehmen. Das CCB bietet in seinen eindrucksvollen Galerien **bedeutende Wanderausstellungen** aus der ganzen Welt und hat ein ganzjähriges Programm an Musik, Theater und Tanz (▶ 140), oft mit thematischen Veranstaltungsreihen.

🗺 192 C2 ✉ Praça do Império ☎ 213 612 400; www.ccb.pt 🕐 tägl. 11–20 Uhr; Zeiten für die Abendvorstellungen variieren 💰 CCB: frei; Preise für die Vorführungen und Ausstellungen variieren 🍴 Café im CCB 🚌 714, 727, 759; Tram 15 🚉 Belém

Das Centro Cultural de Belém

⑦ Museu Nacional de Arqueológia

Das 1893 gegründete Nationale Archäologiemuseum beherbergt Portugals größte Sammlung archäologischer Funde, die einen Rundumschlag der portugiesischen Geschichte abdeckt, sowie eine bedeutende ägyptische Sammlung. Das Museum ist bereits seit einigen Jahren dabei, seine Artefakte neu zu ordnen, sodass ein Teil der ständigen Sammlung nicht ausgestellt ist. Deshalb sollten Sie sich im Voraus informieren, was gerade zu sehen ist. Unter den ständigen Ausstellungen findet sich ein große Auswahl an **altem Schmuck** mit aufwendigen und schönen Stücken, die aus der Zeit von den Anfängen der Metallverarbeitung bis zum frühen Mittelalter stammen. Die Iberische Halbinsel ist außergewöhnlich reich an natürlichen Metallvorkommen, die von den frühesten Zeiten an für Kupfer, Zinn und Gold sorgten. Unbedingt anschauen sollten Sie sich auch **die 300 ägyptischen Exponate**, die im frühen 20. Jahrhundert nach Portugal gebracht wurden. Diese Ausstellungsstücke decken 5000 Jahre ab, von 6000 bis 400 v. Chr., und beinhalten Grabfunde, Skulpturen und Schmuck. Das MNA

Nach Lust und Laune!

besitzt auch eine schöne Sammlung römischer Mosaike mit einigen hübschen Bodenbelägen von Villengrundstücken im Alentejo.

192 C2 ⊠ Praça do Império ☎ 213 620 000; www.mnarqueologia-ipmuseus.pt
Mo–Sa 10–18 (letzter Einlass 17.45 Uhr)
mittel Café in der Nähe (CCB)
714, 727, 759; Tram 15 Belém

8 Antiga Casa dos Pastéis de Belém

Pastéis de nata (Sahnetörtchen) können Sie überall in Lissabon kaufen. Doch die besten Törtchen gibt es in Belém. Diese schöne, stimmungsvolle Pastelaria mit den Flaschenreihen in ihren Regalen und den blau-weiß gekachelten Wänden wird betrieben, seit die Klöster und Stifte im Jahr 1834 aufgelöst wurden. Ein Mönch, der aus dem benachbarten Kloster vertrieben worden und gezwungen war, seinen Lebensunterhalt zu verdienen, verkaufte 1837 einem Ladenbesitzer das Rezept der berühmtesten Törtchen des Klosters. Tagesausflügler aus Lissabon kamen in Scharen und das Geschäft blühte. Der Besitzer lehnte es ab, das Rezept preiszugeben, und so ist es heute nur drei Personen bekannt. Sie schließen sich jeden Morgen um 7 Uhr in der *Oficina do Segredo* (Geheimwerkstatt) ein, um dort die Törtchen und die Sahnefüllung herzustellen – genug, um Öfen mit einer Kapazität von 1800 Törtchen die Stunde zu füllen. Es wird angenommen, dass die Casa werktags bis zu 12 000 Törtchen am Tag verkauft und dass die Verkaufszahlen am Wochenende auf etwa 20 000 ansteigen. Setzen Sie sich an einen der hölzernen Tische oder stellen Sie sich an die Ladentheke, bestellen Sie ein paar Törtchen, bestreuen Sie sie mit Zimt, und versenken Sie ihre Zähne im knusprigen Teig und in der gehaltvollen Sahnefüllung des besten *pastels* der Welt – und denken Sie daran, ein Sechserpaket zum Mitnehmen zu kaufen.

193 D2 ⊠ Rua de Belém 84–92 ☎ 213 637 423; www.pasteisdebelem.pt Mo–Sa 8–23, So 8–22 Uhr 714, 727, 759; Tram 15 Belém

Pasteis de Belém – ein kleiner Vorgeschmack auf den Himmel

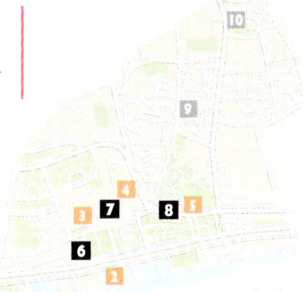

Etwas außerhalb

9 Igreja da Memória

Im September 1758, nur drei Jahre nach dem Erdbeben, schmiedete die Familie Távora einen Komplott, um König Joseph I. zu ermorden, denn der König wurde verdächtigt, eine Affäre mit der Marquise de Távora zu unterhalten. Auf ihn wurde geschossen, als er das Haus der Familie nach einer Verabredung verließ. Er überlebte jedoch das Attentat und lebte weitere 19 Jahre. Sein mächtiger Premierminister, der Marquês de Pombal, verfolgte die Verdächtigen, und fünf von ihnen wurden vier Monate später in Belém brutal hingerichtet. Als Erinnerung an die Geschehnisse beauftragte der König den italienischen Architekten Bibiena damit, eine Kirche an der Stelle zu erbauen, an der sein Leben in Gefahr gewesen war. Die Bauarbeiten dieser italienisch anmutenden Kirche mit ihrer Pilasterfassade und Kuppel begannen 1760 und wurden etwa 20 Jahre später beendet.

✚ 193 D4 ✉ Largo da Memória, Calçada do Galvão, Ajuda ☎ 213 635 295
🕐 Mo–Sa 14.30–17 (für Besichtigungen), So 10–11 Uhr (nur Messe) 💶 frei
🍴 Cafés in der Nähe 🚌 727 von Belém

10 Palácio da Ajuda

Die beeindruckende klassische Fassade des Ajuda-Palastes versteckt ein Geheimnis – gehen Sie um ihn herum auf die Rückseite, und Sie werden sehen, dass er nur ein halber Palast ist. Er blieb im Jahr 1807, zwölf Jahre nach Beginn der Bauarbeiten, unvollständig, als die königliche Familie nach Brasilien floh, um Napoleons Armee zu entkommen. Als Napoleon aus dem Weg geschafft war, begannen die Bauarbeiten 1813 erneut und wurden sporadisch weitergeführt. Die königliche Familie lebte hier mit Unterbrechungen während der zweiten Hälfte des 19. Jahrhunderts. Der Palast hatte seine Blütezeit in den 1860er-Jahren, als Königin Maria Pia, die Gemahlin König Ludwigs, zur Innenausstattung beitrug. Der übertriebene Prunk einiger Räume stammt aus ihrer Zeit. Der Hauptpreis für Herrlichkeit geht allerdings an den Thronsaal ihres Gemahls, das Highlight des Rundganges durch den Palast.

✚ 193 E4 ✉ Largo da Ajuda, Ajuda ☎ 213 637 095; www.ippar.pt/monumentos/palacio_ajuda 🕐 Do–Di 10–17 Uhr (letzter Einlass 16.30 Uhr)
💶 mittel 🍴 Cafés in der Nähe
🚌 729 von Belém

Für Kinder

Belém eignet sich gut für Kinder jeglichen Alters. Es gibt Teiche zum Hineinspähen und genug Rasenflächen für die Kleinen zum Austoben, und in Hinsicht auf Museen findet sich etwas für jedes Alter. Größere Kinder finden möglicherweise Gefallen am **Mosteiro dos Jerónimos**, werden aber wahrscheinlich mehr vom **Museu de Marinha** oder der Multimediashow am **Padrão dos Descobrimentos** angetan sein. Auch die Karte der Seereisen ist interessant. Fahren Sie im **Torre de Belém** mit dem Aufzug hinauf zur Aussichtsplattform, wenn die Kinder groß genug sind, um über die Brüstung zu schauen. Auch der Gang über die Laufbrücke zum Eingang des Turmes macht Spaß. Denken Sie daran nachzuschauen, wann das **Centro Cultural de Belém (CCB)** Veranstaltungen für Kinder bietet, oder buchen Sie möglicherweise eine Sitzung im **Planetarium**. Denken Sie daran, dass Belém sehr weit ausgedehnt ist. Ein Tagesticket für den Touristenzug empfiehlt sich, denn es schont die kleinen Füße.

Wohin zum ...
Essen und Trinken?

Preise
Die Preise gelten pro Person für ein Drei-Gänge-Menü ohne Getränke:
€ unter 20 Euro €€ 20–40 Euro €€€ über 40 Euro

Es gibt eine Fülle an Restaurants in Belém, von denen viele zwangsläufig die gewaltigen Touristenmassen verköstigen, die hier täglich eintreffen. Der Großteil von ihnen liegt entlang der Rua de Belém im Osten des Mosteiro dos Jerónimos und einen Block weiter im Süden auf der Rua Vieira Portuense. Um die Grünflächen herum gibt es Snackbars, zumindest geeignet für ein Kaltgetränk, und zahlreiche Selbstbedienungslokale. Die beste Entscheidung ist, ein Restaurant zu wählen, in dem viele Einheimische essen und das eine kurze Speisekarte mit einem Tagesgericht hat.

BBC – Belém Bar Café €€-€€€
Dieses schicke Restaurant ist in einem umgebauten Lagerhaus im Osten Beléms untergebracht und bietet sowohl drinnen als auch draußen Sitzgelegenheit am Fluss. Genießen Sie ein schmackhaftes Abendessen portugiesischer Kochkunst, mit Spezialitäten wie gegrilltem *Barrosã*-Rindfleisch und in knuspriger Teig eingebackenen *Katif*-Garnelen, bevor Sie sich der im Laufe des Abends hineinschneidenden jungen und lebhaften Menge anschließen. Der Lärmpegel in der Bar steigt an, und es gibt oft Livemusik und eine großartige Atmosphäre.

✚ 192 C2 ✉ Avenida Brasília, Pavilhão Poente ☎ 213 624 232 ⏰ Di–Fr 12.30–15 und 20–24, Sa 20 bis 24 Uhr 🚋 28; Tram 15 🚆 Belém

Cafetaria Quadrante €
Die Terrasse, auf der Sie von Olivenbäumen beschattet den Ausblick auf den Fluss genießen können, ist der Hauptmagnet dieser Mischung aus Café und Bar. Kaffee, Getränke und Snacks werden den ganzen Tag über serviert. Es gibt gute Sandwiches und zur Mittagszeit eine kleine Auswahl an warmen Gerichten. Das Lokal ist beliebt bei Studenten und den Besuchern der Ausstellungen und kulturellen Veranstaltungen.

✚ 192 C2 ✉ Centro Cultural de Belém, Praça do Império ☎ 213 622 888 ⏰ tägl. 10–22 Uhr 🚋 Tram 15 🚆 Belém

O Carvoeiro €€
Einen Block unterhalb der Rua de Belém und mit Blick auf den Park zieht dieses einfache Restaurant Touristen und Einheimische an. Sie finden alle portugiesischen Fleisch- und Fischgerichte auf der Speisekarte, einschließlich frisch gegrillter Sardinen, einfachem *bife* (Steak) mit guten Pommes Frites und hausgemachter Suppen. Ein geeigneter Ort, um ihre Batterien in unprätentiöser Umgebung wieder aufzuladen.

✚ 193 D2 ✉ Rua Vieira Portuense 66–68 ☎ 213 637 998 ⏰ Di–Sa 12–15 und 19–22, So 12–15 Uhr 🚋 Tram 15 🚆 Belém

O Caseiro €-€€
Wenn Essen als »Caseiro« bezeichnet wird, können Sie traditionelle Gerichte erwarten. Dieses attraktive Restaurant macht seinem Namen alle Ehre. Einfach gegrillter Fisch oder Fleisch oder aufwendigere Gerichte wie im Ofen gebratenes Lamm oder *Açorda de Marisco* (Broteintopf mit Garnelen) werden in großzügigen Portionen serviert.

✚ 193 D2 ✉ Rua de Belém 35 ☎ 213 638 803 ⏰ Mo–Sa 12–15 und 19–22.30 Uhr; im Aug. geschlossen 🚋 Tram 15 🚆 Belém

Wohin zum ... Einkaufen?

Der mit Museen vollgepackte Vorort Belém ist kaum für seine Einkaufsmöglichkeiten bekannt, aber Sie möchten möglicherweise während Ihres Besuchs in den ausgezeichneten **Museumsshops** stöbern. In allen wichtigen Museen gibt es Museumsshops, die Souvenirs und Reproduktionen verkaufen. Zusätzlich zu den Büchern, Porzellanwaren, Souvenirs für Kinder und den Textilien, die sich auf die eigenen Sammlungen beziehen, führen sie auch Reproduktionen aus anderen Museen. Die hübschen Kopien von Porzellan aus dem 18. Jahrhundert sind besonders schön, und Sie finden hier auch eine gute Auswahl an Kacheln, Fayenceware, Lederarbeiten und Schmuck.

Wenn Sie etwas Buntes und Billiges suchen, können Sie die Kioske und **Souvenirbuden** außerhalb des Mosteiro besuchen – hier wird eine Menge Tand und Kitsch angeboten. Vielleicht möchten Sie auch in der **Antiga Casa dos Pastéis** (▶137) ein Sechserpaket an Sahnetörtchen zum Mitnehmen besorgen. Auch das **CCB** verkauft qualitativ hochwertige Design-Souvenirs und Bücher und es gibt dort mehrere Shops rund um den Haupteingang.

Musikfans sollten definitiv das **Valentim de Carvalho** (CCB, Praça do Império; Tel. 213 624 815) besuchen, ein führendes portugiesisches Musikgeschäft mit einer großen Auswahl an Musik für alle Geschmäcker. Wenn Sie etwas Außergewöhnliches suchen, gibt es hier eine große Auswahl an brasilianischen und afrikanischen CDs.

Das CCB beherbergt auch das **Coisas do Arco do Vinho** (lojas 7–8, Tel. 213 642 031), ein trendiges Weingeschäft mit einer ausgezeichneten Auswahl an Weinen von höchster Qualität. Die Besitzer können Sie fachmännisch beraten.

Wohin zum ... Ausgehen?

In Belém befindet sich eines der wichtigsten Zentren für darstellende Künste, das **Centro Cultural de Belém** (▶136). Das moderne und komfortable Theater bietet eine Reihe von Veranstaltungen, die von klassischer Musik und Tanz zu internationalen Shows reichen. An Werktagen gibt es zwischen 19 und 21 Uhr freie Konzerte. Wenn Sie Kinder haben, könnte ein Wochenendbesuch genau richtig sein. Es gibt ein monatliches Veranstaltungsprogramm mit Tanz, Theater und Zirkus, das sich an Familien richtet (www.ccb.pt).

Wenn Sie etwas ganz anderes unternehmen möchten, können Sie aufs Meer hinausfahren. Der **Associação Naval de Lisbon** (Doca de Belém; Tel. 213 619 480; www.anl.pt) neben dem Padrão dos Descobrimentos (Denkmal der Eroberungen) vermietet kleine Boote mit oder ohne Lehrer. Denken Sie jedoch daran, drei Tage im Voraus zu buchen.

Wenn Sie mehr frische Luft und Bewegung wünschen, können Sie ein wenig weiter in den Westen nach **Estoril** (▶161ff) fahren, wo Sie entweder einen Tag am Strand verbringen oder im Clube de Ténis do Estoril (Avenida Conde de Barcelona; Tel. 214 662 770) ein Tennismatch spielen können. Der Club hat 18 Plätze, ein Schwimmbecken und eine Sauna. In Estoril liegt auch der **Golf do Estoril** (Avenida da Republica; Tel. 214 680 176), eine schön gestaltete Anlage mit zwei Golfplätzen, die auch für Nichtmitglieder offen ist.

Parque das Nações

Erste Orientierung 142
An einem Tag 144
Nicht verpassen! 146
Nach Lust und Laune! 152
Wohin zum ... 156

Erste Orientierung

Nach tagelangen Entdeckungstouren durch das alte Lissabon mit seinen steilen Hügeln und schmalen Gassen mögen sich viele Touristen fragen, wo die moderne Stadt zu finden ist. Die Antwort liegt im Osten, im verblüffenden Parque das Nações, einem Abschnitt bahnbrechender Uferbebauung. Hier befinden sich Bürogebäude, Hotels, Wohnanlagen, eine Ansammlung der besten Attraktionen Lissabons und eines der größten Einkaufszentren der Stadt. Hier sehen Sie das moderne Lissabon, in dem saubere Promenaden am Fluss entlang führen, Bäume und Pflanzen blühen, modernste Unterhaltung verfügbar ist und eine Fülle an Geschäften und Restaurants zur Auswahl steht.

Am besten gelangen Sie zum Parque, indem Sie mit der U-Bahn zum Gare do Oriente fahren. Der von Calatrava entworfene Hauptbahnhof Lissabons zeigt das Beste des modernen Designs. Nehmen Sie von hier aus den Aufzug und spazieren Sie durch das Vasco da Gama-Einkaufszentrum, ein mehrstöckiges Gebäude mit sowohl portugiesischen als auch ausländischen Geschäften. Überqueren Sie die Straße vor dem Einkaufszentrum und nehmen Sie am Informationshäuschen links einen Plan des Parque mit. Das Oceanário und das Ciência Viva befinden sich nun zu Ihrer Rechten, der Torre Vasco da Gama zu Ihrer Linken, und die Parkanlagen am Flussufer direkt vor Ihnen. Wenn Sie vorhaben, das gesamte Gebiet zu besichtigen, sollten Sie auf lange Fußmärsche eingestellt sein. Cafés, Bars und Restaurants gibt es überall.

Erste Orientierung 143

★ Nicht verpassen!
- **1** Oceanário ➤ 146
- **2** Centro da Ciência Viva ➤ 150

Nach Lust und Laune!
- **3** Das Flussufer und die Parkanlagen ➤ 152
- **4** Torre Vasco da Gama ➤ 154
- **5** Centro Comercial Vasco da Gama ➤ 154

Seite 141: Die Wasserwand im Parque das Nações

Unten: Centro Comercial Vasco da Gama

Gehen Sie zum Parque das Nações, einem hypermodernen Freizeitkomplex, um dort am Flussufer inmitten aufregender Architektur und wunderschöner Landschaft das großartige Einkaufs- und Freizeitangebot zu genießen.

Parque das Nações an einem Tag

9.30 Uhr

Fahren Sie mit der U-Bahn zum **Parque das Nações**. Nehmen Sie die grüne Linie nach Alameda und steigen Sie dort in die rote Linie nach Oriente um. Schauen Sie sich dort die großartige Architektur des Bahnhofs (rechts) an, eines von Lissabons wichtigsten Verkehrsknotenpunkten. Gehen Sie zur Information am Eingang der Parkanlage und nehmen Sie eine Broschüre mit. Wenn Sie ein Fahrrad mieten möchten, dann finden Sie diese dahinter.

10 Uhr

Schließen Sie sich den ersten Besuchern an, wenn das ❶**Oceanário** (➤ 146ff; links) öffnet, und entdecken Sie eines der größten Aquarien der Welt.

12 Uhr

Nehmen Sie den Teleférico (➤ 154) vom Ufer nahe des Oceanário und betrachten Sie den Parque das Nações und den Ponte Vasco da Gama (➤ 153) aus der Vogelperspektive. Machen Sie nach dem Aussteigen einen Spaziergang in den Jardins Garcia de Orta.

13 Uhr

Für das Mittagsessen gibt es eine große Auswahl an Lokalen. Ganz in der Nähe können Sie das Passeio do Oriente (Rua da Pimenta 51; Tel. 218 956 147, tägl. geöffnet) ausprobieren, eine fröhliche Restaurant-Bar mit Blick auf die Parks, die ein preiswertes wechselndes Wahlmenü bietet.

14 Uhr

Gehen Sie hinter dem Pavilhão Atlântico (➤ 158) und die Alameda dos Oceanos entlang zum ❷**Centro da Ciência Viva** (➤ 150f). Das spielerische, interaktive Erlebnismuseum macht Erwachsenen genauso viel Spaß wie Kindern (rechts: Sonnenmann-Skulptur von Jorge Viera).

An einem Tag

15.30 Uhr
Zeit für etwas Shopping im ⑤ **Vasco da Gama-Einkaufszentrum** (➤ 154f), dem zweitgrößten Einkaufszentrum Lissabons. Sie können sich auch einen Film in Originalsprache in einem der zehn Säle des Kinos ansehen. Kinder können sich im Parque Infantil do Parque do Tejo austoben. Wenn Sie Fahrräder gemietet haben, können Sie dem Passeio do Tejo entlang des Flussufers folgen, um den Ponte Vasco da Gama (➤ 153) aus der Nähe zu betrachten.

18 Uhr
Entspannen Sie mit einem Getränk in einem Café, um den Abend zu planen.

20 Uhr
Sie können entweder in die Stadt zurück gehen oder sich ins Nachtleben im Parque stürzen, wo es sowohl Essensmöglichkeiten als auch Unterhaltung gibt. Möglicherweise findet im Pavilhão Atlântico ein großes Konzert statt oder eine Aufführung am Teatro Luís de Camões. Sie können auch in das Casino Lisboa (alle ➤ 158) gehen, wo Ihnen Liveunterhaltung, Bars und Restaurants zur Auswahl stehen, bevor Sie die Spielbereiche mit 600 Spielautomaten erreichen.

O Oceanário

Was das Präsentieren und Erklären des maritimen Lebens und der Ozeane, die es ermöglichen, angeht, steht das Oceanário de Lisboa (Ozeanarium von Lissabon) an erster Stelle. Als eines der größten Aquarien der Welt hat es Tanks in einem Ausmaß, das einen realistischen Blick in die Unterwasserwelt ermöglicht, klimatisierte Bereiche, die Ökosysteme der Erde imitieren, und unzählige Displays, kleinere Tanks und interaktive Ausstellungsgegenstände. Es ist wunderschön, faszinierend und lehrreich, außerdem bietet es mit seinem Schwerpunkt auf der menschlichen Wahrnehmung der Ozeane und ihrer zukünftigen Rolle ein paar ernsthafte Denkanstöße in dieser Zeit der Neueinschätzung des menschlichen Einflusses auf die Natur.

Das Oceanário war eines der Hauptelemente der **Expo '98**, der internationalen Weltausstellung, die den 500. Geburtstag der Entdeckung des Seeweges nach Indien feierte. Thema der Ausstellung waren die Ozeane und die Rolle des Aquariums lag darin, Lissabon eine ständige Erinnerung an die Expo zu verschaffen, indem es geschickt die Seefahrervergangenheit des Landes mit der zukünftigen Rolle der Ozeane und ihrer öffentlichen Wahrnehmung verknüpft. Das vom amerikanischen Architekten Peter Chermayeff entworfene Gebäude ist überwältigend, aber es ist sein Inneres, das die Massen anzieht. Gehen Sie über die Zufahrtsbrücke zum Hauptgebäude, das inmitten von Wasser liegt. Wenn Sie in das **Aquarium** eintreten, sehen Sie zunächst **vier verschiedene ozeanische Lebensräume** oberhalb der Was-

Ein Fischschwarm im Haupttank des Aquariums

Oceanário

seroberfläche. Die Luft ist voller Meeresgeräusche – Wellenrauschen, Schreie von Seevögeln, Wal- und Delphingesänge. Hier können Sie im **riesigen Zentraltank** Haie, Rochen, gewellte Plattfische und große Schwärme kleinerer Fische, die in verschiedenen Tiefen leben, sehen, wie sie sich durch das Seegras und die Felswände schlängeln und in dicht gedrängten Formationen herumschwimmen. Dieser zentrale Tank liegt inmitten von vier Bereichen, die verschiedene **Ökosysteme der Ozeane** darstellen. Diese spiegeln den Atlantik, die Antarktis, den Pazifik und den Indischen Ozean wider. Die Anlagen haben **Lebensräume sowohl über als auch unterhalb der Wasseroberfläche**, die es den Besuchern erlauben, nicht nur für diese Klimazonen typische Vögel, Tiere und Vegetation zu sehen, sondern auch das Meeresleben selbst. Um die äußeren Wände herum sind **interaktive Ausstellungsstücke**, ausgezeichnete **Displays** und **multimediale Galerien** angeordnet. Zahlreiche **kleinere Fischtanks** konzentrieren sich auf jeweils eine andere Art und zeigen den erstaunlichen Artenreichtum auf, der in jedem ozeanischen Lebensraum zu finden ist. Alles ist verständlich auf Portugiesisch und auf Englisch beschildert.

Das Gebäude wurde von Peter Chermayeff entworfen

Beginnen Sie Ihre Besichtigung in der oberen Etage und spazieren Sie zwischen den verschiedenen Klimazonen hindurch. Das Beste auf dieser Etage sind für die meisten Besucher die

Parque das Nações

Der weltweite Ozean

Die großen Zentraltanks beinhalten zwar vier ozeanische Zonen, doch die Aussage ist deutlich: Es gibt tatsächlich nur einen einzigen weltweiten Ozean und nur die physiologischen Einschränkungen hindern die maritimen Lebensformen daran, alle Ecken der Meere der Welt zu erreichen. Der riesige zentrale Tank scheint genau das zu sein, wonach er aussieht. Er wird aber von fast unsichtbaren Wänden unterteilt, und so entsteht der Anschein, als würden die Fische und Meereslebewesen im Tank gemeinsam in einem Gewässer leben. Über 100 Arten aus der ganzen Welt scheinen sich den Tank zu teilen, viele von ihnen wird man in der freien Natur niemals zusammen antreffen. Es mag verwirrend sein, so verschiedene Arten zusammen zu sehen, doch es ist unvergesslich.

Links: Seeanemonen sorgen für Farbkleckse

Rechts: Ein Rochen, einer der Bewohner des Ozeanariums

Papageientaucher und Lummen in der atlantischen Zone, die **Magellan-Pinguine**, die im Schnee der antarktischen Zone herumhüpfen, und die geschmeidigen **Seeottern** in der pazifischen Zone. Lassen Sie die Galerien an den äußeren Wänden nicht aus, da sie über faszinierende Aspekte der Beziehung des Menschen zum Meer informieren und Ausstellungsobjekte über Fischerei, ozeanische Produkte, Strömungen, Winde und Gezeiten sowie Umweltschutz jeglicher Art beinhalten. Wiederholen Sie in der unteren Etage Ihren Rundgang und betrachten Sie diesmal die verschiedenen Zonen **unterhalb der Oberfläche**. Auf dieser Etage fällt Sonnenlicht durch das Wasser auf die Seegräser und Korallen, Fischschwärme gleiten ruhig vorbei.

Zusätzliche kleinere Tanks decken ozeanische Lebensräume wie lebende **Korallenriffe** und Mangrovenwälder ab. Eines der Highlights sind hier die **australischen Drachenfische**, deren Tarnung so perfekt ist, dass es fast unmöglich ist, sie inmitten des Seegrases aufzuspüren, in dem sie leben. Weitere Highlights sind die leuchtenden tropischen **Quallen**, farbenfrohe **Anemonen** und eine unglaubliche Vielfalt an **Krebsen**. Es gibt harte und weiche **Korallen**, die beleuchtet sind, damit ihre lebhaften rosa, orange und lila Farbtöne zur Geltung kommen, **Zitteraale** und düstere Kreaturen aus den tiefsten Tiefen. Insgesamt gibt es über 15 000 Tiere und Pflanzen aus 450 verschiedenen Arten.

KLEINE PAUSE

Das Ozeanarium hat ein großartiges Café, in dem es Eiscreme gibt. Sie können sich auch in eines der Cafés im Parque setzen.

---

200 B3 Esplanada Dom Carlos, Parque das Nações 218 917 002/006; www.oceanario.pt April–Okt. tägl. 10–19 Uhr; Nov.–März tägl. 10–18 Uhr teuer Café im Erdgeschoss Oriente

Oceanário

OCEANÁRIO: INSIDER-INFO

Top-Tipp: Wenn Sie alles sehen möchten, sollten Sie erwägen, im Aquarium die **Cartaõ do Parque** (€€€) zu erwerben. Damit haben Sie Zutritt zum Ozeanarium, zu anderen Sehenswürdigkeiten und erhalten Ermäßigungen.

• Wenn Ihnen der Sinn nicht nach einem Fußweg zum Oceanário steht: ein **Touristenzug** (€) macht zwischen 10–17 Uhr (Juli–Sept. 10–19 Uhr) seine Rundfahrt durch den Parque. Er startet immer zur vollen Stunde am Atlantischen Pavillon.

• Die Wartezeit für das Oceanário kann über eine Stunde betragen, deshalb sollten Sie am Parque **früh ankommen** und dort zuerst hingehen.

• Das Oceanário hat einen **großen Geschenkeshop**, der besonders gut mit Geschenkartikeln, Souvenirs, Plüschtieren und Kinderbüchern ausgerüstet ist.

Nicht verpassen! Rochen und Hammerhaie im **Haupttank**.

• Seeotter in der **gemäßigten pazifischen Zone.**
• Inkaseeschwalben, Magellan-, Goldschopf- und Felsenpinguine in der **antarktischen Zone.**
• Seeigel und Seesterne in den **kleineren Tanks**.
• Tropische Fische in der **tropischen indischen Zone** und in den **kleineren Tanks**.
• Wald aus Seetang im **Haupttank**.
• **Mangrovenwald** mit Schlammspringern.

Außerdem Der **Zentraltank** misst 1000 m² und wird von vier Acrylscheiben von jeweils 49 m² in vier verschiedene Bereiche unterteilt. Er ist gefüllt mit mehr als 7 000 000 l Wasser und über 7m tief. Um die Reinheit des Wassers zu gewährleisten, wird es im Aquarium gefiltert und fortlaufend durch die Tanks gepumpt. Der Salzgehalt und die Temperatur sind den verschiedenen Bereichen angepasst, abhängig von den Bedürfnissen der Tiere in den einzelnen Zonen, und die Wasserqualität wird täglich analysiert. Taucher säubern die Tanks täglich. Jede Art wird ihren Bedürfnissen entsprechend gefüttert: tropische Fische zweimal täglich, Seeotter fünfmal täglich und Haie zweimal in der Woche. Schalentiere, Korallen, Wirbellose, Quallen und Anemonen erhalten ihre Nahrung aus mikroskopischen Organismen und winzigen Partikeln, die dem Wasser in den Tanks zugefügt werden.

Centro de Ciência Viva

Als leuchtendes Beispiel dafür, wie ein modernes Wissenschaftsmuseum sein sollte, gelingt es dem Centro de Ciência Viva (Zentrum der lebendigen Wissenschaft) hervorragend, Neugier zu stimulieren. Da es sich direkt an die Allgemeinheit richtet, machen seine interaktiven, hypermodernen Ausstellungen vor allem Spaß und bieten etwas für jedes Alter. Wenn Sie nach Tagen voller Kunst und Geschichte eine Überdosis Kultur erhalten haben, dann ist dies das perfekte Gegenmittel.

Die Hauptattraktionen des Zentrums für lebendige Wissenschaft sind themenzentriert. Es ist im **Pavilhão do Conhecimento** (Wissenspavillon) untergebracht. Im Zentrum sollten Sie in einen der Spezialräume gehen, in denen alles in Englisch und Portugiesisch ausgeschildert ist. Beginnen Sie im **Exploratorium**, das ursprünglich von Frank Oppenheimer in San Francisco entworfen wurde und in dem der Schwerpunkt auf der Natur und der menschlichen Wahrnehmung von Naturphänomenen liegt. Hier können Sie mit Licht und Farben herumexperimentieren und Dinge verschwinden lassen oder Sie können etwas über Wind, Wirbel und Vakuum erfahren. Die komplexen Themen sind so zugänglich dargestellt, dass Sie am Ende tatsächlich etwas von Quantenphysik

Centro de Ciência Viva 151

Oben und links: Familienspaß beim Entdecken der interaktiven Bildschirme im Zentrum der lebendigen Wissenschaft.

begriffen haben. Gehen Sie dann weiter zur Abteilung **Sehen, Tun, Lernen**. Betrachten Sie, experimentieren Sie mit und berühren Sie die 66 interaktiven Ausstellungsobjekte, die Ihnen wissenschaftliche Phänomene des Alltags näher bringen. Sie können sich auf ein Nagelbett legen und werden bemerken, dass dies nicht wehtut. Vor dieser Abteilung erstreckt sich ein Metallseil über einem Graben, den Sie auf dem **Fliegenden Fahrrad** sicher überqueren können. Auf der anderen Seite der Halle wirft ein anderer Raum mit Dutzenden von interaktiven Exponaten Licht auf die Mysterien des Sehvermögens, der Wahrnehmung und des Lichts.

Die Treppe hinab befindet sich der **Mathematik**-Raum, dem es gelingt, selbst diejenigen, die Probleme mit Zahlen haben, davon zu überzeugen, dass Mathe nicht nur wichtig ist, sondern sogar Spaß machen kann. Hier unten befindet sich auch das **Unfertige Haus**. Kinder werden dazu aufgefordert, Overalls anzuziehen, einen Schutzhelm aufzusetzen und an einem unfertigen Haus weiterzubauen – der Abriss ist allerdings genauso möglich. Das Haus, ein Baugerüst aus Kunststoff, benötigt Wände, Fußböden und Dachziegel; alles ist aus leichtem Schaumstoff und Kunststoff. Der Bauleiter gibt jedem Kind eine Aufgabe. Alles ist so entworfen, dass die Sicherheit für Kinder gewährleistet ist.

In der unteren Etage können Sie auch **Wanderausstellungen** sehen, die interaktive Bildschirme und Rätsel zu einem Thema enthalten. Wenn Sie diesen Bereich verlassen, können Sie sich im **Medienzentrum** niederlassen, dessen freundliches Personal selbst dem nervösesten Computernutzer gerne weiterhilft.

KLEINE PAUSE

Gehen Sie in eines der Cafés an den Hauptalleen des Parque.

200 B2 ✉ Alameda dos Oceanos, Parque das Nações ☎ 218 917 100; www.pavconhecimento.pt 🕐 Di–Fr 10–18, Sa–So 11–19 Uhr 💰 teuer
🍴 Cafés in der Nähe 🚇 Oriente

CENTRO DA CIÊNCIA VIVA: INSIDER-INFO

Top-Tipp: Obwohl das Zentrum sich **wunderbar für Kinder** eignet, werden Erwachsene genauso viel Spaß haben.
• Der Museumsshop verkauft ausgezeichnete **Produkte mit wissenschaftlichem Bezug**, während im Buchladen sowohl tolle Bücher als auch Videos und DVDs mit wissenschaftlichen Themen erhältlich sind.
• **Kommen sie am Wochenende frühzeitig**, um den Schülergruppen zu entgehen.

Nach Lust und Laune!

❸ Das Flussufer und die Parkanlagen

Für die Expo '98 erbaut, zieht der Parque das Nações Tausende von Wochenendbesuchern aus dem übrigen Lissabon an. Er hat viele Vorzüge – er ist leicht zu erreichen, die Anlage hat großartige Einkaufs-, Restaurant- und Freizeitmöglichkeiten, und es gibt für Kinder viel zu tun. Ein anderer Faktor, der die Massen anzieht, ist die Lage, denn dies ist einer der wenigen Orte, an dem Sie friedlich am Fluss Tejo entlang spazieren gehen können.

Bis in die frühen 1990er-Jahre kamen nur wenige *lisboetas* in die Nähe des Gebiets, in dem sich nun der Parque das Nações befindet. Es war eine Industriebrache, verunstaltet durch heruntergekommene Lagerhallen, eine Ölraffinerie und den städtischen Schlachthof. Dann wurde das Gebiet als das Zentrum für die Expo '98 ausgewählt. Lissabons internationale Weltausstellung gedachte der Entdeckung des Seeweges nach Indien, eine Veranstaltung, die sowohl das Profil der Stadt international aufwertete als auch die Aufmerksamkeit der Bürger auf die westlichen Bezirke lenkte. Ein Gebiet mit einer Länge von 2 km und einer Fläche von über 330 ha, wurde planiert und der Bau der benötigten Pavillons und Bühnen begann zusammen mit der Gestaltung der Umgebung und der Parkanlagen.

Die Expo dauerte von Mai bis September 1998, und nach ihrem Ende wurde das Gelände als Stadtviertel mit dem neuen Namen **Parque das Nações** (Park der Nationen) wiedereröffnet. Die Bauarbeiten sind noch immer im Gange und haben zum endgültigen Ziel, ein großflächiges und durchdachtes Wohn- und Geschäftsgebiet zwischen dem jetzigen Parque und seiner riesigen Parkanlage am Flussufer zu erschaffen. Auf dem Gelände befinden sich zwei der größten Konzertarenen Lissabons, schicke Hotels und eine Vielzahl an Geschäften, Cafés

Einer von vielen spektakulären Springbrunnen

Nach Lust und Laune!

und Restaurants. Es ist via Santiago Calatravas atemberaubenden Estação do Oriente mit dem öffentlichen Nahverkehr ausgezeichnet zu erreichen. Einer der angenehmsten Aspekte des Parque ist das viele Grün und das überall zu hörende ständige Plätschern von Wasser, während die Uferanlage sowie die Promenaden und Parks entlang des Flussufers zur Behaglichkeit beitragen.

Der Tejo ist hier bis zu 10 km breit und es bieten sich unglaubliche Ausblicke über das Wasser. Die großartigste Aussicht flussaufwärts haben Sie von der **Ponte Vasco da Gama**, einer riesigen Hängebrücke für den Autoverkehr, die 1998 eröffnet wurde. Sie ist 17,2 km lang, wovon 11 km das Wasser überspannen, und hatte kurzzeitig die Rolle als längste Brücke Europas inne. Ihre Konstruktion und Position wurden kontrovers diskutiert, aber heute ist sie als Teil der Flusslandschaft akzeptiert und sie hat dazu beigetragen, die horrenden Verkehrsstaus auf der **Ponte 25 de Abril** (▶ 180) weiter flussabwärts zu verringern. Ihre anmutigen Bögen überbrücken das Wasser über den Salzebenen, die zum Reserva Natural do Estuário do Tejo gehören. Das riesige Marschland-Naturreservat überblickt das Mar de Palha (Strohmeer), wie dieser Teil der Flussmündung genannt wird. Der Name rührt von dem Stroh her, das hier einst über den Fluss verschifft wurde, und hier sollen die Tágides, die Wassergeister des Tejo, leben. Greifbarer sind die riesigen Vogelkolonien des **Naturreservats**. Hier gibt es Hunderte von Arten, inklusive einer der größten Kolonien von rosa Flamingos in Europa. Sie nisten im Watt unterhalb der Brücke und sind im Sommer vom östlichen Rand des Parque aus zu sehen.

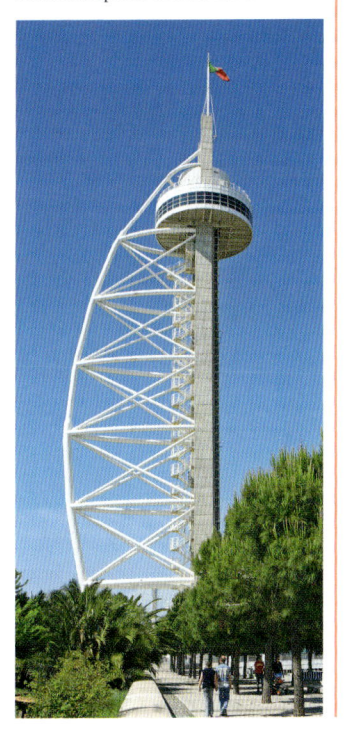

Folgen Sie einem der Spazierwege am Ufer nach Osten, um die Brücke betrachten zu können. Sie kommen zunächst durch die **Jardins Garcia de Orta** mit Wasseranlagen und ruhiger Bepflanzung, bevor Sie zum Gelände der Casa do Arboreto gelangen, wo die Bepflanzung exotische Sträucher und Bäume aus den früheren Kolonien Portugals beinhaltet. Keinesfalls verpassen sollten Sie die zentrale Allee des Parque, die Alameda dos Oceanos. Die kegelförmigen Brunnen mit ihren ständig wechselnden Wasserspielen bilden hier die Hauptattraktion. Nehmen Sie sich auch Zeit, den **Jardim da Água** zu besichtigen. Um einen Blick von oben zu haben, können Sie den **Teleférico** (Seilbahn) nehmen.

Der 145 m hohe Torre Vasco da Gama

Parque das Nações

Shopping im Vasco da Gama-Einkaufszentrum

🚇 200 C5 (Jardins Garcia de Orta); 200 C5 (Jardim da Àgua)

Parque das Nações
✉ Parque das Nações, Alameda dos Oceanos ☎ 218 919 333; www.parquedasnacoes.pt 🎫 frei 🚇 Oriente

Teleférico
🚇 200 C5 ✉ vom Torre Vasco da Gama und am westlichen Ende vom Yachthafen aus ☎ 218 956 143; www.parquedas nacoes.pt 🕐 Juni–Sept. Mo–Fr 11–20, Sa–So 10–21 Uhr; Okt.–Mai Mo–Fr 11–19, Sa–So 10–20 Uhr 🎫 mittel 🍴 Cafés und Bars in der Nähe 🚇 Oriente

4 Torre Vasco da Gama

Als fesselndes Wahrzeichen der portugiesischen Entdeckungsfahrten ist der Torre Vasco da Gama das östliche Gegenstück zum Torre de Belém (▶ 120f). Er wurde für die Expo '98 als Symbol für die großen Seereisen des 15. Jahrhunderts erbaut. Seine Form repräsentiert das Segel einer Karavelle, dem Schiff, das den Vorstoß durch die Ozeane ermöglichte. Er wurde vom portugiesischen Architekten Leonor Janeiro und vom Briten Nick Jacobs entworfen, und das steile Stahlgerüst ist das höchste Bauwerk Lissabons. Der Gitterturm erhebt sich auf einem dreistöckigen Gebäude an seiner Basis, das während der Expo '98 als Pavillon der Europäischen Union diente, 145 m in die Höhe. Die Aussichtsplattform und das Panoramarestaurant sind geschlossen und das Schicksal des Turmes ist ungewiss. Es gibt Pläne, ihn zu erweitern und in ein Luxushotel am Ufer umzubauen.

🚇 200 C5 ✉ Cais das Naus
☎ www.parquedasnacoes.pt
🚇 Oriente

5 Centro Comercial Vasco da Gama

Wenn Sie für Shopping Ihr Leben geben würden und Einkaufszentren lieben, dann ist das Centro Comercial Vasco da Gama wie für Sie gemacht. Dieses Einkaufszentrum ist ein Teil des Parque das Nações-Komplexes. Die einzige Möglichkeit, vom Bahnhof zu den anderen Attraktionen zu gelan-

Nach Lust und Laune!

Der größte Einkaufs- und Freizeitkomplex Lissabons hat vier Etagen

gen, besteht darin, durch das Gebäude zu gehen. Vom selben Unternehmen entworfen wie das Colombo-Zentrum (➤ 130), das größte Einkaufszentrum Lissabons, ist das Lockmittel des Vasco da Gama seine Lage und Erreichbarkeit, die es ermöglichen, ein paar Stunden Shopping mit einem Tag draußen im Parque zu kombinieren. Es gibt Geschäfte auf vier Etagen, einen geschäftigen Gastronomiebereich, ein Kino mit zehn Sälen und außerdem eine Dachterrasse, auf der Sie sich bei einem Bier erholen können, während Sie Ihren Blick über den Tejo schweifen lassen.

🗺 200 B4 ✉ Avenida Dom João II/ Alameda dos Oceanos ☎ 218 930 600; www.centrovascodagama.pt
🕐 tägl. 10–24 Uhr 🍴 Gastronomie im 3. Obergeschoss Ⓜ Oriente

Für Kinder

Der Parque das Nações ist einer der besten **Ausflugsziele für Kinder** in Lissabon und er bildet das ideale Gegengewicht zu Sightseeing und Museumsbesuchen. Nicht nur das **Oceanário** (➤ 146ff) und das **Centro da Ciência Viva** (➤ 150f) üben Anziehungskraft aus, sondern es gibt auch **drei Spielplätze** (➤ 158), einen **Fahrradverleih**, die **Seilbahn** und massenweise Platz zum Herumrennen.
Größere Kinder haben möglicherweise Spaß am Besuch eines der **Kinos** im Vasco-da-Gama-Einkaufszentrum, und an den **Lokalen** hier finden vermutlich Kinder jeden Alters mehr Gefallen als an der im Stadtzentrum angebotenen raffinierteren Küche.

Mit der Seilbahn Teleférico können Sie den Parque aus der Luft erleben.

Parque das Nações

Wohin zum ...
Essen und Trinken?

Preise
Die Preise gelten pro Person für ein Drei-Gänge-Menü ohne Getränke:
€ unter 20 Euro €€ 20-40 Euro €€€ über 40 Euro

Die unten aufgelisteten Restaurants gehören zu den besten unter den Dutzenden von Lokalen und Cafés im Parque das Nações. Zusätzlich hat das Vasco-da-Gama-Einkaufszentrum eine ganze Etage mit Lebensmittelgeschäften und Restaurants, und es gibt noch mehr innerhalb des Bahnhofsgebäudes.

Agua e Sal €€

Dieses elegante Restaurant bietet die Auswahl zwischen zwei erholsamen Terrassen oder einem nüchternen Interieur. Es ist den ganzen Tag hindurch geöffnet und bietet eine große Auswahl an Grillgerichten, die auf der traditionellen *parrilha* zubereitet werden. Daneben gibt es ein einfallsreiches Tagesgericht und vieles mehr. Der Schwerpunkt liegt auf Frische und Qualität, mit einigen phantasievollen Überraschungen. Die Desserts sind besonders lecker; probieren Sie den Schokoladenvulkan oder die Pfannkuchen mit der supersüßen *doce de leite*, einer gesüßten Kondensmilch. Die ausgezeichneten Cocktails machen dieses Restaurant beliebt für einen Drink am Abend.
🏠 200 B3 ⌂ Esplanada Dom Carlos I, Oceanário de Lisboa ☎ 218 936 189
🕘 Mo-Sa 9.30-24, So 10-24 Uhr
Ⓜ Oriente

Atanvá €€

Der Schwerpunkt dieses Lokals liegt auf dem Besten, was es an portugiesischen Fleischgerichten gibt. Genießen Sie gut abgehangene Steaks und gegrilltes Schweinefleisch oder portugiesische Spezialitäten wie *bacalhau* (getrockneter Dorsch) oder duftenden *arroz de peixe* (Reis und Fisch). Als Beilagen gibt es eine gute Auswahl an *açordas*, die auf Brot basieren. Lassen Sie Platz für einen Nachtisch: leichte Mangomousse und reichhaltige Schokoladenbaiser.
🏠 200 C4 ⌂ Rua Dua da Pimenta 43-45, Frente Ribeirinha Nord
☎ 218 950 480
🕘 tägl. 12.30-15.30, 19.30-22 Uhr
Ⓜ Oriente

Brisa do Rio €

Dieses gut geführte Restaurant im Osten ist den Fußweg wert. Die Speisekarte kombiniert portugiesische und internationale Gerichte und richtet sich an die Einheimischen aus der umgebenden Wohngegend. Die Gerichte beinhalten gutgebratene Steaks, frischen Fisch, *bacalhau* und Meeresfrüchte, alles mit leichter Hand zubereitet. Die Nachspeisen sind modern – die Mangomousse zerschmilzt im Mund.
🏠 200 C4 ⌂ Rua Ilha dos Amores L4
☎ 218 936 035
🕘 tägl. 11-24 Uhr Ⓜ Oriente

Casino Lisboa €€-€€€

In Lissabons Casino finden Sie angrenzend zum Spielbereich Bars und haben die Auswahl zwischen drei Restaurants. Das Pragma wird als Gourmetrestaurant angepriesen und bietet schmackhafte Menüs nach Jahreszeit und eine Weinkarte mit über 250 verschiedenen Weinen; das Spot serviert leichtere Kost, Salate, Nudeln und eine mittlere Auswahl an Sushi; das Atrio ist auf Steaks und einfache Grillgerichte spezialisiert. Alle sind gelungen gestaltet und der Service hat einen hohen Standard.
🏠 200 B3 ⌂ Alameda dos Oceanos
☎ 218 929 000 🕘 Mo-Do 15-3, Fr-Sa 16-4 Uhr Ⓜ Oriente

Wohin zum… Einkaufen?

Das **Centro Comercial Vasco da Gama** ist für viele der Einkaufshimmel. Die Preise sind in Portugal niedriger als in einigen anderen europäischen Ländern, sodass Sie hier Produkte zu einem günstigeren Preis als in anderen Ländern finden können. Erwarten Sie keine Designernamen – diese finden Sie auf der Avenida da Liberdade und in den Einkaufszentren Chiado und El Corte Inglés –, aber für Shopping zum mittleren Preis in angenehmer Umgebung ist dies ein großartiges Einkaufszentrum. Die größten Geschäfte sind **C&A** mit Männer- und Damenbekleidung und **Continente**, ein riesiges Warenhaus, in dem es Lebensmittel und Getränke, Elektronikwaren, Bekleidung, Spielzeug und vieles mehr zu

El Tapas €–€€

Obwohl dieses Lokal Teil einer populären Kette ist, ist das El Tapas nicht das Schlechteste, da es sowohl eine große Auswahl an spanischen Häppchen als auch einige Hauptgerichte bietet. Die Speisekarte beinhaltet beliebte Gerichte, wie *patatas bravas* (scharfe Kartoffeln), *pimentos padrón* (grüne Chilis mit Knoblauch), *gambas* (Garnelen) und *calamares* (Tintenfisch), sowie eine Menge kalter Gerichte wie *chorizo* (scharfe Würstchen) und *jamón* (geräucherter Schinken).

✚ 200 C4 ✉ Rua da Pimenta 99–101
☎ 218 966 900 🕐 tägl. 12–2 Uhr
🚇 Oriente

Espaço Origens Bio €

Vegetarier und Anhänger von Biokost werden in diesem beliebten Lokal genießen, dessen Schwerpunkt auf der richtigen Herkunft der biologisch angebauten Zutaten liegt. Die Speisekarte variiert je nach Jahreszeit, aber Sie können immer frische Zutaten aus ausgezeichneten Naturerzeugnissen mit einwandfreiem Geschmack erwarten. Die kalten Frucht- und Gemüsesäfte sind besonders lecker, und es gibt eine große Auswahl an besten portugiesischen Käsesorten.

✚ 200 B3 ✉ Alameda dos Oceanos 1.02.1 2A Loja 1 ☎ 218 946 166
🕐 Mo–Sa 12.30–15, 20–23 Uhr
🚇 Oriente

Olá Ice Cream Parlour €

Wenn Sie von Ihrem Besuch mit den Kindern im Oceanário wieder auftauchen, sollten Sie in dieser Eisdiele im Gebäude des Aquariums gehen. Die Eiscreme mag zwar handelsüblich sein, aber sie ist nicht so schlecht, und das Personal bereitet auf Anfrage Eisbecher und -getränke zu. Die aus frischen Früchten und Eiscreme zubereiteten Shakes sind besonders lecker. Oder probieren Sie eine Kombination aus Eiscreme und Kaffee.

✚ 200 B3 ✉ Esplanada Dom Carlos
☎ 218 917 002/006 🕐 Mai–Sept. tägl. 10–20 Uhr; Okt.–April tägl 10 bis 19 Uhr 🚇 Oriente

Sabor a Brasil €–€€

Bunte Mauern geben in diesem opulenten brasilianischen Restaurant den Ton an. Einheimische beginnen hier den Abend mit einem *caipirinha* oder *mojito*, auf Rum basierenden starken brasilianischen Spezialitäten. Das Essen ist südamerikanisch, mit saftigen Steaks, Fisch- und den herzhaften Bohneneintöpfen, die in Südamerika so beliebt sind. An den Wochenenden ist es laut und voll, aber dies macht den Spaß nur noch größer.

✚ 200 B4 ✉ Alameda dos Oceanos Fracção B ☎ 218 955 143
🕐 11–24 Uhr 🚇 Oriente

Status €€

Diese Kombination aus Restaurant, Bar und Club zieht Leute an, die für die italienische Küche kommen. Alle Basics sind vorhanden – Nudeln, Risotto, Gegrilltes und Fisch; die Lasagne ist sehr beliebt. Essen Sie zuerst und gehen Sie dann in die Bar.

✚ 200 C4 ✉ Rua da Pimenta 71–73
☎ 218 951 966 🕐 12.30–15.30, 19.30–2 Uhr 🚇 Oriente

Wohin zum ... Ausgehen?

kaufen gibt. Frauen werden **Zara** (Ebene 0, Nr. 202; Tel. 218 923 073) wegen der erschwinglichen Auswahl besuchen wollen. Mehr davon gibt es bei **Mango** (Ebene 1, Nr. 150; Tel. 218 951 176). Unbekannt könnte Ihnen **Massimo Dutti** (Ebene 1, Nr. 158; Tel. 218 955 694) sein, eine Kette, die mit klassischer und unkonventioneller Freizeitbekleidung für Männer und Frauen überzeugt. Eine andere gesamteuropäische Kette ist **Cortefiel** (Ebene 1, Nr. 26; Tel. 218 930 852), die auch klassische Damenkleidung verkauft.

Portugiesische Schuhe sind preiswert – besuchen Sie **Agostini** (Ebene 0, Nr. 152; Tel. 218 955 697). Mit Schmink- und Schönheitsprodukten können Sie sich bei **Sephora** (Ebene 2, 67–71; Tel. 218 935 040) eindecken. Diese französische Kette hat Hauptpflege- und Kosmetikprodukte aller großen Hersteller im Angebot, außerdem Designerdüfte zu guten Preisen. Schauen Sie auch bei **Perfumes e Companhia** (Ebene 1, 118; Tel. 218 951 193) hinein.

Anders als die anderen Stadtteile bietet der Parque das Nações ganztägige Unterhaltung für die ganze Familie. Es gibt **drei Kinderspielplätze** mit Rutschen, Schaukeln und dem üblichen Zubehör, einen Musikspielplatz, auf dem die Kinder riesige Musikinstrumente und eine Kletterpyramide aktivieren können – die Wege zwischen ihnen können Sie leicht zurücklegen, wenn Sie **ein Fahrrad mieten** oder den **Touristenzug** nehmen (▶ 149).

Hier liegt auch **BIL**, eine große Bowlingbahn mit 30 hypermodernen Bahnen und anderen Einrichtungen (Mo–Do 12–2, Fr 12–4, Sa 11–4, So 11–2 Uhr; Tel. 218 922 521/2), und ein **Kino mit zehn Sälen** mit allen neusten Filmen in der Originalsprache im Vasco-da-Gama-Zentrum (Tel. 218 922 280; www.lusomundo.pt, Mo–Fr 12–24, Sa–So 19.30–24 Uhr).

Für Abendunterhaltung der großen Art bietet der **Pavilhão Atlântico** (Tel. 218 918 409; www.pavilaoatlantico.pt), Portugals größte überdachte Arena, Sportveranstaltungen und Rockkonzerte – Eric Clapton, Joe Cocker, REM und die Red Hot Chili Peppers sind hier aufgetreten.

Nächtliche Unterhaltung gibt es im **Casino Lisboa** (Tel. 218 929 000; www.casinolisboa.pt, Mo–Do 15–3, Fr–Sa 16–4 Uhr), das mehr als 1000 Spielautomaten und 22 Spieltische mit Poker, Roulette, Baccara, Black Jack und Siebzehn-und-vier anbietet. In seinem Auditorium gibt es öffentliche Musik- und Tanzshows, und in der Chillout Arena Lounge werden Livevorführungen gezeigt. Sie können hier den Abend beginnen, indem Sie in einem der drei Restaurants, **Pragma**, **Spot** oder **Atrio** (▶ 156), essen oder in einer der vier Bars einen Drink zu sich nehmen.

Informieren Sie sich im Sommer, was auf dem **Praça Sony** (Avenida Dom João; Tel. 218 919 098) läuft, einer Freiluftarena an der Nordseite des Parque. Umgeben von Bars werden hier große Veranstaltungen in bemerkenswert behaglicher Atmosphäre abgehalten. Wenn Sie brasilianische und lateinamerikanische Musik mögen, sind die gepfefferten Preise im **Bugix** (Rua Pedro e Inês; Tel. 218 951 181) den Besuch wert, wo freitags und samstags ab Mitternacht bis 2.30 Uhr Liverhythmen geboten werden. Anschließend gibt es DJ-Sounds bis in die frühen Morgenstunden.

Wenn Sie etwas Traditionelleres sehen möchten, bietet das **Teatro Luís de Camões** (Passeio de Neptuno; Tel. 218 923 470) gute Unterhaltung, inklusive Aufführungen des Nationalballetts.

Ausflüge

Die Westküste	161
Sintra & Queluz	164
Mafra	170

Ausflüge

Lissabon ist mit einer großen Anzahl von Ausflugsmöglichkeiten verwöhnt, die von prächtigen Monumentalpalästen und glanzvollen Seebädern bis hin zu großartigen Wanderwegen und wilden Küstenstrichen alles beinhalten und alle innerhalb etwa einer Stunde vom Stadtzentrum aus zu erreichen sind.

Der eine, unentbehrliche Ausflug, den jeder Tourist unternimmt, führt nach Sintra, etwa eine Stunde nordwestlich von Lissabon. Diese magische Stadt auf einer Bergkuppe inmitten von dichtem Wald sieht aus, als stamme sie aus einem Disney-Film. Sie können einen Ausflug hierher mit der Besichtigung des Königspalastes in Queluz, umgeben von einigen der schönsten Gärten Portugals, kombinieren. Mehr königliche Verbindungen gibt es nach Mafra, einem mithilfe brasilianischen Goldes erbauten Palast.

Steigen Sie Hochsommer in einen Zug und fahren Sie zu den Küstenstädten Estoril und Cascais, wo noch immer Fischerboote am Strand liegen. Dahinter biegt die Küstenlinie nordwärts zum Atlantik, dessen eindrucksvolle Wellen Surfer an die Strände locken. Von hier aus ist es nicht mehr weit nach Cabo da Roca, den westlichsten Punkt des europäischen Festlandes.

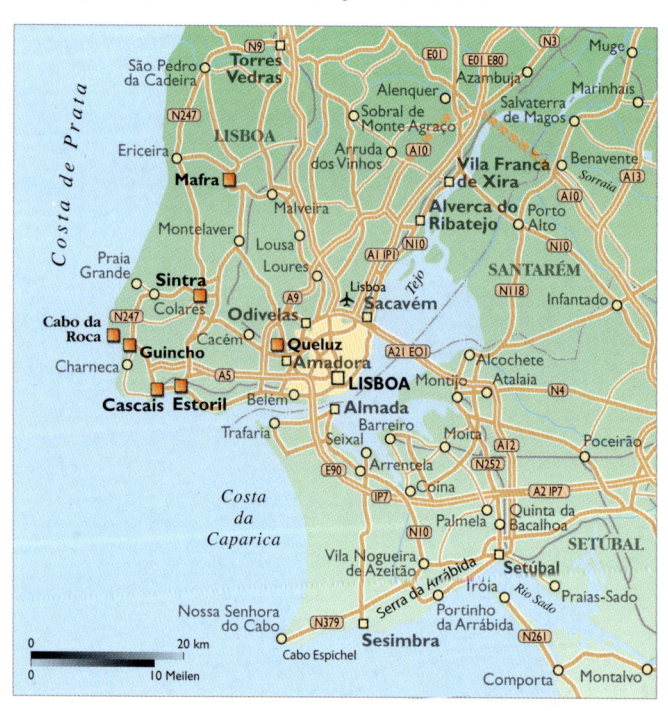

Die Westküste
Estoril, Cascais, Guincho und Cabo da Roca

Die Sonne scheint, das Wasser funkelt, der Himmel ist blau, steigen Sie also in einen Zug und fahren Sie los, um Lissabons Küste zu entdecken – eine Mischung aus hübschen Seebädern, verlassenen Stränden und dramatischen Küstenlandschaften.

Oben: Ausblick über den Strand von Cascais

Seite 159: Die *Esplanada* **in Estoril**

Der erste Halt von Lissabon aus in Richtung Westen ist **Estoril**, in der Mitte des 20. Jahrhunderts gleichbedeutend mit großem Geld, verbannten Adeligen und Agenten. Im Zweiten Weltkrieg kamen Beobachter und Zuhörer beider Seiten in das neutrale Portugal, genauso wie der abgesetzte Monarch König Juan Carlos von Spanien und der italienische König Umberto. Unter den Spionen befand sich auch Ian Fleming. Seine Beobachtungen im **Casino**, nutzte er später als Inspiration für *Casino Royale*. Das Casino steht noch immer hier und die Würfel rollen auch noch, doch heute werden die Kunden von Spielautomaten und nächtlichen Shows angezogen. Unterhalb des **Casinoparks** verläuft eine palmengesäumte Promenade am Meer und dem **Tamariz-Strand** entlang, einem geräumigen Streifen von sauberem Sand, der bei Einheimischen und Touristen beliebt ist.

Von hier aus können Sie leicht die Küste entlang nach **Cascais** wandern, einem **betriebsamen Fischereihafen** und geschäftigen **Badeort** mit florierendem Yachthafen. Die Promenade verbindet drei schöne **Strände** miteinander, die an den Wochenenden bei den jungen *lisboetas* beliebt sind, die hierher kommen, bevor sie sich in das lebhafte Nachtleben von Cascais stürzen. Dies konzentriert sich um die Rua Frederico Arounca, die Fußgängerzone, auf der es auch gute Einkaufsmöglichkeiten gibt. Besucher können das **Museu Conde de Castro Guimarães** besichtigen, das frühere Haus des Grafen von Guimarães, das er bei seinem Tod 1892 mitsamt einer umfassenden Sammlung von so ziemlich allem dem Staat vermachte. Vom Zentrum aus fährt der Bus 427 nach **Boca do Inferno** (Höllenschlund), einem schönen Ort, der bei stürmischem Wetter und hohem Seegang am besten zur Geltung kommt.

Westlich von Cascais führt die Straße durch eine wilde und unberührte Landschaft, mit der man so nahe bei der Hauptstadt kaum rechnet. Felsige Buchten, Klippen, makellose Streifen funkelnden Sandes und sich wellende Dünen geben den Ton an. Wenn Sie mit den Auto unterwegs sind, ist jede Sandbucht ein verlockender Fleck für ein wenig **Strandleben**.

Surfer und Wellenreiter bevorzugen **Guincho**, 6 km von Cascais, wo der Strand sich bis zu den Dünen im Hinterland erstreckt. Dieser großartige **Strand** hat einige der besten Windsurfmöglichkeiten Europas und eine Reihe von Freiluftrestaurants entlang der Zufahrtsstraße, in denen Sie Sardinen essen und der Brandung lauschen können.

Im Norden wiederum liegt die Landzunge von **Cabo da Roca** am Ende der Serra de Sintra. Wild und rau, mit spektakulärem Blick die Küste hinauf und hinab, ist dies der **westlichste Punkt des europäischen Festlandes**. Abgesehen vom Leuchtturm und einem Denkmal mit einer Inschrift von Worten des portugiesischen Nationaldichters Luís de Camões gibt es wenig zu sehen. Der Ausflug ist es dennoch wert, und das Touristenbüro verkauft Ihnen sogar ein Zertifikat, mit dem Sie belegen können, so weit im Westen gewesen zu sein.

Das Casino in Estoril war einst beliebt bei Agenten und verbannten Adeligen

EINE PAUSE

Pereira (Rua Bela Vista 92; Tel. 214 831 215, Fr–Mi 12–15 und 19–22.30 Uhr, €) ist ein einfaches Restaurant in Cascais, das preiswerte traditionelle Küche mit wenig Schnickschnack anbietet. Die Speisekarte beinhaltet Ziegenbraten oder Ente mit Reis und andere Fleischgerichte. Alle Gerichte werden, wie in

Die Westküste

solchen portugiesischen Lokalen üblich, in riesigen Portionen zusammen mit Pommes Frites und Reis serviert. Ebenfalls in Cascais finden Sie eine Ansammlung von Restaurants (Estrada do Guincho, geöffnet tägl. 10–22 Uhr). Sie eignen sich großartig für ein Mittagessen oder für einen Snack. Unter den Auswahlmöglichkeiten befindet sich die **Confeitaria do Monte** und das **Chá da Guia**, beide haben für Quiches, Kuchen und Gebäck, sowie **Dom Grelhas** oder **Prazeres da Carne**, wo Sie zwischen gegrilltem Fisch und Fleischgerichten wählen können.

Die felsige Landzunge bei Guincho

Touristeninformation Estoril
✉ Arcados do Parque ☎ 214 663 813; www.estorilcoast.com 🕐 Mai bis Sept. Mo–Sa 9–20, So 10–18; Okt. bis April Mo–Sa 9–19, So 10–18 Uhr

Touristeninformation Cascais
✉ Avenida Combatentes da Grande Guerra 25 ☎ 214 868 204; www.estorilcoast.com 🕐 Mai–Sept. Mo–Sa 9–20, So 10–18 Uhr; Okt.–April Mo–Sa 9–19, So 10–18 Uhr

Museu Conde de Castro Guimarães
✉ Avenida Rei Humberto de Itália, Cascais ☎ 214 825 401 🕐 Di–So 10–17 Uhr 💰 preiswert

DIE WESTKÜSTE: INSIDER-INFO

Top-Tipp: Es gibt ausgezeichnete **Möglichkeiten zum Einkaufen und Essen** sowohl in Estoril als auch in Cascais, sodass Sie sich überlegen sollten, zum Abendessen zu bleiben und mit einem späten Zug zurück nach Lissabon zu fahren.
• Sie können diesen Ausflug **aus beiden Richtungen** beginnen – entweder starten Sie in Estoril und beenden den Tag an der Westküste, oder Sie fahren direkt nach Cabo da Roca und beschließen den Tag in Estoril oder Cascais.
• Wenn Sie **schwimmen**, sollten Sie daran denken, dass an der Westküste **das Wasser sehr kalt** ist und **die Strömungen sehr stark** sind – jedes Jahr gibt es Tote an dieser Küste. Am **sichersten** ist es, in Estoril und Cascais zu schwimmen.

Anreise: Vier Züge fahren stündlich von **Cais do Sodré nach Estoril und Cascais**.
• Die Fahrt nach Estoril dauert 35 Minuten.
• Bis Cascais sind es weitere 5 Minuten oder 20 Minuten, wenn Sie **die Strecke dazwischen zu Fuß gehen**.
• Um **nach Guincho zu gelangen,** nehmen Sie den Scotturb-Bus Nr. 403 vor dem Bahnhof von Cascais für die halbstündige Fahrt zum Leuchtturm.
• Es lohnt sich darüber nachzudenken, für diesen Ausflug **ein Auto zu mieten**. Die **Küstenstraße** hinter Guincho nach Cabo da Roca ist **wunderschön**, und ein Auto erlaubt Ihnen mehr Beweglichkeit.
• Wenn Sie das Auto für einen Tag mieten, sollten Sie **den Wagen in Cascais abholen**, um sich den Ärger mit dem Lissabonner Verkehr zu ersparen.

Reisezeit: Wählen Sie einen **sonnigen Tag**; Badeorte und Strände machen im Regen keinen Spaß.

Sintra & Queluz

Ein Tag in Sintra, einst Sommerresidenz der portugiesischen Königsfamilie, ist von Lissabon aus der beliebteste Ausflug. Dieses Weltkulturerbe mit seinen Palästen, Parks und Museen befindet sich inmitten von üppig bewaldeten Hügeln mit weitem Ausblick auf das Meer. Es besteht aus drei einzelnen Dörfern, wobei sich die meisten Attraktionen in Sintra-Vila befinden. Die Kleinstadt Queluz mit ihrem märchenhaften Königspalast und schönen Parkanlagen liegt auf dem Weg nach Sintra.

Sintra

Die Römer nutzten Sintra als Verteidigungsanlage, aber es waren die Mauren, die sich in diesen grünen, gut bewässerten Fleck Erde verliebten und hier im 9. Jahrhundert einen Palast erbauten. Im Jahr 1147 fiel er an die Christen und wurde Eigentum der portugiesischen Könige, die ihn bis zur Verbannung des Königtums 1910 besaßen. Der Palast war sowohl ein Jagdschloss als auch ein Refugium vor der sommerlichen Hitze in Lissabon. Im Laufe der Jahre wurde er vergrößert und mit Gärten umgeben. Wohlhabende Aristokraten folgten, und im 19. Jahrhundert waren die Hügel von Sintra mit herrschaftlichen Wohnsitzen und großen Villen gesprenkelt. Mit Golf, Tennis, Reiten und dem Meer ganz in der Nähe ist Sintra weiterhin ein Urlaubsort für die Reiche, die von den Einkaufsfreuden in den Boutiquen und Antikläden in São Pedro de Sintra profitieren. Es gibt hier auch Kultur, z. B. das Internationale Musik- und Tanzfestival (Juni–Juli), eines von Portugals angesehensten Festivals.

Das Zentrum von Sintra-Vila wird dominiert von zwei außergewöhnlichen kegelförmigen Kaminen, umgeben von einer bunten Mischung aus gotischer und manuelinischer Architektur mit reichlich maurischen Einflüssen. Dies ist der **Palácio Nacional de Sintra**, ein sommerliches Lustschloss, das von Johann I. und seinem Nachfolger Emanuel I. im 14. und 15. Jahrhundert erbaut wurde. Ein Rundgang durch den Palast bezieht alle Haupträume mit ein und erlaubt spannende Blicke auf versteckte

Rechts: Der sogenannte Initiationsbrunnen in den Parkanlagen von Quinta da Regaleira

Unten: Der Palácio Nacional de Sintra dominiert das Herz von Sintra-Vell

Sintra & Queluz

Innenhöfe sowie herrliche Ausblicke über die umgebende Landschaft. Das **Schwanenzimmer**, der Hauptempfangsraum während der Regentschaft Johann I. und der größte Raum des Palastes, ist eine prachtvoll gekachelte Halle mit Blick auf den zentralen Innenhof. Seine Decke schmücken gemalte Schwäne, die mit goldenen Halsbändern verziert sind. Von hier führen Treppen hinauf in das **Elsterzimmer**, ein privates Vorzimmer, dessen Fries und Decke mit einem Schwarm munterer Elstern bemalt sind, von denen jede mit ihrem Schnabel den Text »*Por bem*« (Für die Beste) festhält. Von hier aus führt eine Folge kleinerer, wunderschön gekachelter und dekorierter Räume und luftiger Korridore zum erstaunlichen **Wappenraum**, der mit blauen *azulejos* ausgekleidet ist und dessen Kassettendecke die Wappen von 72 edlen Geschlechtern zeigt. Die Aussicht auf das Meer ist fabelhaft; der Tradition nach konnte der König die Flotten sehen, wie sie von hier aus nach Afrika, Brasilien und Indien in See stachen. Am entgegengesetzten Ende des Palastes finden Sie die **Küchen**. Sie beherbergen die beiden großen Kamine und geben einen Einblick in das mittelalterliche Verpflegungswesen in großem Maßstab. Die Küchen werden noch heute für offizielle Bankette genutzt.

Der **Palácio da Pena** hoch über Sintra-Vila ist das neueste Gebäude dieser Anlage auf der Hügelkuppe. Hier stand einst eine Kapelle mit angeschlossenem spätgotischem Kloster, das nach dem Erdbeben von 1755 nicht mehr genutzt wurde. Im Jahr 1836 vermählte sich Königin Maria II. mit Prinz Ferdinand von Sachsen-Coburg-Gotha, einem schwärmerischen Romantiker. Er beauftragte den deutschen Architekten von Eschwege damit, den außergewöhnlichen Palast zu erbauen, der seit der endgültigen Verbannung der Monarchie 1910 in seinem ursprünglichen Zustand erhalten wurde. Der Palast ist eine **neogotische Phantasie**, eine übertriebene Mischung aus manuelinischer Dekoration, teutonischen Verzierungen und maurischen Details, die genau nach Ferdinands Vorstellung erbaut wurde. Überall ragen Türmchen, Kuppeln und Mauerzinnen auf, und das Interieur ist nicht weniger bizarr. Es feiert den spätviktorianischen Geschmack, nach dem alles, was irgendwie dekoriert werden kann, verschwenderisch dekoriert wurde. Zu den Highlights gehören einige bemerkenswerte Stuckarbeiten, prächtige Badezimmer und Küchen und einige leicht erotische unvollendete Gemälde von Karl I., dem letzten portugiesischen König. Der gekachelte **Kreuzgang** mit seinen einfachen Rundbögen ist eine willkommene Erleichterung. Der **bewaldete Garten** vor dem Palast, eine Oase aus Schatten und Wasser, lohnt einen Besuch.

Zurück in der Stadt liegt die **Quinta da Regaleira** fünf Minuten zu Fuß von Sintra-Vilas Hauptplatz. Dieses aufwendige Privathaus ist ein schönes Beispiel für die wiederentdeckte neomanuelinische Architektur der vorletzten Jahrhundertwende. Verziert mit Türmen und verschnörkeltem Mauerwerk, hat es einige kunstvolle Räume – achten Sie auf die Rokoko-Holzdecken und die unglaublich detaillierten Mosaikböden, die Jagdszenen und Stillleben mit erlegtem Wild darstellen. Doch die **Parkanlagen** stehlen allem die Show. Sie sind ein Labyrinth von Pfaden auf einem steilen Hang, bepflanzt mit Kamelien, Hortensien und Farnkraut und mit Seen, Brunnen, Terrassen und Statuen ge-

Der Thronsaal, eines der Highlights im Palácio Nacional de Queluz

sprenkelt. Das Highlight bildet der **Initiationsbrunnen** mit seiner sich drehenden Steintür, den Sie über moosbedeckte Stufen und einen Tunnel erreichen und der von den Freimaurern und den Tempelrittern inspiriert ist. Kinder werden das nahe gelegene **Museu do Brinquedo**, ein modernes Spielzeugmuseum mit Exponaten aus 3000 Jahren, lieben. Am Fuß des Hügels in **Estefânia** gibt es ernsthafte zeitgenössische Kunst im **Museu de Arte Moderna**, dessen Sammlungen u. a. Minimalismus, Futurismus, Pop-Art und Kinetische Kunst abdecken und zu dessen großen Namen Hockney, Lichtenstein, Warhol und Pollock zählen.

Verteilt in den Wäldern und Hügeln gibt es noch mehr zu sehen, u. a. das **Castelo dos Mouros**, die Ruinen eines maurischen Schlosses, von dessen felsigen Klippen sich außergewöhnliche Ausblicke die Küste entlang bieten. Pflanzenfreunde sollten sich **Monserrate** ansehen, einen langgestreckten Park, reich an subtropischen Bäumen, Sträuchern und Pflanzen, ursprünglich angelegt zwischen 1793 und 1799 von William Beckford, einem verrufenen reichen Homosexuellen, der aus England floh, um dem Galgen zu entgehen. Weitere Pflanzungen wurden unter Sir Francis Cook angelegt, der im 19. Jahrhundert die abwitzige Villa erbauen ließ und die Parks erweiterte.

Queluz

Mit dem Zug sind es 30 Minuten zurück nach Queluz, Heimat des eleganten, rosa getönten **Palácio Nacional de Queluz**. Auch dieser war ursprünglich ein Jagdschloss, das seine jetzige Gestalt während der Regentschaft von Peter III. erhielt. Dessen Umbauprogramm von 1747 verwandelte das Schloss in einen Palast, der als das schönste Beispiel des Landes für Rokokoarchitektur gehalten wird, mit dazu passenden Gärten des 18. Jahrhunderts. Peter III. heiratete seine Nichte, die zukünftige Königin Maria I., die hier 27 Jahre des Verfalls verbrachte, während sie aus Trauer über den Tod ihres Sohnes zunehmend den Verstand verlor. Man kann sich nur wünschen, dass ihr Elend von dem Zauber ihrer Umgebung abgeschwächt wurde, zu deren Highlights der **Musikraum**, der **Thronsaal** und der **Korridor** mit seinen atemberaubenden *azulejos* gehören. Der schönste von allen ist wohl der **Botschafterraum** mit seinen verspiegel-

Der Palácio Nacional de Queluz ist umgeben von formalen Gärten mit Statuen und Brunnen

Ausflüge

Blick über den Wald von einem der efeubedeckten Türme des Sintra-Palastes

ten Pfeilern und seinem schwarz-weiß karierten Fußboden. Viele der Räume dieses Gebäudes geben den Blick frei auf die **Gärten**, die mit Buchsbaumterrassen, gefliesten Gehwegen, Springbrunnen und Teichen angelegt sind. Viele der Statuen sind englischer Herkunft; John Cheere fertigte in den 1750er-Jahren **98 Bleistatuen** für Queluz an, von denen 22 überlebt haben. Das Palastgelände beherbergt die **Portugiesische Königliche Reitschule**, und im Sommer gibt es Vorführungen klassischer Dressur.

KLEINE PAUSE

Für ein gemütliches Mittagessen in Sintra können Sie zu **Tacho Real Sintra** (Rua da Ferraria 4, Vila Velha; Tel. 219 235 177; Do–Di 12.30–15, 19.30–22.30 Uhr) gehen, einem traditionellen Restaurant. Es liegt nur 50 m vom Palácio Nacional entfernt.

Direkt den Hügel hinauf vom Palast in Queluz liegt das **Palacio del Rei** (Largo Mouzinho de Albuquerque; Tel. 214 350 674; Mo–Sa 12.30–15 und 19.30–22 Uhr). Dieses freundliche Restaurant ist eine gute Wahl, wenn Sie nicht in der *pousada* oder dem Palastrestaurant essen möchten. Die Küche ist unprätentiös und klassisch portugiesisch.

Touristeninformation Sintra
✉ Praça da República ☎ 219 231 157/924 700; www.cm-sintra.pt
🕐 Juni–Sept. tägl. 9–20 Uhr; Okt.–Mai tägl. 9–21 Uhr

Palácio Nacional de Sintra
✉ Largo Rainha D Amélia, Sintra ☎ 219 106 840; www.ippar.pt/english/monumentos/palacio_sintra 🕐 Di–Do 10–17.30 Uhr (letzter Einlass 17 Uhr) 💰 mittel

Palácio da Pena
✉ Sintra ☎ 219 105 340; www.ippar.pt/english/monumentos/palacio_pena
🕐 Juli–Mitte Sept. Di–So 10–19 Uhr; Mitte Sept.–Juni Di–So 10–17 Uhr (letzter Einlass eine Std. vor Schließung) 💰 teuer

Quinta da Regaleira
✉ Rua Barbosa du Bocage ☎ 219 106 650; www.cm-sintra.pt 🕐 April–Sept. tägl. 10–20 Uhr; Nov.–Jan. tägl. 10–17.30 Uhr; Feb.–März und Okt. tägl. 10–18.30 Uhr (letzter Einlass 30 Min. vor Schließung); geführte Touren (Buchung im Voraus) 💰 teuer

Sintra & Queluz

SINTRA & QUELUZ: INSIDER-INFO

Top-Tipp: Wenn sie viel Zeit haben, können Sie für diesen Ausflug **zwei Tage einplanen** und abends jeweils nach Lissabon zurückkehren. Planen Sie **einen Tag für Sintra** und **einen halben Tag für Queluz**.
- Wenn Sie nur für einen Ausflug Zeit haben, fahren Sie nach **Sintra**.
- Glauben Sie nicht, dass Sie in Sintra überall hin zu Fuß gehen können; die **Hügel sind steil** und die **Sehenswürdigkeiten liegen weit verstreut**.
- Nehmen Sie den Bus Nr. 434 und benutzten Sie das **Hop-on-and-off-Ticket für Sintra** um herumzufahren. Sie können es benutzen, um über Cabo da Roca nach Cascais zu fahren und mit der Cascais-Linie nach Lissabon zurückkehren.
- Wenn Sie **mit dem Taxi nach Monserrate fahren**, sollten Sie vorher mit dem Fahrer den Preis festlegen, da nicht immer Taxameter benutzt werden; etwa 10 € sollten reichen. Taxis warten am Bahnhof und in der Praça de República in Sintra-Vila.

Anreise: Die Haltestelle Rossio, der Abfahrtpunkt nach Sintra in der Innenstadt, ist **bis auf Weiteres geschlossen**. Die beste Route ist, die blaue U-Bahn-Linie bis Jardim Zoológico zu nehmen, dann den Schildern zum Sete Rios-Bahnhof zu folgen und dort den Zug nach Sintra zu nehmen. Die Züge fahren alle 20 Min. ab und die Fahrt dauert 50 Min. Queluz liegt auf der gleichen Strecke 20 Min. von Lissabon entfernt (30 Min. von Sintra). Steigen Sie in Queluz-Belas aus und folgen Sie vom Bahnhof den Schildern zum Palast, ein Fußweg von 15 Min.

Unterwegs in Sintra: Züge von Lissabon kommen in Estefânia an, der Fußweg nach Sintra-Vila dauert 10–15 Min.; bis São Pedro de Sintra sind es weitere 20 Min. Der Palácio de Sintra, die Quinta da Regaleira und die meisten anderen Sehenswürdigkeiten liegen in Sintra-Vila, der Palácio da Pena liegt ein wenig weiter weg den Hügel hinauf. Ein halbstündlich abfahrender **Touristenbus verbindet alle wichtigen Sehenswürdigkeiten**, und Sie werden sich nach der Ankunft verhältnismäßig leicht zurechtfinden. Zu den Parkanlagen von Monserrate sollten Sie ein Taxi nehmen, auch wenn leidenschaftliche Spaziergänger die Wanderung genießen werden.

Reisezeit: Fahren Sie zeitig in Lissabon ab, um früh da zu sein.

Museu do Brinquedo (Spielzeugmuseum)
Rua Visconde de Monserrate 28 ☎ 219 242 171; www.museu-do-brinquedo.pt Di–So 10–18 Uhr mittel

Museu de Arte Moderna
Avenida Heliodoro Salgado ☎ 219 248 170; www.cm-sintra.pt
Di–So 10–18 Uhr mittel

Castelo dos Mouros
Parque de Sintra ☎ 219 237 300; www.parquesdesintra.pt Mai–Mitte Juni tägl. 9–19 Uhr; Mitte Juni–Mitte Sept. tägl. 9–20 Uhr; Mitte Sept.–Okt. tägl. 9–19 Uhr; Nov.–April tägl. 9.30–18 Uhr (letzter Einlass 1 Std. vor Schließung) mittel

Monserrate
Est de Monserrate ☎ 219 107 806/219 237 300; www.parquesdesintra.pt
siehe Castelo dos Mouros mittel

Palácio Nacional de Queluz
Largo do Palácio Nacional, Queluz ☎ 214 343 860; www.ippar.pt/english/monumentos/palacio_queluz Palast: Mi–Mo 9.30–17 Uhr (letzter Einlass 16.30 Uhr); Gärten: Mai–Sept. 10–18 Uhr; Okt.–April 10–17 Uhr mittel

Mafra

Wenn Sie sehen wollen, was mit dem Gold und den Diamanten, die aus Brasilien nach Portugal flossen, bezahlt wurde, dann sollten Sie nach Mafra kommen. Hier bietet der Palácio-Convento einen Eindruck von königlichem Gepränge im monumentalen Ausmaß. Erbaut in den Hügeln nördlich von Lissabon dominiert der Palast eine liebenswerte Kleinstadt, eine fortwährende Erinnerung an den Reichtum seines Erbauers.

Dieses riesige Gebäude, halb Königspalast, halb Kloster, wurde zwischen 1717 und 1755 von Johann V. erbaut, der es dem Escorial bei Madrid in Spanien nachempfand. Ursprünglich war es als einfaches Kloster geplant, um ein Gelöbnis zu erfüllen, das der König bei der Geburt eines königlichen Erben abgelegt hatte. Der Bau hatte jedoch kaum begonnen, als Johann und sein deutscher Hofarchitekt Johann Friedrich Ludwig schon größere Plänen hatten. Der endgültige architektonische Entwurf, eine Verschmelzung von Barock und italienischem Klassizismus, mündete in einer riesigen Basilika, zwei königlichen Flügeln und einem Kloster, groß genug für 450 Mönche. Allerdings war diese Pracht nie als permanenter Wohnsitz vorgesehen.

Mehr als 50 000 Arbeiter wurden für den Bau dieses riesigen Kloster-Palastes angestellt

Mafra

Einige Zahlen und Fakten

- Der Palácio ist 220 m lang und 68 m hoch.
- Seine Fläche beträgt 4 ha.
- Er hat 1200 Räume, 4700 Türen und Fenster, 156 Treppen und 29 Höfe.
- Das Glockenspiel hat 114 Glocken und ist das größte der Welt.
- Der Palácio wurde mithilfe von 50 000 Arbeitern erbaut.

Führungen beginnen im **Kloster**, wo Sie die Apotheke, die Krankenstube, die Küche und einige der Mönchszellen zu sehen bekommen. Einige von ihnen beherbergen Instrumente zur Buße und Geißelung, obgleich die gekachelten Bilder der Jungfrau über den Betten der Mönche eher den Eindruck eines frommen Lebens vermitteln.

Von hier führt eine Tür in den eigentlichen **Palast**. Jeder der **königlichen Flügel** ist ein Spiegelbild des anderen, mit identischer Anordnung der Räume für den König und die Königin – zwei Thronsälen, zwei privaten Kapellen, zwei königlichen Schlafzimmern mit einem Weg von 300 m zwischen ihnen. Zwischen den beiden Flügeln steht die herrliche **Basilika** aus rosa und weißem Marmor. Dahinter befindet sich ein prächtig gekachelter Korridor, der der Königlichen Familie auf der einen Seite einen Blick hinunter in die Kirche erlaubte, während sich die andere Seite zum Platz vor dem Palast hin öffnete. Eine scheinbar endlose Reihe von großen Zimmern führt schließlich zum atemberaubenden **Sala dos Troféus**, dessen Möblierung, Polsterung und Kronleuchter komplett aus Geweihen und Hirschleder gefertigt sind.

Der Höhepunkt des Ganzen ist die **Bibliothek**, ein glanzvolles Rokoko-Prunkstück, das über 35 000 Bücher enthält, unter denen sich viele kostbare Inkunabeln befinden. Die Bücher sind in einem guten Zustand, teilweise dank fachmännischer Pflege, teilweise dank abgedunkeltem Licht, beständiger Temperatur und niedriger Luftfeuchtigkeit, und auch dank einer aktiven Fledermauspopulation, die dazu beiträgt, bücherliebende Insekten unter Kontrolle zu halten. Es ist alles wirklich großartig, doch war es dies einst noch mehr, mit Vergoldungen überall und mit Portraits in den Stuckmedaillons – das Gepränge wurde von den Franziskanern entfernt, die Mafra im 19. Jahrhundert übernahmen.

Eine Statue des hl. Franziskus steht in einer Nische der Palastfassade

Ausflüge

Der vom Kloster zum Palast führende Korridor ist mit Statuen gesäumt

KLEINE PAUSE

Es gibt **Bars**, **Cafés** und **Restaurants** gegenüber dem Palast. Wenn Sie mehr als einen Snack essen möchten, sollten Sie zu **Sete Sóis** (Tel. 261 817 958) gehen, einer *tasca* mit Tischen draußen auf dem Platz gegenüber dem Eingang des Palastes.

Touristeninformation
✉ Palácio Nacional de Mafra, Torreão Sul, Terreiro Dom João V
☎ 261 817 170; www.cm-mafra.pt ⦿ tägl. 9.30–13, 14.30–18 Uhr

Palácio-Convento de Mafra
✉ Terreiro Dom João V ☎ 261 817 550; www.ippar.pt/english/monumentos/palacio_mafra ⦿ Mi–Mo 10–17 Uhr (letzter Einlass 16.30 Uhr) ⦿ mittel

---

MAFRA: INSIDER-INFO

Anreise: Die beste Reisemöglichkeit nach Mafra ist die **Mafrense-Busgesellschaft** (www.mafrense.pt; Tel. 261 816 152), deren Busse ungefähr zweimal in der Stunde vom Busbahnhof Campo Grande abfahren. Die Fahrt dauert 45 Min. Nehmen Sie die grüne U-Bahn-Linie zum Campo Grande und folgen Sie den Schildern zum Busbahnhof. Die Haltestelle der Mafrense liegt ganz rechts außen auf der Stadionseite des Busbahnhofs.
Reisezeit: Planen Sie **für diesen Ausflug einen halben Tag ein** und denken Sie daran, dass der Palast dienstags geschlossen ist.

Top-Tipps: Sie können den Palast nur in **geführten Gruppen** besichtigen, sodass Sie möglicherweise eine kurze Zeit warten müssen, bis sich eine kleine Gruppe versammelt hat. Die Führungen dauern 1 ¼–1 ½ Std.
• Wenn Sie die **144 Glocken des Glockenspiels läuten** hören wollen, sollten Sie den Palast an einem Sonntagnachmittag im Sommer besichtigen, da nur zu dieser Zeit eine Vorführung garantiert ist.
• Mafra ist der Veranstaltungsort für ein **Internationales Musikfestival** im Herbst, wenn Barock- und zeitgenössische Konzerte in der Basilika und der Bibliothek stattfinden. Fragen Sie in der Touristeninformation nach mehr Informationen.

Spaziergänge & Touren

1 Chiado und Bairro Alto 174
2 Alfama 177
3 Nach Cacilhas und zum Santuário do Cristo Rei 180

174 Spaziergänge & Touren

1 Chiado und Bairro Alto

Spaziergang

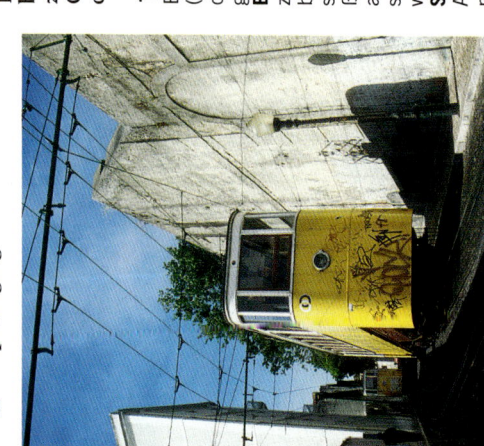

Mit dem Elevador da Glória kommen Sie besser voran

LÄNGE 2,4 km **DAUER** 1 Stunde Wegzeit, 2–2,5 Stunden mit Besichtigungen
START/ZIEL Praça dos Restauradores ✚ 197 F4

Dieser Rundgang durch das Zentrum Lissabons geht meist bergab und führt durch zwei charakteristische *Bairros*. Er bietet Gelegenheit, Kirchen, Museen, ansprechende Geschäfte und Cafés zu besuchen.

1–2

Beginnen Sie auf der **Praça dos Restauradores** (▶ 53) mit dem **Palácio Foz** zu Ihrer Linken, in dem eine Touristeninformation der Stadt untergebracht ist. Biegen Sie um die Ecke zum **Elevador da Glória**. Diese Bahn wurde 1885 als zweite Straßenbahn der Stadt eröffnet und verbindet die Hügel des Bairro Alto mit der Innenstadt Lissabons. Nehmen Sie Platz und genießen ein echtes Stück Lissabon. Steigen Sie aus, gehen Sie die Treppe hinauf und halten sich rechts. Zu Ihrer Rechten sehen Sie nach wenigen Schritten den Garten des **Miradouro de São Pedro Alcântara**, von dem Sie eine herrliche Aussicht auf Lissabons Zentrum genießen können. Anschließend führt Sie Ihr Weg zurück, die Rua São Pedro de Alcântara entlang mit der Mauer des **Igreja de São Roque** (▶ 109) links.

2–3

Vor der Kirche gehen Sie nach links und überqueren den Platz, bis Sie zu einer Treppe kommen, der Sie nach links hinab folgen. Anschließend biegen Sie in die zweite Straße rechts, die Rua da Condessa, ein. Es ist eine ruhige Straße mit ein paar kleinen Werkstätten und Bars. Sie führt zum **Largo do Carmo**. An diesem hübschen Platz mit seinen Bänken und Akazienbäumen steht das **Museu Arqueológico do Carmo** (▶ 61). Das Haupt-

Beste Zeit
Während der Geschäftszeiten, besonders nachmittags, wenn man in einem der Cafés an der Route eine Pause machen und den Passanten zusehen kann.

Weg zum Start
Metro bis zum Praça dos Restauradores

Kleine Pause
Café A Brasileira (▶ 60f).

Chiado und Bairro Alto

Das Denkmal auf dem Restauradores

Das Innere der São-Roque-Kirche

quartier der GNR (Verkehrspolizei) befindet sich in einem Flügel des Klosters. Hier ergab sich Caetano während der Nelkenrevolution 1974 (► 24f).

3–4

Überqueren Sie den Platz und gehen Sie die Calçada do Sacramento hinunter bis zur Rua Garrett – eine der angesagtesten Einkaufsstraßen Lissabons. Halten Sie sich rechts und gehen Sie bergauf, um an den traditionellen Geschäften entlang zu bummeln und die Fassade der **Igreja dos Mártires** zu bestaunen. Die Kirche der Märtyrer wurde zwischen 1769 und 1784 erbaut. Die Fresken an der Decke über dem Kirchenschiff zeigen Alfonso Henriques, den ersten König Portugals, beim Gelöbnis, die erste Kirche bauen zu lassen. An der Mártires vorbei führt die Rua Serpa Pinto zum **Museu do Chiado** (► 60). Sie können das Museum besichtigen oder einfach am unteren Ende der Sacramento links abbiegen und im **Café A Brasileira** (► 60f) für einen Drink oder einen Kaffee einkehren.

4–5

Lassen Sie das Café hinter sich, überqueren Sie die Straße und gehen über den Largo do Chiado und die Rua Duques de Bragança entlang. Kurze Zeit später sehen Sie den Largo São Carlos links unter sich liegen. Folgen Sie den Stufen hinunter zum Largo, kommen Sie zum **Teatro Nacional de São Carlos** (► 66), Lissabons Opernhaus,

Spaziergänge & Touren

das im späten 18. Jahrhundert nach dem Vorbild der Mailänder Scala erbaut wurde. Der Innenbereich ist ganz im Rokokostil gehalten.

5–6

Gehen Sie am Theater vorbei die Rua do Capelo entlang und biegen Sie links in die Rua Ivens, eine herrliche Straße, deren Gebäude aus dem frühen 19. Jahrhundert stammen. Sie führt Sie zurück zur Rua Garrett. Halten Sie sich rechts und Sie sehen das moderne Chiado-Einkaufszentrum (▶ 65) vor sich. Es wurde nach dem katastrophalen Feuer im Chiado-Viertel (1988) gebaut. Der Entwurf des Neubaus stammt von Alvaro Siza Vieira, einem Architekten aus Porto, dem es auf wunderbare Weise gelungen ist, das Gebäude in die historische Umgebung einzufügen.

6–7

Am Ende der Rua Garrett biegen Sie links in die Rua do Carmo, eine weitere edle Einkaufsstraße. Oben sehen Sie die Überführung des **Elevador de Santa Justa** (▶ 50), der 1901 von einem Bewunderer Eiffels entworfen und gebaut wurde, um die Baixa mit dem darüber liegenden Largo do Carmo zu verbinden. Sie können den Aufzug nehmen und vom Largo do Carmo eine wunderschöne Aussicht auf das Stadtzentrum genießen – gehen Sie dann rechts die Stufen hinab zum Eingang. Oder Sie gehen am Ende des Carmo rechts zum **Rossio** (▶ 52f).

Nun können Sie einfach den Platz überqueren, um zum **Restauradores** zurückzukehren, oder den Spaziergang verlängern, indem Sie rechts die Rua Áurea (Rua do Ouro), die Rua Sapateiros und die Rua Augusta bis zur **Praça da Figueira** entlang laufen. Hier biegen Sie links ab, überqueren den Platz, gehen wieder links zurück zum Rossio und weiter zum Restauradores.

Links: Teatro Nacional de São Carlos
Rechts: Elevador de Santa Justa

Alfama
Spaziergang

LÄNGE 3,7 km **DAUER** 1–1,5 Stunden Wegzeit, 2–4 Stunden mit Besichtigungen
START Praça do Comércio ✚ 198 A1 **ZIEL** Sé ✚ 198 B1

Am besten erkunden Sie die historische Alfama, Lissabons ältesten *Bairro*, zu Fuß. Dieser Spaziergang führt durch die Hügel, die die Alfama umgeben. So können Sie einige historische Kirchen besichtigen, bevor Sie in das Herz der Alfama gelangen.

1–2

Beginnen Sie Ihren Spaziergang auf der **Praça do Comércio**, den Fluss im Rücken. Gehen Sie zur rechten hinteren Ecke des Platzes und überqueren dort die Straße. Laufen Sie die Rua da Prata hinauf und biegen in die erste Straße rechts ein, die Rua do Comércio. Überqueren Sie die Rua dos Fanqueiros und nehmen dann die erste Straße links und die zweite rechts (den braunen Schildern folgend) bergauf. Rechter Hand sehen Sie die **Igreja da Madalena**. Folgen Sie dem Straßenverlauf bis in die Rua de Santo António da Sé. Direkt vor Ihnen ist die Fassade der **Sé** (▶ 72f).

Beste Zeit
Fast zu jeder Zeit ein schöner Spaziergang; der Graça-*Miradouro* gilt als einer der besten Plätze in Lissabon, um den Sonnenuntergang zu beobachten.

Weg zum Start
Metro bis Baixa-Chaido, dann zu Fuß die Rua Áurea (Rua do Ouro) entlang bis zum Praça do Comércio.

Kleine Pause
Entspannen Sie sich in einem der Cafés in der Nähe des Miradouro de Santa Luzia oder am Largo das Portas do Sol.

Spaziergänge & Touren

2–3

Mit der Kathedrale zu Ihrer Rechten folgen Sie den Straßenbahnschienen bergauf. An der Mauer gegenüber der Kathedrale weist ein Banner auf den Eingang des **Museu do Teatro Romano** hin. (Tel. 217 513 200; Di–So 10–13, 14 bis 18 Uhr; Eintritt frei). Hier werden die wenigen Reste des einzigen römischen Amphitheaters in Portugal gezeigt. Erstmals wurde es 1798 entdeckt, später aber wieder überbaut. 1964 wurden dann zufällig einige Steinbänke freigelegt und die Ausgrabungen begannen. Der größte Teil des Amphitheaters ist bis heute noch unter den umliegenden Häusern begraben, ein Teil der Mauer aber ist sichtbar. Ein Video informiert Sie über die Entwicklung dieses Gebiets. Verlassen Sie das Museum und gehen Sie bergauf. Die hohe Mauer zur Rechten gehört zur juristischen Fakultät. Gehen Sie weiter hinauf durch den Largo do Limoeiro und in die Rua do Limoeiro, um anschließend über die Stufen rechts neben dem grasbedeckten Wall zum **Miradouro de Santa Luzia** zu gelangen.

Die Straßenbahn 28 am Largo das Portas do Sol

3–4

Dieser herrliche Aussichtspunkt hat seinen Namen von der winzigen Kirche **Santa Luzia**, deren Außenmauern mit *Azulejos* (Fliesen) aus dem 18. Jahrhundert dekoriert sind. Beim Blick hinaus sehen Sie links die Kuppeln und Türme der Kirche von São Estaváo. Gehen Sie links um die Kirche herum und hinauf zum **Largo das Portas do Sol**. Dort ist das **Museu-Escola de Artes Decorativas** (Museum für angewandte Kunst; ▶ 74ff), ein weiterer *Miradouro* mit großartiger Sicht auf den Fluss und der Statue des São Vicente, dem Schutzheiligen Lissabons.

Blick von der Igreja da Graça

Alfama

4–5
Folgen Sie Straße und Schienen bergauf. An der Gabelung gehen Sie links und bleiben auf dem Kopfsteinpflaster, bis Sie ein braunes *Miradouro*-Schild sehen, das in die Calçada da Graça hinein weist. Diese Straße geht ziemlich steil hinauf zur **Igreja da Graça** (➤ 88), von der sich eine überwältigende Sicht eröffnet. Gehen Sie zunächst hinein, bevor Sie auf die Baixa hinabblicken. Hier gibt es ein schönes Café, falls Sie sich ausruhen möchten.

5–6
Lassen Sie die Kirche hinter sich und gehen südlich entlang des Largo da Graça und die Stufen hinab in die Rua Voz do Operário. Folgen Sie den Schienen den Berg hinab zur Kirche **São Vicente de Fora** (➤ 80f), die links zu sehen ist.

6–7
Und weiter geht's bergab, den Schienen in eine Rechtskurve folgend. Etwa 300 m weiter, wo die Straße nach rechts abbiegt, überqueren Sie die Straße und steigen die lange Stufenflucht der Escadinhas das Escolas hinab. Am Ende der Treppe biegen Sie links auf den Largo do Salvador ab, von wo Sie dann links abbiegen und weiter bergab laufen. Hier sind Sie in den steilen und schmalen Straßen, in das Herz der **Alfama** (➤ 82) hineinführen. Gehen Sie weiter hinunter zu einem winzigen Platz mit dem Centro Paroquial da Alfama in der rechten gegenüberliegenden Ecke. Gehen Sie rechts daran vorbei, so gelangen Sie zu etlichen kleinen Geschäften. Hier pulsiert das Leben.

Eines der Cafés beim Miradouro de Santa Luzia

7–8
Sie erreichen nun den **Largo de São Miguel**, einen Platz mit einer Kirche rechts und einer einzeln stehenden, hoch aufragenden Palme in der Mitte. Überqueren Sie den Platz, die Kirche zu Ihrer Rechten, und folgen nun der Rua de São João de Praça, die nach einer schlichten Kirche aus dem 18. Jahrhundert benannt ist. Dann gehen Sie links an der Kirche vorbei, um bergauf an der Südseite der Sé heraus zu kommen.

Spaziergänge & Touren

3 Nach Cacilhas und zum Santuário do Cristo Rei

Tour/Fähre

Eine kurze Fährfahrt führt über den Fluss zum Südufer, wo die gewaltige Statue des Cristo Rei ihre Arme ausstreckt. Diese Fahrt gibt Ihnen einen Eindruck vom Südufer und außerdem die Gelegenheit, die ganze Stadt zu überblicken, einschließlich der Mündung des Tejo.

LÄNGE 4,5 km; Fußweg 1 km **DAUER** 2–3 Stunden
START/ZIEL Cais do Sodré 197 E2

1–2

Wenn Sie am **Cais do Sodré** (▶ 60) sind, folgen Sie den Schildern zum **Estação Fluvial** und kaufen eine Karte (Bilhete). Folgen Sie den Schildern zur Fähre nach Cacilhas und sichern Sie sich einen Fensterplatz. Die Fahrt über den Tejo dauert etwa 10 Minuten, und Sie haben die Möglichkeit, hinter sich die zurückweichenden Highlights der Stadt zu sehen. Flussabwärts sehen Sie die **Ponte 25 de Abril**, im Jahr 1966 gebaut und damals als Ponte Salazar bekannt. Damals war sie Europas längste Hängebrücke. Die ursprünglichen vier Fahrbahnen wurden inzwischen um zwei erweitert. Trotzdem ist sie noch immer das Nadelöhr Lissabons, besonders während des Berufsverkehrs und an Wochenenden im Sommer. Die **Cacilhas**-Fähre bedient die Metropole Almada.

2–3

Steigen Sie aus, und gehen Sie links zur Bushaltestelle Nr. 20. Der Bus Nr. 101 fährt etwa alle 20 Minuten zum **Santuário do Cristo Rei**; bezahlen Sie beim Fahrer, wenn Sie einsteigen. Die Fahrt durch die **Almada** und zur Statue dauert etwa 15 Minuten. Dabei fahren Sie durch den unteren, modernen Teil der geschäftigen Stadt. Sie werden nichts von der großen Statue sehen, bis Sie auf der Spitze des Hügels ankommen, wo die Häuser weniger werden und Christus allein auf einem Grasplateau dicht am Rand einer Klippe steht. Erinnert Sie diese riesige Figur an eine andere? Kein Wunder! Die berühmte Christus-statue in Rio de Janeiro diente

Die Statue Christus der Erlöser

Beste Zeit

Zu jeder Zeit außerhalb des morgendlichen und abendlichen Berufsverkehrs. Besonders am Nachmittag zu empfehlen.

Weg zum Start

Metro bis Cais do Sodré.

Kleine Pause

Das Café am Cristo Rei lohnt einen Versuch; oder gehen Sie nach Westen bis zum **Atira-te ao Rio** (Cais de Ginjal 69, Tel. 212 751 380), einem entspannten brasilianischen Restaurant.

Nach Cacilhas und zum Santuário do Cristo Rei 181

dieser als Vorbild. 1934, nur drei Jahre nach der Vollendung der brasilianischen Statue, reiste der Kardinal von Lissabon nach Rio und war von diesem südamerikanischen Christus sofort begeistert. Sechs Jahre später, als sich fast ganz Europa im Krieg befand, gelobte die portugiesische Regierung, eine ähnliche Statue zu bauen, falls ihr Land vom Zweiten Weltkrieg verschont bliebe. Portugal blieb neutral, und 1950 wurde mit dem Bau begonnen. Der Bildhauer dieser fraglos beeindruckenden, aber steif und monolithisch wirkenden Figur war Francisco Franco de Sousa; der Architekt António Lino.

3–4

Von der Haltestelle gehen Sie durch den mittleren Bogen der Verwaltungsgebäude zur Statue. Aus der Nähe betrachtet, bekommen Sie einen Eindruck ihrer Größe – die gesamte Konstruktion ist 110 m, die Christusfigur selbst 28 m hoch. Innen bringt Sie ein Fahrstuhl hinauf zu einer **Aussichtsplattform**, die Sie nach Durchqueren des Souvenirladens erreichen. Hier gibt es religiöse Andenken zu kaufen, ein Zeichen dafür, dass die Statue für viele Portugiesen ein wichtiges nationales Heiligtum und ein Pilgerort ist. Von der Plattform können Sie auf die Ponte 25 de Abril hinunterschauen.

4–5

Richtung Osten sieht man Lissabon auf der anderen Seite des Flusses, wo der Schwung der **Ponte Vasco da Gama** (▶ 153) die Stadtgrenze markiert. Flussabwärts schauen Sie an **Belém** (▶ 115ff) vorbei bis zu den Hügeln von **Sintra** (▶ 164ff). Hinter Belém können Sie **Estoril** (▶ 161) und **Cascais** (▶ 161) und in weiterer Ferne das offene Meer erspähen. Nehmen Sie den Bus zurück nach Almada.

5–6

Steigen Sie an der dritten oder vierten Haltestelle aus und schlendern durch die Altstadt, die im Juli wirklich sehenswert ist, wenn Portugals wichtigstes Theaterfestival hier stattfindet. Vom *Miradouro* hinter dem Rathaus, der **Câmara Municipal**, können Sie noch einmal eine wunderbare Aussicht genießen. Vor dem Rathaus befindet sich eine alte Kirche mit einem ansprechenden Platz. Entweder können Sie nun bergab zurück zur Fähre laufen oder den Bus nehmen. Auf dem Weg zurück können Sie, wie Pombal es beabsichtigte, die Baixa vom Meer aus erreichen.

Die Ponte 25 de Abril erinnert an die Golden Gate Bridge in San Francisco

Geführte Touren

Eine geführte Tour ist meist der beste Weg, sich mit einer neuen Stadt vertraut zu machen. In Lissabon wird alles angeboten: Stadtrundfahrten, Flussfahrten und Exkursionen in das Umland.

Carristur
Die Verkehrsbetriebe bieten reguläre Rundfahrten an und haben Hop-on-Hop-off-Busse, die sich besonders eignen, um alles zu erreichen. Die Busse starten vom Praça do Comércio.
☎ 213 582 334; www.carristur.pt

Colinas Tour
Tour durch das Zentrum in einer Oldtimer-Straßenbahn. Sie führt durch die Baixa, Graça, die Alfama, den Chiado, den Bairro Alto und Lapa. Dauer: 1 Std. 20 Min.; Juni–Sept. halbstündlich 10–19 Uhr (außer 12.30, 14). Okt.–Mai: 10, 10.30, 12.30, 13, 13.30, 15, 15.30, 16, 17, 17.30, 18 Uhr. Teuer.

Cruzeiros no Tejo €€€
Flussfahrten vom Terreiro do Paço flussaufwärts zum Parque das Nações und flussabwärts nach Belém. Dauer: 2 Std., tägl. 15 Uhr. Teuer.
☎ 808 203 050; www.transtejo.pt

Discoveries Tour
Oldtimer-Straßenbahntour durch die Altstadt bis nach Belém. Dauer: 1 Std. 50 Min., tägl. 11.30, 15.30, 17.30 Uhr. Teuer

Lisbon Walker
Vier themenbezogene Führungen zu Fuß, die verschiedene Aspekte und Bezirke der Stadt behandeln, wie zum Beispiel die Altstadt, die Stadt nach dem Erdbeben, den Chiado und den Bairro Alto, aber auch Mythen und Legenden. Rundgänge beginnen täglich auf dem Praça do Comércio und dauern etwa 2–3 Stunden.
✉ Rua dos Remédios 84 ☎ 218 861 840; www.lisbonwalker.com

Olispo Tour
Diese Rundfahrt durch den Bairro Alto, das nördliche Lissabon, den Parque das Nações und das Flussufer entlang können Sie per Hop-on/Hop-off genießen.
März–Okt.: tägl. halbstündlich 10.30–17.30 Uhr. Nov.–Feb.: tägl. 11.30, 13.30, 15.30 Uhr. Teuer.

Tagus Tour
Hop-on-Hop-off-Busrundfahrt über Avenida da Liberdade, Praça de Espanha, Estrela, Alcântara, Belém bis zum Flussufer.
März–Juni, Okt.: halbstündlich 10.15 bis 17.15 Uhr. Juli–Sept.: halbstündlich 9.15 bis 20.15 Uhr. Nov.–Feb.: stündlich 11.15 bis 16.15 Uhr. Teuer.

Weitere Umgebung
Folgende Unternehmen bieten Touren nach Fátima, Batalha, Nazaré, Alcobaça und Obidos an:

Cityrama
✉ Avenida Praia da Vitória 12B ☎ 213 191 090; www.tours.cityrama.pt

Dianatours
✉ Campo Grande 30 B
☎ 217 998 540; www.dianatours.pt

Carris bietet außerdem täglich Touren nach Sintra über Queluz, Cabo da Roca, Guincho, Cascais und Estoril an.

Praktisches

INFORMATION VORAB

Websites
www.portugal.org
www.visitportugal.com
www.visitlisboa.com
www.golisbon.com
www.maisturismo.pt

In Lissabon
Posto de Turismo
Palácio Foz
Praça dos Restauradores
1200 Lissabon
☎ +351 (0)213 46 36 43

REISEVORBEREITUNG

WICHTIGE PAPIERE

		Deutschland	Österreich	Schweiz
● Erforderlich ○ Empfohlen ▲ Nicht erforderlich	Bei einigen Ländern muss der Pass über das Einreisedatum hinaus noch eine bestimmte Zeit gültig sein (i. d. R. mind. 6 Monate). Prüfen Sie Ihren Pass.			
Pass/Personalausweis		●	●	●
Visum (Bestimmungen können sich ändern – vor Abreise prüfen)		▲	▲	▲
Weiter- oder Rückflugticket		▲	▲	▲
Impfungen (Tetanus und Polio)		▲	▲	▲
Krankenversicherung (▶ 188, Gesundheit)		●	●	●
Reiseversicherung		○	○	○
Führerschein (national)		●	●	●
Kfz-Haftpflichtversicherung		●	●	●
Fahrzeugschein		●	●	●

REISEZEIT

Lissabon

Hauptsaison — Nebensaison

JAN	FEB	MÄRZ	APRIL	MAI	JUNI	JULI	AUG	SEPT	OKT	NOV	DEZ
15°C	16°C	18°C	19°C	22°C	25°C	27°C	28°C	26°C	22°C	18°C	15°C

Sonnig — Wechselhaft — Regnerisch

Die Tabelle zeigt die **monatlichen Durchschnittstemperaturen**. Der Frühling (April bis Juni) und der Herbst (September bis Oktober) sind die beste Zeit für einen Aufenthalt in Lissabon. In den Sommermonaten kann es in der Stadt unerträglich heiß und sehr voll sein. Während eines Aufenthalts im Sommer können Sie jedoch Ausflüge in die Badeorte Cascais und Estoril westlich von Lissabon oder nach Caparica an der Küste jenseits des Tejo unternehmen. Der November kann sehr feucht sein, doch im Januar und Februar zeigen sich die ersten Anzeichen des Frühlings, wenn es möglich ist, mittags draußen zu sitzen. Während dieser Zeit sind die Hotelpreise tendenziell etwas niedriger, sodass dies eine geeignete Zeit für einen Besuch ist.

In Deutschland	**In Österreich**	**In der Schweiz**
Portugiesisches Touristik- und Handelsbüro	Portugiesisches Tourismusamt	Portugiesisches Tourismusamt
Schäfergasse 17	Opernring 1	Badener Straße 15
60313 Frankfurt/Main	A-1010 Wien	CH-8004 Zürich
☎ (069) 23 40 94	☎ +43 (0)1 585 44 50	☎ +41 (0)1 241 00 01

ANREISE

Mit dem Flugzeug: Auf dem internationalen Flughafen Lissabons landen u.a. Maschinen der **Lufthansa**, der **KLM** und der nationalen portugiesischen Fluggesellschaft **TAP-Air Portugal**. **Direktflüge** sind von den meisten großen europäischen Flughäfen möglich. Auch **Air Berlin** fliegt von vielen deutschen Flughäfen nach Lissabon.
Flugdauer: Von den deutschen Großstädten aus etwa 3 Stunden.

Mit dem Auto: Es gibt zahlreiche Grenzübergänge entlang der Grenze zu Spanien mit wenig oder gar keinen Grenzkontrollen. Die Hauptstraßen nach Portugal führen von Vigo nach Porto, von Zamora nach Bragança, von Salamanca nach Guarda und von Badajoz nach Elvas. Von diesen Städten aus haben Sie Zugang zum Autobahnnetz Portugals.

Mit dem Zug: Von Madrid (10 Std.) und Paris (24 Std.) verkehren regelmäßig Züge nach Lissabon. Die Zugverbindung von Vigo in Spanien via Porto nach Lissabon überquert die Grenze bei Valença do Minho.

ZEIT

Die Zeitverschiebung zwischen Lissabon und Städten in Deutschland, Österreich und der Schweiz beträgt minus eine Stunde. Am letzten Sonntag im März wird die Uhr um eine Stunde auf Sommerzeit vorgestellt, am letzten Sonntag im Oktober wird sie dann wieder zurückgestellt.

WÄHRUNG

Währung: Seit dem 1. Januar 2002 ist der Euro in Portugal das offizielle Zahlungsmittel.
Reiseschecks: Banken und Wechselstuben (*câmbios*) tauschen Reiseschecks ein.

Kreditkarten: Die meisten internationalen Kreditkarten (MasterCard, Visa, American Express) werden von Banken, Hotels, Restaurants und vielen Geschäften akzeptiert. Im Allgemeinen kann man auch fast überall mit EC-Karte bezahlen. Es empfiehlt sich aber, eine kleine Menge an Bargeld zur Hand zu haben, da einige Bars und Geschäfte keine Kartenzahlung akzeptieren.

Umtausch: Die Gebühren, die die einzelnen Banken für den Umtausch verlangen, sind sehr unterschiedlich und die Wechselstuben sind in der Regel günstiger. Am besten fahren Sie, wenn Sie Ihr Geld mit der EC-Karte am Geldautomaten abheben. Ein Umtausch ist für Besucher aus Deutschland oder Österreich nicht mehr erforderlich.

ZEITUNTERSCHIED

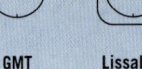

GMT	Lissabon	New York	Berlin	Barcelona	Sydney
12 Uhr	12 Uhr	← 7 Uhr	→ 13 Uhr	→ 13 Uhr	→ 22 Uhr

DAS WICHTIGSTE VOR ORT

KONFEKTIONSGRÖSSEN

Deutschland	Portugal	
46	46	Anzüge
48	48	
50	50	
52	52	
54	54	
56	56	
41	41	Schuhe
42	42	
43	43	
44	44	
45	45	
46	46	
38	38	Hemden
39	39	
40	40	
41	41	
42	42	
43	43	
34	34	Kleider
36	36	
38	38	
40	40	
42	42	
44	44	
36	36	Schuhe
37	37	
38	38	
39	39	
40	40	
41	41	

FEIERTAGE

1. Jan.	Neujahr
Feb./März	Fastnachtsdienstag
März/April	Ostern
25. April	Tag der Freiheit
1. Mai	Tag der Arbeit
Mai/Juni	Fronleichnam
10. Juni	Portugal-Tag
15. Aug.	Mariä Himmelfahrt
5. Okt.	Errichtung der Republik
1. Nov.	Allerheiligen
1. Dez.	Wiederherstellung der Unabhängigkeit
8. Dez.	Unbefleckte Empfängnis
25. Dez.	Weihnachten

ÖFFNUNGSZEITEN

○ Geschäfte   ● Postämter
● Büros   ● Museen/Denkmäler
● Banken   ● Apotheken

8 Uhr 9 Uhr 10 Uhr 12 Uhr 13 Uhr 14 Uhr 16 Uhr 17 Uhr 19 Uhr

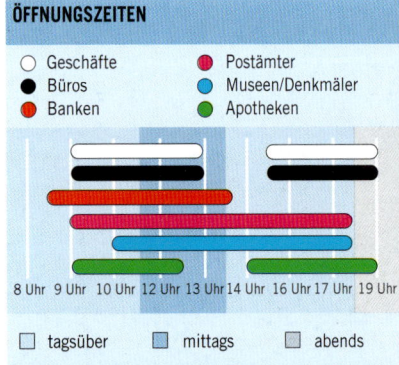

☐ tagsüber   ☐ mittags   ☐ abends

Geschäfte: In der Regel von 9–13 und 15–19 Uhr. Große Supermärkte sind durchgehend geöffnet, z.T. bis 22 Uhr (sonntags bis 17 Uhr). Große Einkaufszentren sind durchgehend von 10–22 Uhr oder länger geöffnet.
Büros: Bürozeiten sind von 9–12.30 und 14–18 Uhr.
Banken: Banken sind von 8.30–15 Uhr geöffnet.
Postämter: Mo–Fr 9–18, Hauptpostämter Sa 9–12 Uhr. Kleinere Postämter sind z.T. mittags geschlossen.
Museen und Kirchen: Große Museen sind von 10–18, kleinere von 10–13 und 14–17 Uhr geöffnet. Öffnungszeiten können variieren; informieren Sie sich vorab.
Apotheken: In der Regel von 9–12.30 und 14–19 Uhr geöffnet. Notapotheken haben länger geöffnet (▶ 188).

NOTRUF	
POLIZEI	**115**
FEUERWEHR	**115**
KRANKENWAGEN	**115**

SICHERHEIT

Gewalt gegen Touristen kommt in Lissabon nicht häufig vor. Dennoch sollten Sie in einigen Stadtteilen und in öffentlichen Verkehrsmitteln auf Taschendiebe achten.

- Schließen Sie Wertsachen immer im Hotelsafe ein.
- Achten Sie im Getümmel auf Märkten und in Bussen auf Taschendiebe.
- Lassen Sie Ihr Gepäck am Taxistand oder an der Bushaltestelle nicht unbeaufsichtigt.
- Bleiben Sie nachts auf gut beleuchteten Hauptstraßen.
- Falls Sie dennoch ausgeraubt werden, leisten Sie auf keinen Fall Widerstand.

Polizei:
☎ **115 von jedem Telefon**

TELEFONIEREN

Öffentliche Telefone funktionieren mit Münzen, Kredit- und Telefonkarten, die Sie in Postämtern, Kiosken und Geschäften mit PT-Logo (Portugal Telecom) erhalten. Internationale Telefongespräche führen Sie am besten aus einer Telefonzelle, die mit *Internacionais* gekennzeichnet ist. Anrufe ins Ausland sind zwischen 21 und 9 Uhr und an Wochenenden billiger. Auf Anrufe aus dem Hotelzimmer wird eine Gebühr aufgeschlagen. Mobiltelefone haben in der gesamten Stadt einen hervorragenden Empfang. Innerhalb Portugals gehören die Ortsvorwahlen zur Telefonnummer und müssen bei Ortsgesprächen mitgewählt werden.

Internationale Vorwahlen:
Deutschland:	**0049**
Österreich:	**0043**
Schweiz:	**0041**

POST

Briefmarken (*selos*) können Sie in Postämtern, Kiosken und Tabakläden kaufen. Briefe in andere EU-Länder brauchen 5–7 Tage. Eilsendungen können Sie als *correio azul* in blaue Briefkästen einwerfen. Gewöhnliche Briefkästen sind rot.

ELEKTRIZITÄT

In Portugal herrscht 220-Volt-Wechselstrom. Die Steckdosen sind die gleichen wie in Deutschland.

TRINKGELD

Sie müssen nicht überall Trinkgeld geben, und es werden keine hohen Summen erwartet.
In etwa gilt:

Restaurant	(exkl. Service) 10 %
Taxi	10 %
Stadtführer	halber Tag 3 €, ganzer Tag 5 €
Gepäckträger	1 € pro Gepäckstück
Zimmermädchen	nicht erwartet
Toilette	nach Ermessen

KONSULATE

Deutschland
☎ 218 81 02 10

Österreich
☎ 213 95 82 24

Schweiz
☎ 213 97 71 87

GESUNDHEIT

Krankenversicherung: EU-Bürger mit einer europäischen Krankenversicherungskarte bezahlen nichts für einen Besuch beim Arzt oder in der Unfallambulanz. Eine private Reiseversicherung wird dennoch empfohlen.

Zahnarzt: Die Qualität von privater zahnmedizinischer Versorgung ist in der Regel hervorragend. Die Behandlung ist kostenpflichtig. Informieren Sie sich, ob Ihre Krankenversicherung die Kosten übernimmt.

Wetter: Die Sonneneinstrahlung ist in allen Jahreszeiten sehr intensiv. Benutzen Sie Sonnenschutzmittel mit hohem Lichtschutzfaktor, tragen Sie eine Kopfbedeckung und trinken Sie viel Wasser, vor allem, wenn Sie zu Fuß unterwegs sind.

Medikamente: Apotheken (*farmácia*) sind Mo bis Fr 9–13 und 14.30–19, Sa 9–12.30 Uhr geöffnet. Einige auch während der Mittagszeit; Notapotheken sind durch ein Schild im Fenster ausgewiesen. Die Apotheker sind gut ausgebildet und verkaufen einige Medikamente, die in anderen Ländern nur auf Rezept erhältlich sind. Nehmen Sie dennoch ausreichende Vorräte an wichtigen Medikamenten mit.

Trinkwasser: Leitungswasser ist trinkbar, aber seine Mineralhaltigkeit kann den Geschmack beeinträchtigen. Es gibt kohlensäurehaltiges (*água com gás*) oder stilles (*água sem gás*) Wasser.

ERMÄSSIGUNGEN

Studenten: Die meisten Museen gewähren Studentenermäßigung (Kinder haben generell freien Eintritt) gegen Vorlage des Personalausweises oder eines gültigen Studentenausweises.

Senioren: Reisende über 65 Jahren erhalten gewöhnlich Ermäßigungen in Museen und öffentlichen Verkehrsmitteln. Falls Mobilität ein Problem sein sollte, könnte das Herumreisen jedoch etwas mühsam sein (► Einrichtungen für Behinderte, rechts).

EINRICHTUNGEN FÜR BEHINDERTE

Die Einrichtungen für Behinderte verbessern sich in Lissabon ständig, aber viele ältere Hotels und öffentliche Gebäude sind noch immer nicht zugänglich. Preiswertere Hotels liegen oft in den oberen Etagen von Mehrfamilienhäusern. Kopfsteinpflaster sind besonders für Rollstuhlfahrer problematisch. In einigen U-Bahn-Stationen sind die Bahnsteige mit einem Aufzug zu erreichen. Einkaufszentren, einige Museen, der Flughafen und Bahnhöfe haben behindertengerechte Toiletten. Klären Sie Ihre persönlichen Bedürfnisse vor der Buchung ab.

KINDER

Hotels und Restaurants sind in der Regel kinderfreundlich, aber kleinere Kinder werden nicht viel Freude an der Stadt haben. Wickelräume sind rar.

TOILETTEN

In Einkaufszentren, einigen U-Bahn-Stationen und Museen gibt es Toiletten. In Bars und Cafés gibt es Toiletten, die Sie als Gast benutzen können.

ZOLL

Der Import von Souvenirs, die von seltenen oder gefährdeten Tierarten stammen, kann illegal sein oder eine spezielle Erlaubnis erfordern. Prüfen Sie die Zollbestimmungen.

Sprachführer

Im Portugiesischen gibt es zwei charakteristische Laute: Erstens die nasalisierten Vokale, die mit einer Tilde (~, wie die Tilde auf dem spanischen ñ) geschrieben werden. So wird das Wort für »Brot«, pão, ausgesprochen als »pau«, mit einer starken Nasalisierung. Zweitens werden »s« und »z« oft als »sch« ausgesprochen. So wird das Wort für »Geldscheine«, notas, als »notasch« ausgesprochen. Sie werden bemerken, dass das Portugiesische leicht zu lesen ist, die Aussprache macht es den meisten Touristen aber schwer, die Sprache zu vertehen.

IMMER ZU GEBRAUCHEN

Ja/Nein **Sim/Não**
Bitte **Se faz favor**
Danke **Obrigado** (*männl. Sprecher*)/ **Obrigada** (*weibl. Sprecherin*)
Nichts zu danken **De nada/Foi um prazer**
Hallo/Tschüss **Olá/Adeus**
Willkommen **Bem vindo/a**
Guten Morgen **Bom dia**
Gute/n Abend/Nacht **Boa noite**
Wie geht es Ihnen? **Como está?**
Gut, vielen Dank **Bem, obrigado/a**
Entschuldigung **Desculpe/Perdão**
Entschuldigen Sie, können Sie mir helfen? **Desculpe, podia ajudar-me?**
Ich heiße … **Chamo-me …**
Sprechen Sie Deutsch? **Fala alemão?**
Ich verstehe nicht **Não percebo**
Ich spreche kein Portugiesisch **Não falo português**

NOTFALL! URGÊNCIA!

Hilfe! **Socorro!**
Stopp! **Pare!**
Haltet den Dieb! **Apanhe o ladrão!**
Polizei! **Polícia!**
Feuer! **Fogo!**
Gehen Sie oder ich schreie! **Vai-se embora, senão começo a gritar!**
Lassen Sie mich in Ruhe! **Deixe-me em paz!**
Ich habe mein Portemonnaie/meine Brieftasche verloren **Perdi o meu porta-moedas/a minha carteira**
Mein Pass wurde gestohlen **Roubaram-me o passaporte**
Können Sie einen Arzt rufen? **Podia chamar um médico depressa?**

NACH DEM WEG FRAGEN

Auto **Automóvel**
Bahnhof **Estação**
Bus/Reisebus **Autocarro**
Busbahnhof **Estação de camionetas**
Fahrkarte **Bilhete**
 Einfach **Bilhete de ida**
 Hin- und Rückfahrt **Ida e volta**
Flughafen **Aeroporto**
Kirche **Igreja**
Krankenhaus **Hospital**
Markt **Mercado**
Museum **Museu**
Platz **Praça**
Schiff **Barco**
Straße **Rua**
Taxistand **Praça de táxis**
Zug **Comboio**
Ich habe mich verlaufen **Estou perdido/a**
Wie viele Kilometer sind es bis nach …? **Quantos quilómetros faltam ainda para chegar a …?**
Hier/Dort **Aqui/Ali**

ZAHLEN

0	zero	15	quinze
1	um	16	dezasseis
2	dois	17	dezassete
3	três	18	dezoito
4	quatro	19	dezanove
5	cinco	20	vinte
6	seis	21	vinte e um
7	sete	30	trinta
8	oito	40	quarenta
9	nove	50	cinquenta
10	dez	60	sessenta
11	onze	70	setenta
12	doze	80	oitenta
13	treze	90	noventa
14	catorze	100	cem

WOCHENTAGE

Heute **Hoje**
Morgen **Amanhã**
Gestern **Ontem**
Heute Nacht **Esta noite**
Gestern Nacht **Ontem à noite**
Morgens **De manhã**
Nachmittags **De tarde**
Diese Woche **Esta semana**
Montag **Segunda-feira**
Dienstag **Terça-feira**
Mittwoch **Quarta-feira**
Donnerstag **Quinta-feira**
Freitag **Sexta-feira**
Samstag **Sábado**
Sonntag **Domingo**

Links/Rechts **À esquerda/À direita**
Geradeaus **Em frente**

GELD: Dinheiro

Ausländisch **Estrangeiro**
Bank **Banco**
Geldschein **Notas**
Kassenschalter **Caixa**
Kreditkarte **Cartão de crédito**
Münze **Moeda**
Postamt **Posto de correio**
Postsendung **Correio**
Reisescheck **Cheque de viagem**
Scheck **Cheque**
Wechselgeld **Troco**
Wechselkurs **Câmbio**
Wechselstube **Câmbios**
Können Sie mir bitte Kleingeld wechseln? **Podia dar-me dinheiro trocado, se faz favor?**

UNTERKUNFT

Gibt es ...? **Há ...?**
Ich hätte gerne ein Zimmer mit Meerblick **Queria um quarto com vista para o mar**
Wo ist der Notausgang/die Feuerleiter? **Onde fica a saída de emergéncia/escada de salvação?**
Ist das Frühstück inklusive? **Está incluido o pequeno almoço?**
Gibt es einen Zimmerservice? **O hotel tem serviço de quarto?**
Ich habe reserviert **Reservei um lugar**
Klimaanlage **Ar condicionado**
Balkon **Varanda**
Bad **Casa de banho**
Heißes Wasser **Água quente**
Hotel **Hotel**
Schlüssel **Chave**
Aufzug **Elevador**
Nacht **Noite**
Zimmer **Quarto**
Zimmerservice **Serviço de quarto**
Dusche **Duche**
Telefon **Telefone**
Handtuch **Toalha**
Wasser **Água**

RESTAURANT: Restaurante

Ich würde gerne einen Tisch reservieren **Posso reservar uma mesa?**
Einen Tisch für zwei Personen bitte **Uma mesa para duas pessoas, se faz favor**
Könnten wir bitte die Speisekarte bekommen? **Poderia dar nos a ementa, se faz favor**
Was ist das? **O que é isto?**
Eine Flasche ... **Uma garrafa de ...**
Abendessen **Jantar**
Alkohol **Alcool**
Bier **Cerveja**
Brot **Pão**
Café **Café**
Frühstück **Pequeno almoço**
Kaffee **Café**
Kellner **Empregado/a**
Milch **Leite**
Mineralwasser **Água mineral**
Mittagessen **Almoço**
Pfeffer **Pimenta**
Rechnung **Conta**
Salz **Sal**
Speisekarte **Menú/ementa**
Tee **Chá**
Tisch **Mesa**

EINKAUFEN

Geschäft **Loja**
Wo kann ich ... bekommen? **Onde é que eu posso arranjar ...?**
Könnten Sie mir bitte helfen? **Pode-me ajudar, se faz favor?**
Ich suche ... **Estou a procura de ...**
Ich hätte gerne ... **Queria ...**
Ich schaue mich nur um **Só estou a ver**
Wie viel kostet das? **Quanto custa?**
Es ist zu teuer **Acho demasiado caro**
Ich nehme dieses/diese **Levo este(s)/esta(s)**
Gut/Schlecht **Bom/Mau**
Größer **Maior**
Kleiner **Mais pequeno**
Geöffnet/Geschlossen **Aberto/Fechado**
In Deutschland ist meine Größe ... **Na Grã Bretanha o meu numero é...**
Hätten Sie vielleicht eine Tüte? **Tem um saco, se faz favor?**

AUSSPRACHE DER STÄDTE

Braga **bra-ga**
Bragança **bra-gan-sa**
Coimbra **co-im-bra**
Évora **e-vo-ra**
Faro **fa-ru**
Fátima **fa-ti-ma**
Lagos **la-gusch**
Lisboa **lisch-bo-a** (mit stimmhaftem »sch«)
Mar vão **mar-vau**
Porto **por-tu**
Sagres **sa-gresch**
Tavira **ta-vi-ra**
Vila Viçosa **vi-la-vi-so-sa**

Cityplan

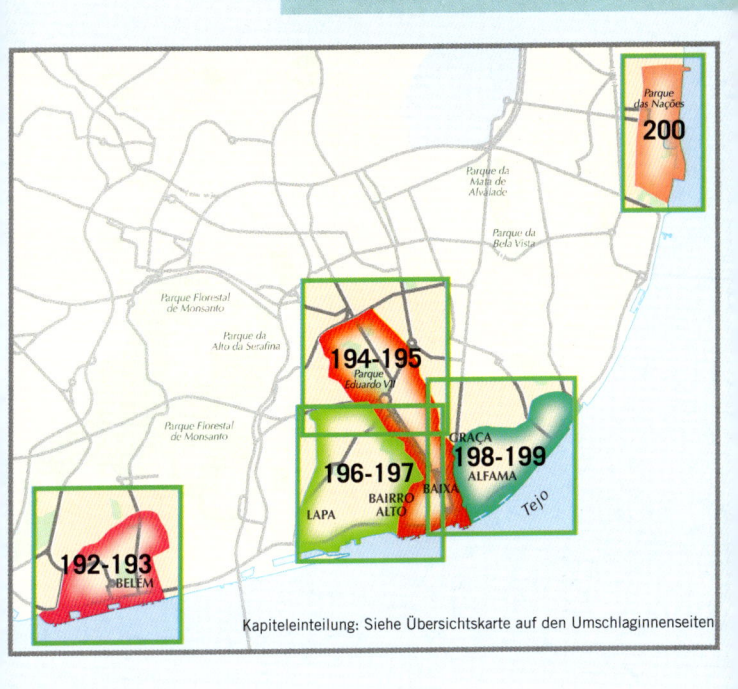

Kapiteleinteilung: Siehe Übersichtskarte auf den Umschlaginnenseiten

Legende

- Hauptstraße
- sonstige Straße
- Nebenstraße
- Gasse
- Bahnlinie
- Standseilbahn
- Wichtiges Gebäude
- Park

- Sehenswürdigkeit
- Touristeninformation
- Denkmal
- Kirche
- Synagoge
- Aussichtspunkt
- Post
- U-Bahn-Station

192–200   0   100   200   300   400   500 Meter
           0   100   200   300   400   500 Yards

192

A5
Aqua Parque

A4
Estrada do Forte
Hospital S Francisco Xavier
AVENIDA DAS DESCOBERTAS

B5
Rua Gregório Lopes
Rua Antão Gonçalves
Estrada da Cruz

C5
Av Helen
Rua Tristão Vaz

B4
Rua Rodrigo Rebelo
Rua Conçalo Velho Cabral
Rua Pedro de Sintra
Rua Diogo de Silves
Rua Gonçalo Nunes
Avenida da Ilha da Madeira
Rua Diogo de Teive
Rua Gonçalo Sintra
Rua A Esteves
RESTELO

C4
Rua Mem Rodrigues
Rua C M Teixeira
Rua d Paiva
Museu Nac de Etnologia

A3
Rua do Alto do Duque
Praça de Goa
Rua Dom Pacheco Pereira

B3
Rua Pero da Covilhã
Ermida San Jerónimo
Rua Gil Eanes
Alcolena
Jardim Ducla Sorres
AVENIDA DO RESTELO
Rua Dom Lourenço de Almeida
Praça de Malaca

C3
Estádio do Restelo
Avenida da Ilha da Madeira
RUA D JE...
Mosteiro dos Jerónimos
Planetário
Museu Nacional de Arqueológia
BELÉM

A2
Rua São Francisco
Rua Duarte
Rua Tristão da Cunha
Rua Dom Cristovão da Gama
R Ant d Abreu
Rua de Pedrouços
Rua da Praia de Pedrouços
Rua Fernão Mendes Pinto

B2
Praça d Damão
Praça de Diu
AVENIDA DA TORRE DE BELÉM
Rua Xavier
Rua J Bastos
Rua Vila Correia
Rua Bartolomeu Dias
Praia do Bom Sucesso
Rua da

C2
Museu de Marinha
Centro Cultural de Belém
Museu do Design
Praça do Império
Fonte Lumino

A1
AVENIDA DA ÍNDIA
Forte do Bom Sucesso

B1
AVENIDA DE BRASILIA
Doca do Bom Sucesso
Torre de Belém

C1
Padrão dos Descobrimentos
Museu de Arte Popular

Map of Ajuda / Belém, Lisbon

Streets and locations (by grid):

- **D5**: Dois, Keller, Calçada do Galvão, Rua das Açucenas, Cemitéira da Ajuda
- **E5**: Rua dos Marcos, Rua Um, Rua Dois, Rua Três, Rua Armando Lucena, Calçada da Ajuda, Calçada d Mirante, ALTO DA AJUDA
- **F5**: Rua Prof Cidade dos Santos, Rua de Ajuda, Rua C, Rua Roy Campbell, Sitio da Forca, R do Casalinho, Rua A, **193**
- **D4**: Rua C M de Carvalho, Gonçalves Zarco, Escola
- **E4**: Palácio da Ajuda, Jardim Botânico, R d Jardim Botânico, T Paulo Martins, Rua Brotero, Rua d Bica d Marquês, Rua Coronel Pereira d Silva, Rua de D Vasco
- **F4**: Largo da Ajuda, Rua do Cruzeiro, Rua do Guarda Jóias, Rua Rui Pina, L da Boa Hora, Calçada da Boa Hora
- **D3**: Pedreiras, Rua Dezoito 1 do Figueiredo, Rua Quinze, R Doze, R Vinte e Um, R Oito, R Sete, R Seis, Cal da Memória, R Quatro, Calçada do Galvão
- **E3**: Igreja da Memória, Largo da Memória, Travessa da Memória, Rua G J de Almeida, Rua Gen M Amorim, AJUDA, Rua das Amoreiras à Ajuda, Trav. da Boa Hora, Calçada da Ajuda, R T de Zargos
- **F3**: Rua dos Quartéis, R Alfredo Silva, Rua Alexandre de Sá Pinto, R O Almergem, R Artur Lamas, Rua Pinto Ferreira, R Diogo Cão, Escola Técnica, Universidade
- **D2**: JERÓNIMOS, Antiga Casa dos Pastéis de Belém, Largo dos Jerónimos, T dos Ferreiros, Rua de Belém, Rua V Portuense, Praça do Império, AVENIDA
- **E2**: Jardim do Ultramar, Zona interdita, Palácio de Belém, Museu Nacional dos Coches, Museu da Presidência da Republic, Praça Afonso de Albuquerque, Rua do Embaixador, Rua da Junqueira, T C A Velha, Calçada da Ajuda, ÍNDIA, BELÉM, AVENIDA DE BRASÍLIA
- **F2**: Biblioteca, Museu da Electricidade
- **D1**: Doca de Belém, Tejo, Trafaria
- **E1**: Gare Marítima de Belém, Porta Brandão

194

Map Index

Column A (top to bottom):
- ESTRADA DA LARANJEIRAS
- Rua SETE RIOS
- Rua Dr A Martins
- Palácio dos Marquêses de Fronteira
- Avenida José
- Rua de Campolide
- Travessa de Campolide
- Travessa da Rabicha
- Rua Tarujo
- Rua Três
- R Dois
- AVENIDA CALOUSTE
- RUA
- AVENIDA
- CAMPOLIDE
- RUA D ARCO DO CARVALHÃO
- RUA A Carvalho
- RUA J GOMES FERREIRA
- Rua de Campo de Ourique
- Rua Pereira e Sousa

Column B:
- AVENIDA DOS COMBATENTES
- R Cardeal Mercier
- R Port Durão
- Rua F da Mata
- Rua Dr A de Castro
- Laranjeiras
- Prof Lima Teles / Bastos
- Instituto de Oncologia
- AVENIDA COLUMBANO BORGDALO PINHEIRO
- Av Sgt Dumont
- Malhoa
- Praça de Espanha
- Praça de Espanha
- Rua Ramalho Ortigão
- Mosque
- Avenida Dr Ressano Garcia
- Pinto
- Rua F de Almeida
- Travessa Estêvão
- Trib de Polícia
- Parque Ventura Terra
- B E Pinto
- Rua C N Goa
- Faculdade de Economia
- Palácio da Justiça
- Penitenciária
- GULBENKIAN
- DE
- MARQUÊS
- Rua I Braga / Bastos
- Rua S Reis
- Rua Gen Taborda
- Rua Chaves
- Rua V Lusitano
- d C das Antas
- AV C F DE SOUSA
- CAMPOLIDE
- Rua D F Manuel B M
- Rua Padre A Vieira
- Hospital Militar Principal
- Avenida C F de Sousa
- Rua A P d Abreu
- AVENIDA ENGENHEIRO DUARTE-PACHECO
- 196
- Amoreiras Centro Comercial
- Rua Ilerno Galvan
- Rua Gorgel d Amaral
- Rua V Vieira
- Arco das Amoreiras
- Mãe d'Água
- RUA D DOM JOÃO
- Rua Carlos A M Pinto

Column C:
- Azinhaga da Torrinha
- Hospital
- Faculdade Sociais
- REGO
- Rua da Beneficência
- Rua Largo de Noronha
- Rua Travessa Espanca
- Rua Dr S Teles
- AVENIDA
- Museu Calouste Gulbenkian
- Fundação Calouste Gulbenkian
- Parque de Palhavã
- Centro de Arte Moderna
- Rua Dr Nicolau Bettencourt
- S Sebastião
- AVENIDA ANTÓNIO AUGUSTO
- El Corte Inglés
- AVENIDA FONTEIRA
- RUA MARQUÊS DE SÁ DA BANDEIRA
- Alameda Cardeal Cerejeira
- Estufa Fria
- Pavilhão Carlos Lopes
- Parque Eduardo VII
- SÃO SEBASTIÃO
- R Sampaio Pina
- Rua Artilharia Um
- Rua Rodrigo
- Rua Marquês Subserra
- RUA CASTILHO
- RUA JOAQUIM ANTÓNIO DE
- AMOREIRAS
- Rua da Fonseca
- Travessa Légua de Póva
- RUA DOS AMOREIRAS
- Museu Fundação Arpad Szenes
- Fundação Arpad Szenes
- Rua S Filipe Neri
- C B A P Cabral
- Rato

Grid references: 5, 4, 3, 2, 1 (vertical); A, B, C (horizontal)

195 CAMPO PEQUENO

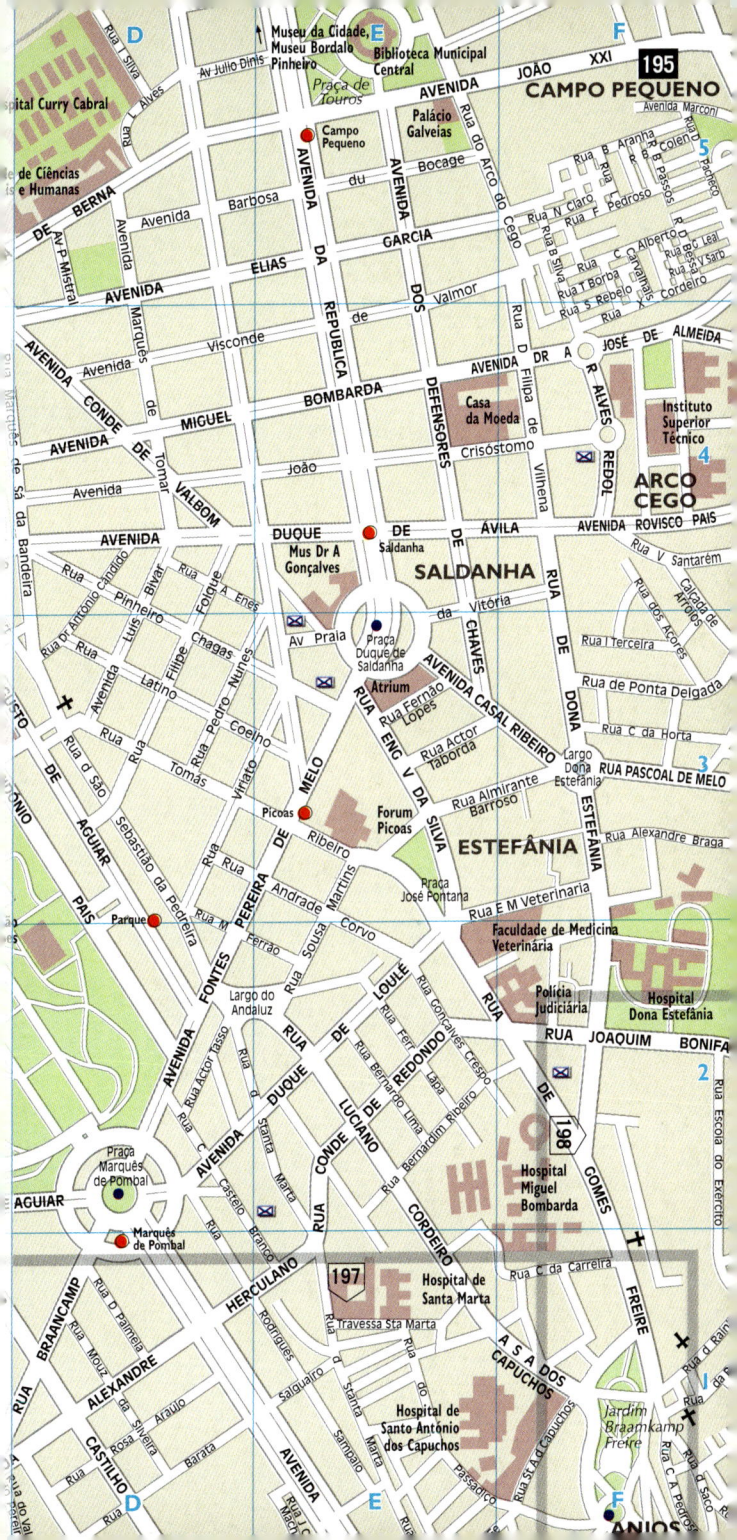

196
194
A
B
C
1
2
3
4
5
AMOREIRAS
CAMPO DE OURIQUE
RATO
ESTRÊLA
SÃO BENTO
MADRAGOA
LAPA
SANTOS
Avenida Engenheiro
Rua Tierno Galvan
Rua J Gomes Ferreira
Rua Carlos A M Pinto
Rua Carvalho
Rua Gorgel do Amaral
Rua C Vieira
Arco das Amoreiras
Rua dos Amoreiras
Travessa Légua de Póva
Museu Fundacão Arpad Szenes
Fundacão Arpad Szenes
C B d P Cabral
Rua Filipe Néri
Mãe d'Água
Rato
Largo do Rato
Rua de Campo de Ourique
Praça Afonso de Paço
Rua Pereira e Sousa
Rua D Dom João V
Rua do Sol
Rua Silva
Travessa d Cima d Quartéis
Rua Correia Teles
Rua Francisco Tomás
Rua Quatro de Infantaria
Rua Ferreira Borges
Rua de Infantaria Dezasseis
Rua Luís Derouet
Rua da Arrábida
Rua da Páscoa
Rua S J Nep
Rua S Joaquim
Rua d Cabo
Rua Dinis Dias
Avenida Álvares Cabral
Rua de São
Museu M João da Silva
Teatro da Cornucópia
Rua Casc
Rua do Arco Gustavo
Rua Almeida e Sousa
Rua Anunciacão
Coelho da Rocha
Rua Carvalho
Travessa St Quitéria
Cemitério Inglês
Rua São Jorge
Rua Metrass
Rua Saraiva de Carvalho
Casa de Amália Rodrigues
Travessa d S Plácido
Rua da Imprensa
Rua dos Prazeres
Rua Dom D Sequeira
Rua da Estrêla
Jardim da Estrêla (Guerra Junqueiro)
Rua d St Amaro
Rua dos Ferreiros
Rua Bento
Praça de São Bento
Palácio de São Bento
Assembleia da República
Trav d Jardim
Rua d Jardim
Rua do Patrocínio
Rua Prof Gom Teixeira
Pres do Conselho Ministros
Rua d Santo António
Hospital Militar Principal
Praça da Estrela
Basílica da Estrela
Calçada da Estrela
Rua d Deus
Travessa d Pin
Rua da Bela Vista
Rua do Possolo
Rua Santo
Rua de São Ciro
Rua dos Navegantes
Rua Borges Carneiro
Rua Almeida Brandão
Rua Infante de Santana
Rua d Buenos Aires
Tr d Combro
Rua Abílio Lopes do Rego
Rua Ric Espírito Santo
Avenida
Rua da Lapa
Rua do Melo
Rua das Praças
Instituto de Economia & Gestao
Rua das Francesinhas
Avenida de Dom Carlos
Rua do Quelhas
Rua São Caetano
Rua d Remédios
Rua de São Félix
Rua de São Domingos
Rua João da Mata
Instituto Hidrográfico
Rua das Trinas
Rua do Machadinho
Rua Vicente Borga
Rua da Esperança
Museu d Marion
Rua do Pau de Bandeira
Rua do Sacramento a Lapa
Rua Garcia
Rua da Horta
Calçada d Marquês
Largo V Damásio
Largo d Santos
Rua Ribeiro Sanches
Rua M Antonio
Rua Prior
Rua d Conde
Rua S Fr Borla
Calçada Ribeiro Santos
Rua da Arriaga
Rua das Janelas Verdes
Rua do Olival
Museu Nacional de Arte Antiga
Calçada de Pampulha
Rua Presidente Arriaga
Avenida Vinte e Quatro de Julho
Avenida de Brasília
Doca da Alcântara

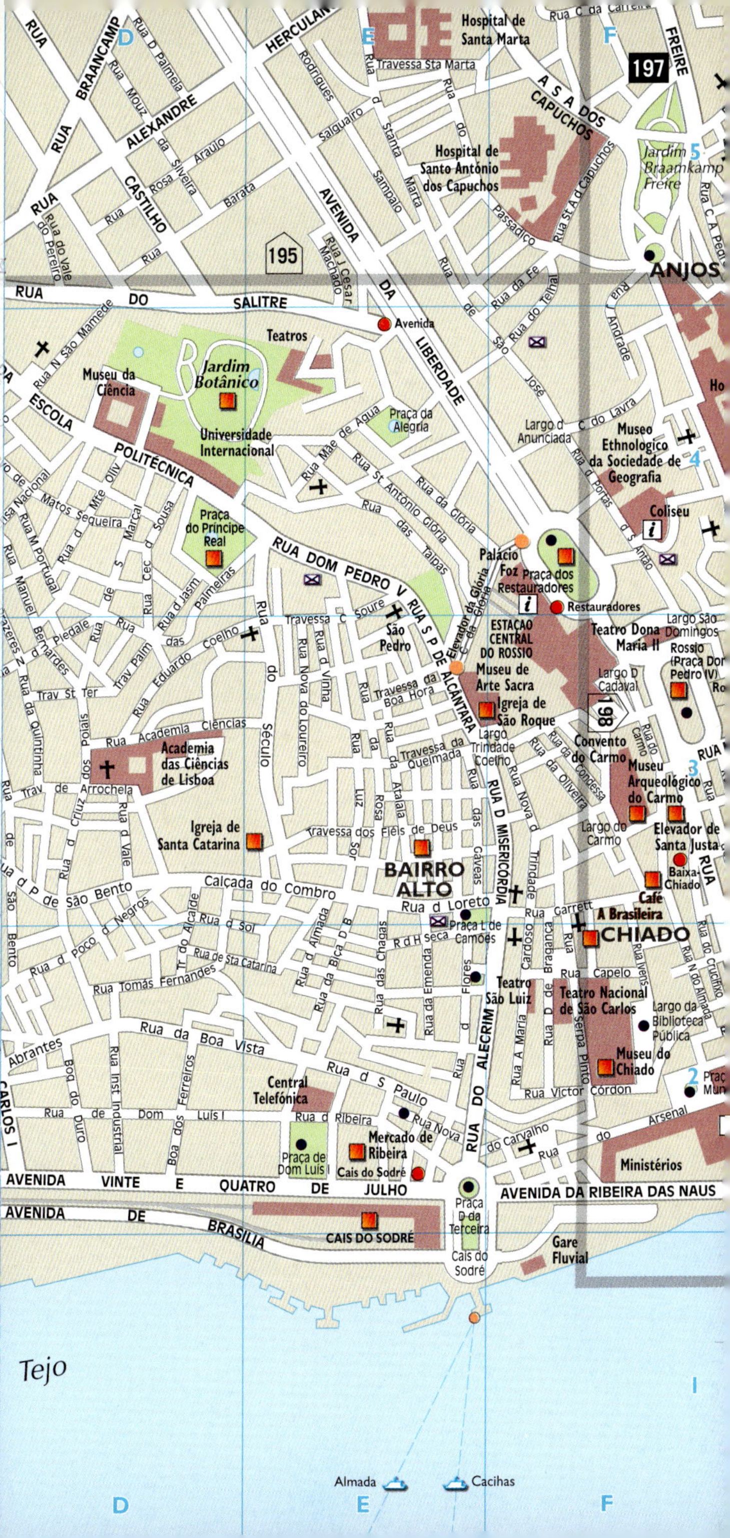

D
E
F
197
195
198
Hospital de Santa Marta
Travessa Sta Marta
Rua C d a Carreira
Freire
Rua Braamcamp
Rua D Palmela
Rua Mouz
Rua Alexandre Herculano
Rua Castilho
Rua Rosa Araújo
Rua da Silveira
Rua Barata Salgueiro
Rua Rodrigues Sampaio
Rua d Santa Marta
Rua do Vale do Pereiro
Rua J Cesar Machado
Avenida da Liberdade
Rua dos Capuchos
Hospital de Santo António dos Capuchos
Passadiço
Rua St A d Capuchos
Jardim Braamkamp Freire
Rua C A Pereira
Anjos
Rua do Salitre
Avenida
Teatros
Rua da Fé
Rua do Telhal
Rua de São José
Rua J Andrade
Ho
Rua N São Mamede
Museu da Ciência
Jardim Botânico
Universidade Internacional
Escola Politécnica
Rua Mãe de Água
Praça da Alegria
Largo d Anunciada
Rua do Lavra
Museu Ethnologico da Sociedade de Geografia
Rua d Portas de S Antão
Coliseu
Rua Nacional
Rua de Matos Sequeira
Rua Mte Oliv
Rua M Portugal
Rua S Marçal
Rua Cec d Sousa
Rua St António Glória
Rua das Taipas
Rua da Glória
Praça do Príncipe Real
Rua das Palmeiras
Rua d Jasm
Rua Dom Pedro V
Palácio Foz
Praça dos Restauradores
Restauradores
Rua Manuel Bernardes
Rua Piedale
Rua Eduardo Coelho
Trav Palm
Rua do Século
Travessa C Soure
São Pedro
Rua S P de Alcântara
Elevador da Glória
C da Glória
Estação Central do Rossio
Teatro Dona Maria II
Largo São Domingos
Rossio (Praça Dom Pedro IV)
Rua Nova do Loureiro
Rua d Vinha
Travessa da Boa Hora
Museu de Arte Sacra
Largo D Cadaval
Trav St Ter
Rua da Quintinha
Rua dos Poiais
Rua Academia Ciências
Academia das Ciências de Lisboa
Igreja de São Roque
Largo Trindade Coelho
Travessa da Queimada
Rua da Atalaia
Rua da Rosa
Rua da Luz
Rua D Misericórdia
Rua Nova d Trindade
Rua da Oliveira
Rua da Condessa
Convento do Carmo
Rua do Carmo
Museu Arqueológico do Carmo
Rua de Arrochela
Rua d Cruz
Rua d Vale
Igreja de Santa Catarina
Travessa dos Fiéis de Deus
Rua das Gáveas
Largo do Carmo
Elevador de Santa Justa
Baixa-Chiado
Bairro Alto
Calçada do Combro
Rua d P de São Bento
Rua d Poço d Negros
Rua d Sol
Tr do Alcaide
Rua de Sta Catarina
Rua d Almada
Rua da Bica D B
Rua d Loreto
Praça L de Camões
R d H Seca
Rua Garrett
Café A Brasileira
Chiado
Rua Ivens
Rua N do Almada
Rua do Crucifixo
Rua Tomás Fernandes
Rua das Chagas
Rua da Emenda
Rua d Flores
Rua do Alecrim
Teatro São Luiz
Rua A Maria Cardoso
Rua D de Bragança
Rua Capelo
Rua Serpa Pinto
Teatro Nacional de São Carlos
Largo da Biblioteca Pública
Museu do Chiado
Rua da Boa Vista
Abrantes
Rua d S Paulo
Rua Inst Industrial
Rua Boa dos Ferreiros
Central Telefónica
Rua de Dom Luís I
Rua Ribeira
Rua Nova do Carvalho
Rua Victor Cordon
Praça Mun
Rua do Arsenal
Rua Boq do Duro
Praça de Dom Luís I
Mercado de Ribeira
Cais do Sodré
Ministérios
Avenida Vinte e Quatro de Julho
Avenida da Ribeira das Naus
Carlos I
Praça D da Terceira
Avenida de Brasília
Cais do Sodré
Gare Fluvial
Tejo
Almada
Cacilhas
1
2
3
4
5

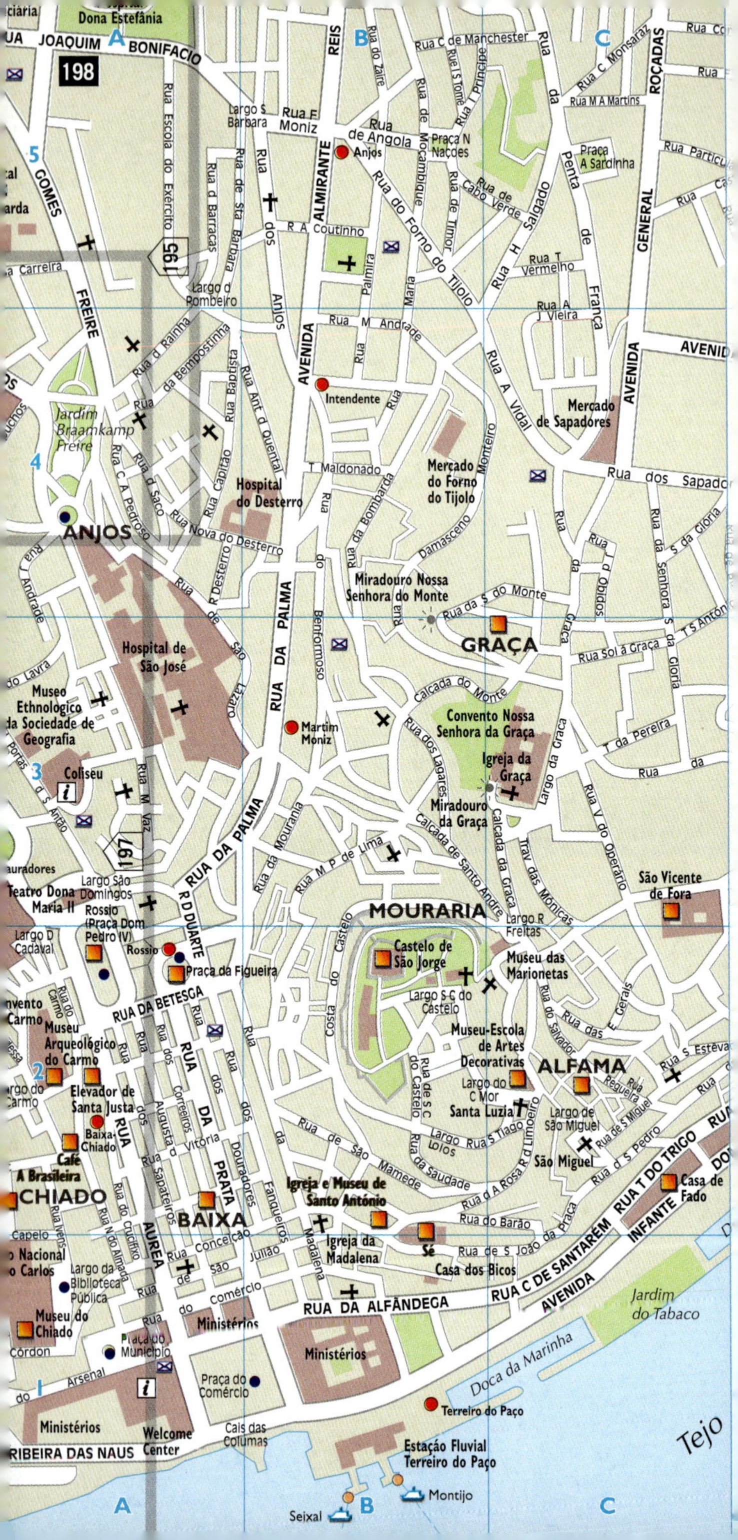

199

A
B
C
5
4
3
2
1
Rua Com Cousteau
Alameda dos Oceanos
Via Cir do Parque
Torre Vasco da Gama
Avenida João Pinto Ribeiro
Avenida de Boa Esperança
Rua de Maio
Ave do Atlantico
Jardins Garcia de Orta
Rua Dr R G de Oliveira
East T Barolas
Rua Padre J A Correia
Rua Camara Reis
Rua de Moscavide
Pass do Cantabrico
Rua do Mar da China
Avenida Dom João II
Rua do Polo Norte
Feira Internacional de Lisboa
Rua do Bojador
Rua do Mar Vermelho
Rua Cons Lopo Vaz
Rua Recíproca
Ave do Indico
Pavilhão Atlântico
Oriente
Centro Comercial Vasco da Gama
Parque das Nações
Avenida de Berlim
Ave do Pacifico
Pres do Concelho de Ministros
Doca dos Olivais
Tejo
Rua do Caribe
C da Costa
Rua do Mar do Norte
Rua do Polo Sul
Oceanário
Avenida de Pádua de Mediterrâneo
Centro da Ciência Viva
Area de Lazer
Jardim da Àgua
T do Poco
Rua da Centeira
Ave de Ulisses
Praça Prin Perfeito
T Particular
Teatro Júlio Verne
R D Fuas Roupinho
Restaurantes Flutuantes
Rua dos Cruzados
Porta do Mar
Rua da Petrogal
Mercandores
Musas
Hospital das Descobertas
R d C d Rolas
Edificio Nau
Rua dos Aventureiros
Avenida F Pessoa
Alameda dos Oceanos
Rua Nau Catrineta
Rua N dos
Rua das
Porto de Recreio
Rua dos Argonautas
Avenida Marechal Gomes da Costa

Straßenregister

Actor Taborda, Rua **195 E3**
Açucenas, Rua das **193 D5**
Ajuda, Calçada da **193 E3**
Alcolena, Rua das **192 B3**
Alecrim, Rua do **197 E2**
Alexandre de Sa Pinto, Rua **193 E3**
Alexandre Herculano, Rua **195 D1**
Alfândega, Rua da **198 B1**
Alfonso III, Avenida **199 E5**
Almirante Barroso, Rua **195 E3**
Almirante Reis, Avenida **198 B5**
Álvares Cabral, Avenida **196 C4**
Alves Redol, Rua **195 F4**
Amoreiras, Rua das **194 B1**
Andrade Corvo, Rua **195 E3**
Angola, Rua das **198 B5**
Anjos, Rua do **198 B5**
Antão Gonçalves, Rua **192 B5**
António Augusto de Aguiar, Avenida **195 D3**
Arco do Carvalhão, Rua do **194 A1**
Arco do Cego, Rue do **195 E5**
Arco, Rua do **196 C4**
Argonautas, Rua dos **200 B1**
Armando Lucena, Rua **193 E5**
Augusta Rosa, Rua da **198 B3**
Arrábida, Rua da **196 B4**
Artilharia Um, Rua **194 B2**
Artur Lamas, Rua **193 F3**
A Sardinha, Praça **198 C5**
Atalaia, Rua da **197 E3**
Atlantico, Ave do **200 B5**
Augusta, Rua **198 A2**
Aurea, Rua **198 A1**
Aventureiros, Rua dos **200 B1**
Aviador Plácido de Abreu, Rua **194 B2**
A Vidal, Rua **198 C4**
Barbadinhos, Calçada dos **199 E3**
Barbosa Colen, Rua **195 F5**
Barbosa du Bocage, Avenida **195 D5**
Barracas, Rua d **198 A5**
Bartolomeu Dias, Rua **192 B2**
B da Sapato, Rua do **199 E3**
Belém, Rua de **193 D2**
Bempostinha, Rua da **198 A4**
Beneficência, Rua da **194 C5**
Benformoso, Rua do **198 B3**
Bento d Rocha Cabral, C **194 C1**
Berlim, Avenida de **200 A3**
Berna, Avenida de **195 D3**
Bernardim Ribeiro, Rua **195 E2**
Bernardo Lima, Rua **195 E2**
Betesga, Rua de **198 A2**
Boa Esperança, Avenida de **200 C5**
Boa Hora, Calçada da **193 F3**
Boa Hora, L da **193 F4**
Boa Hora, Trav da **193 F4**
Boa Hora, Travessa da **197 E3**
Boa Vista, Rua da **197 D2**
Bojador, Rua do **200 C4**
Braancamp, Rua **195 D1**
Brasilia, Avenida de **196 B1**
Cabo, Rua do **196 B4**
Caetano Alberto, Rua **195 F5**
Calouste Gulbenkian, Avenida **194 A3**
Camara Reis, Rua **200 A5**
Camilo Castelo Branco, Rua **195 D2**
Campo de Ourique, Rua de **194 A1**
Campolide, Rua de **194 A2**
Cardeal Cerejeira, Alameda **194 C3**
Cardeal Mercier, Rua **194 B5**
Caribe, Rua do **200 B3**
Carlos A M Pinto, Rua **194 B1**
Carmo, Largo do **197 F3**

Carmo, Rua do **198 A2**
Casal Ribeiro, Avenida **195 E3**
Castelo, Costa do **198 B2**
Castilho, Rua **195 D1**
C de Ferro, Rua **199 D3**
C de Manchester, Rua **198 B5**
C de Santarém, Rua **198 C1**
Cec d Sousa, Rua **197 D4**
Centeira, Rua da **200 A2**
C F de Sousa, Avenida **194 B2**
Chagas, Rua das **197 E2**
Chelas, Estrada de **199 F5**
Cima d Quarteis, Travessa d **196 B5**
Circular do Parque, Via **200 C5**
Columbano Borgdalo Pinheiro, Avenida **194 A5**
Com Cousteau, Rua **200 C5**
Combatentes, Avenida dos **194 B5**
Combro, Calçada do **197 E3**
Combro, Tr d **196 B3**
Comendadeiras, Qu das **199 E4**
Comércio, Rua do **198 A1**
Conceição, Rua da **198 A1**
Conde das Antas, Rua d **194 A2**
Conde de Redondo, Rua **195 E2**
Conde de Valbom, Avenida **195 D4**
Conde, Rua d **196 B2**
Condessa, Rua da **197 F3**
Cons Lopo Vaz, Rua **200 A4**
Coronel E Galhardo, Rua **199 D5**
Coronel Pereira d Silva, Rua **193 E4**
Correeiros, Rua dos **198 A2**
Correia Teles, Rua **196 A4**
Costa, C da **200 B3**
Coulo, C d **199 E3**
Criuz dos Poiais, Rua d **197 D3**
Crucifixo, Rua do **197 F2**
Cruzados, Rua dos **200 B2**
Cruz da Carreira, Rua **195 F1**
Cruz da Pedra, C da **199 F4**
Cruz da Santa Apolónia, Rua da **199 E3**
Cruz, Estrada da **192 C5**
Cruzeiro, Rua do **193 F5**
D Duarte, Rua **198 A2**
Defensores de Chaves, Avenida dos **195 E3**
Descobertas, Avenida das **192 A5**
Desterro, Rua **198 A4**
Dezoito L do Figueiredo, Rua **193 D3**
D Filipa de Vilhena, Rua **195 F4**
D Fuas Roupinho, Rua **200 B2**
Dinis Dias, Rua **196 C4**
Dom Carlos I, Avenida de **197 D2**
Dom Cristóvão da Gama, Rua **192 A2**
Dom D Jardo, Rua **199 E5**
Dom F Manuel d Melo, Rua **194 B2**
Dom Francisco de Almeida, Rua **192 A3**
Dom João II, Avenida **200 B3**
Dom João V, Rua d **194 B1**
Dom Lourenço de Almeida, Rua **192 B3**
Dom Luís I, Rua de **197 D2**
Dom Pedro V, Rua **197 E4**
Dom Vasco, Rua de **193 E4**
Domingos d Sequeira, Rua **196 A4**
Dona Estefânia, Largo **195 F3**
Dona Estefânia, Rua de **195 F3**
Douradores, Rua dos **198 A2**
Doze, Rua **193 D3**
D Pacheco, Rua **195 F5**
Dr A José de Almeida, Ave **195 F4**
Dr Alvaro de Castro, Rua **194 B5**
Dr António Cândido, Rua **195 D4**
Dr António Martins, Rua **192 A5**
Dr Bernardino António Gomes, Praça **199 D3**

Dr Júlio Dantas, Rua **194 B4**
Dr Nicolau Bettencourt, Rua **194 C4**
Dr Rui Gomes de Oliveira, Rua **200 A5**
Dr S Teles, Rua **194 C5**
Duarte Pacheco Pereira, Rua **192 A3**
Duque Cadaval, Largo **197 F3**
Duque de Ávila, Avenida **195 E4**
Duque de Loulé, Avenida **195 E2**
Elias Garcia, Avenida **195 E5**
Embaixador, Rua do **193 E2**
Emenda, Rua da **197 E2**
E M Veterinaria, Rua **195 F3**
Enf G Guerra, Rua **199 D4**
Engenheiro Duarte-Pacheco, Avenida **194 A1**
Engenheiro V da Silva, Rua **195 E3**
Escoia do Exército, Rua **195 F2**
Escola Gerais, Rua das **198 C2**
Escola Politécnica, Rua da **197 D4**
Espanha, Praça de **194 B4**
Esperança, Rua da **196 C2**
Estêvão Pinto, Travessa **194 B4**
Estrela, Calcada da **196 C3**
Estrela, Praça da **196 B3**
Estrêla, Rua de **196 B4**
Febo Moniz, Rua **198 B5**
Fernando Pessoa, Avenida **200 A1**
Fernão Lopes, Rua **195 E3**
Fernão Mendes Pinto, Rua **192 A2**
Ferr Lápa, Rua **195 E2**
Ferreira Borges, Rua **196 A4**
Ferreiros, Boa dos **197 D2**
Ferreiros, Rua dos **196 C3**
Ferreiros, T dos **193 D2**
Fialho de Almeida, Rua **194 C4**
Fiéis de Deus, Travessa dos **197 E3**
Filipe Folque, Rua **195 D4**
Flores, Rua d **197 E2**
F Magalhães, Rua **199 E4**
F Marques Beato, Rua **200 A5**
Fontes Pereira de Melo, Avenida **195 D2**
Forno do Tijolo, Rua do **198 B5**
Francisco Metrass, Rua **196 A4**
Frei Manuel de Canáculo, Rua **199 D5**
F Roupinho, Rua d **199 E5**
Galvão, Calçada do **193 D4**
Garcia da Horta, Rua **196 B2**
Garrett, Rua **197 F3**
General Roçadas, Avenida **198 C5**
General Taborda, Rua **194 A2**
Gomes Freire, Rua de **195 F2**
Gonçalves Zarco, Rua **193 D4**
Gorgel do Amaral, Rua **194 B1**
Graça, Calçada da **198 C3**
Graca, Largo da **198 C3**
Graça, Rua da **198 C3**
Gualdim Pais, Rua **199 F5**
Guarda Jóias, Rua do **193 F4**
Helen Keller, Av **193 D5**
H Salgado, Rua **198 C5**
H Seca, Rua d **197 E2**
Ilha da Madeira, Avenida da **192 C3**
Ilha do Principe, Rua **198 B5**
Ilha São Tomé, Rue **198 B5**
Império, Praça do **192 C2**
Imprensa Nacional, Rua da **197 D4**
Imprensa, Rua da **196 C3**
Índia, Avenida da **192 B2**
Indico, Ave do **200 B4**
Infantaria Dezasseis, Rua de **196 A4**
Infante Dom Henrique, Avenida **199 E3**
Infante Santo, Avenida **196 A3**
Instituto Industrial, Rua **197 D2**

I Silva, Rua 195 D5
I Terceira, Rua 195 F3
Ivens, Rua 197 F2
Janelas Verdes, Rua das 196 B2
Jardim Botânico, Rua d 193 D4
J do Tabaco, Rua 199 D2
Jéronimos, Largo dos 193 D2
Jerónimos, Rua d 193 D3
J Gomes Ferreira, Rua 194 A1
João Bastos, Rua 192 B2
João Crisóstomo, Avenida 195 E4
João Pinto Ribeiro, Avenida 200 A5
João XXI, Avenida 195 F5
Joaquim António de Aguiar, Avenida 195 D2
Joaquim Bonifacio, Rua 195 F2
José Fontana, Praça 195 E3
José Malhoa, Avenida 194 A4
Júlio Andrade, Rua 197 F4
Julio Cesar Machado, Rua 195 E1
Julio Dinis, Av 195 D5
Junqueira, Rua da 193 E2
Lagares, Rua dos 198 B3
Lajes, Calçada das 199 F4
Lapa, Rua da 196 B3
Laranjeiras, Estrada da 194 B5
Largo de Noronha, Rua 194 C5
Latino Coelho, Rua 195 D3
Liberdade, Avenida da 197 E4
Loreto, Rua d 197 E3
Luciano Cordeiro, Rua 195 E2
Luís Bivar, Avenida 195 D4
Luís Derouet, Rua 196 A4
Luz Sor, Rua 197 E3
Machadinho, Rua do 196 C2
Machado Dos Santos, Avenida 199 D4
Madalena, Rua da 198 B1
Madre de Deus, Rua da 199 F5
Mãe de Agua, Rua 197 E4
Marcos, Rua dos 193 E5
Marechal Gomes da Costa, Avenida 200 A1
Maria Andrade, Rua 198 B4
Maria, Rua 198 B5
Marquês da Fonteira, Rua 194 B2
Marquês de Abrantes, Calçada d 197 D2
Marquês de Pombal, Praça 195 D2
Marquês de Ponte de Lima, Rua do 198 B3
Marquês de Sá da Bandeira, Rua 195 D4
Marquês de Tomar, Avenida 195 D4
Marquês Subserra, Rua 194 C2
Meio, Rua do 196 B2
Mem Rodrigues, Rua 192 C5
Memoria, Cal d 193 D4
Memória, Largo da 193 D3
Memória, Travessa da 193 D3
M Ferrão, Rua 195 D2
M Grosso, Rua do 199 D4
Miguel Bombarda, Avenida 195 D4
Mirante, Calçada d 193 E5
Mirante, Rua do 199 D3
Misericórdia, Rua d 197 F3
Moçambique, Rua de 198 B5
Mónicas, Trav das 198 C2
Monte Olivete, Rua do 197 D4
Monte, Calçada do 198 C3
Moscavide, East de 200 A4
Mouraria, Rua da 198 B3
Mouz da Silveira, Rua 195 D1
Mouzinho de Albuquerque, Avenida 199 D5
Musas, Rua das 200 B1
Museu de Artiharia, Rua do 199 D2
M Vaz, Rua 198 A3
Nau Catrineta, Rua 200 B1
Navegantes, Rua dos 196 B3
N d Piedale, Rua 197 D3
Nelson de Barros, Rua 199 F5
Nova do Loureiro, Rua 197 E3

Oceanos, Alameda dos 200 B3
Outeiro do Mirante, Rua 199 D3
Pacifico, Ave do 200 B3
Padre António Vieira, Rua 194 B2
Padre Joaquim Alves Correia, Rua 200 A5
Pádua de Mediterrâneo, Avenida de 200 A3
Palm, Trav 197 D3
Palma, Rua da 198 B3
Palmeiras, Rua das 197 D4
Páscoa, Rua d 196 B4
Pascoal de Melo, Rua 195 F3
Passadiço, Rua do 195 E1
Pau de Bandeira, Rua do 196 A2
Paulo Martins, T 193 D4
P de São Bento, Rua d 197 D3
Pedreiras, Rua d 193 D3
Pedro de Sintra, Rua 192 B4
Pedro Nunes, Rua 195 D3
Pedrouços, Rua de 192 A2
Penta de França, Rua da 198 C5
Pereira e Sousa, Rua 194 A1
Pereira, T da 198 C3
Pero da Covilhã, Rua 192 B3
Petrogal, Rua da 200 A2
Pin, Travessa d 196 B3
Pinheiro Chagas, Rua 195 D4
Ponta Delgada, Rua de 195 F3
Port Durão, Rua 194 B5
Portas d S Antão, Rua d 197 F4
Possolo, Rua do 196 A3
Praças, Rua das 196 B2
Praia da Vitória, Av 195 E4
Praia de Pedrouços, Rua da 192 A2
Praia do Bom Sucesso, Rua da 192 B2
Prata, Rua da 198 A2
Prazeres, Rua dos 196 C4
Presidente Arriaga, Rua 196 A1
Prin Perfeito, Praça 200 A2
Prior, Rua do 196 B2
Prof Cidade dos Santos, Rua 193 E5
Prof Gom Teixeira, Rua 196 A3
Prof Lima Bastos, Rua 194 A5
Quarteis, Rua das 193 F3
Quatro de Infantaria, Rua 196 A4
Ramalho Orligão, Rua 194 B4
Rato, Largo do 196 C5
Recíproca, Rua 200 A4
Reguera, Rua 198 C2
Remédios, Rua d 196 B2
Remédios, Rua dos 199 D2
Republica, Avenida da 195 E4
Ressano Garcia, Avenida 194 B4
Restauradores, Praça dos 197 F4
Restelo, Avenida do 192 B3
R Freitas, Largo 198 C2
Ribeira das Naus, Avenida da 197 F2
Ribeira, Rua d 197 E2
Ribeiro Sanches, Rua 196 A2
Ribeiro Santos, Calçada 196 C2
Ric Espírito Santo, Rua 196 A2
Rodrigo da Fonseca, Rua 194 C2
Rodrigo Rebelo, Rua 192 B4
Rodrigues Sampaio, Rua 195 E1
Rosa Áraújo, Rua 195 D1
Rosa, Rua da 197 E3
Rovisco Pais, Avenida 195 F4
Roy Campbell, Rua 197 D2
Rui Pina, Rua 193 F4
Saco, Rua d 195 F1
Sacramento à Lápa, Rua do 196 A2
Salitre, Rua do 197 D5
Salvador Alhende, Rua 200 A5
Salvador, Rua do 198 C2
Sampaio Pina, Rua 194 B2
Santa Clara, Campo de 199 D3
Santa Marta, Travessa 195 E1
Santa Quitéria, Travessa 196 C4
Santa Teresa, Trav 197 D3
Santana, Rua de 196 A3

Santo A dos Capuchos, Al 195 F1
São Bento, Rua de 196 C4
São Francisco Xavier, Rua 192 A3
São João da Praça, Rua de 198 C2
São João Nepomuceno, Rua 196 B4
São Joaquim, Rua 196 B4
São Jorge, Rua 196 B4
São José, Rua de 197 F4
São Mamede, Rua de 198 B2
São Miguel, Largo de 198 C2
São Miguel, Rua de 198 C2
São Paulo, Rua d 197 E2
São Pedro de Alcântara, Rua 197 E3
São Sebastião da Pedreira, Rua d 195 D3
São Tiago, Rua 198 C2
Sapadores, Rua dos 198 C4
Sapateiros, Rua dos 198 A2
Saraiva de Carvalho, Rua 196 A4
Saudade, Rua da 198 B2
S do Monte, Rua da 198 C4
S Domingos, Rua de 196 B2
S Dumont, Av 194 C5
Século, Rua do 197 E3
Seis, Rua 193 D3
Senhora S da Gloria, Rua de 198 C3
Serpa Pinto, Rua 197 F2
S Estêvao, Rua 198 C2
Sete, Rua 193 D3
S Filipe Néri, Rua de 194 C1
Sidónio Pais, Avenida 195 D3
Silva Carvalho, Rua 194 B1
Sítio da Casalinho de Ajuda, Rua do 193 F5
S João de Mata, Rua d 196 B2
S Marçal, Rua de 197 D4
Sol á Graça, Rua de 198 C3
Sol, Rua do 196 C5
Soure, Travessa C 197 E4
Sousa Martins, Rua 195 E2
T do Trigo, Rua 198 C2
Telhal, Rua do 197 F5
Tierno Galvan, Rua 194 A1
Timor, Rua de 198 B5
Tomás Anunciacão, Rua 196 A4
Tomás Borba, Rua 195 F5
Tomás Fernandes, Rua 197 D2
Tomás Ribeiro, Rua 195 E3
Torre de Bélem, Avenida da 192 B2
Torrinha, Azinhaga da 194 C5
Travessa Espanca, Rua 194 C5
Tres, Rua 193 D5
Trés, Rua 194 A3
Trinas, Rua das 196 C2
Trindade Coelho, Largo 197 E3
Tristão da Cunha, Rua 192 A2
Tristão Vaz, Rua 192 C5
T Vermelho, Rua 198 C5
Ulisses, Ave de 200 B2
Um, Rua 193 D3
Um, Rua 193 E5
Vale de Santo António, Rua do 199 D4
Vale do Pereiro, Rua do 195 D1
Vale, Rua d 197 D3
V Chaves, Rua 194 A2
V Damásio, Largo 196 C2
Veronica, Rua d 199 D3
Vicente Borga, Rua 196 C2
Victor Córdon, Rua 197 F2
Vila Correia, Rua 192 B2
Vinha, Rua d 197 E3
Vinte e Quatro de Julho, Avenida 196 A1
Vinte e Um, Rua 193 D3
Viriato, Rua 195 D3
Visconde de Valmor, Avenida 195 D4
Vitor Bastos, Rua 194 A3
Vitória, Rua d 198 A2
V Lusitano, Rua 194 A2

Alfama 82ff
 Beco do Spirito Santo 84
 Casa dos Bicos 84
 Chafariz del Dentro 82
 Chafariz del Rei 82
 Igreja da Conceição-a-
  Velha 84
 Igreja de São Miguel 83
 Largo de São Miguel 83,
  179
 Rua de São Pedro 83ff
 Santo Estêvão 84
 Spaziergang 177ff
 Trams 23
Almada 180
Alvares, Pedro 123
Ankunft 30f
Anreise mit dem Auto 30f,
 185
Anreise nach Lissabon 30f,
 185
Antonius von Padua, hl. 87f
Antiga Casa dos Pasteis de
 Belém 137
Apotheken 186, 188
Aquarium 146ff
Architektur 16ff
Arco Triunfal 48
Armazéns do Chiado 51
Assembleia da República 110
Ausflüge 28, 159ff
 Karte 160
 Mafra 170ff
 Queluz 167f
 Sintra 164ff, 169, 181
 Westküste 161ff
Ausgehen 40
 siehe auch einzelne
  Stadtteile
Auto fahren 30f
Azulejos (Kacheln) 14f
 Museu Nacional do
  Azulejo 85f
Azurara-Palast 74
Ärztliche Behandlung 188

Bairro Alto 96, 100f
 Elevador da Glória 100,
  174
 Elevadors 23
 Jardim de São Pedro de
  Alcântara 101
 Palácio Ludovice 100
 Praça Luís de Camões 100
 Rua da Atalaia 101
 Rua do Diário de Notícias
  101
 Rua da Rosa 101
 Rua do Século 101
 São Roque 100
 Solar do Vinho do Porto
  100
 Trams 23
Baixa 17, 21, 42, 46ff

 Arco Triunfal 48
 Câmara Municipal 47f, 181
 Elevador de Santa Justa 23,
  49, 50, 176
 Elevadors 23
 Núcleo Arqueológico da
  Rua dos Correeiros 49
 Praça do Comércio 47, 177
 Praça do Município 47f, 49
 Rossio 47, 52ff, 176
 Rua Augusta 48
 Rua da Conceição 48f
 Trams 22f
Ballett 40
Banken 186
Barockarchitektur 19
Bars 38, 40, 52
Basílica da Estrela 102f
Beco do Spirito Santo 84
Belém 18, 115ff, 181
 An einem Tag 118f
 Antiga Casa dos Pasteis de
  Belém 137
 Centro Cultural de Belém
  136
 Einkaufen 140
 Essen und Trinken 139
 Igreja da Memória 138
 Karte 117
 Mosteiro dos Jerónimos
  17, 124, 128ff
 Museu de Marinha 124ff
 Museu Nacional de
  Arqueológia 136f
 Museu Nacional dos
  Coches 133ff
 Padrão dos
  Descobrimentos 122f
 Palácio da Ajuda 138
 Torre de Belém 18, 120f
 Trams 23
 Unterhaltung 140
Bier 38
Boca do Inferno 162
Botanische Gärten 109f
Busse 30, 32, 33

Cabo da Roca 162
Cacilhas 180
Caetano, Marcello 24, 175
Café A Brasileira 60f, 175
Cafés 28, 38
Cais do Sodré 60, 180
Calçada à portuguesa
 (Straßenpflaster) 18
Câmara Municipal 47f, 181
Camões, Luís de 123, 130,
 162
Carris 22, 31
Carvalho, Major Otelo
 Saraiva de 24
Casa dos Bicos 84
Casa de Fado 91
Casa-Museu Amália

 Rodrigues 13
Cascais 33, 161f, 163, 181
Casino (Estoril) 161
Casinopark (Estoril) 161
Castelo de São Jorge 18, 77ff
Castelo dos Mouros 167, 169
Cemitério Inglês 103
Centro de Arte Moderna 62f
Centro de Ciência Viva 150f
Centro Comercial Vasco da
 Gama 154f
Centro Cultural de Belém
 136
Chafariz del Dentro 82
Chafariz del Rei 82
Chiado 50f
 Armazéns do Chiado 51
 Igreja dos Mártires 51
 Karte 175
 Largo do Carmo 50f
 Museu Arqueológico do
  Carmo 51, 61
 Museu do Chiado 51, 60,
  175
 Rua Garrett 51
 Spaziergang 174ff
 Teatro Municipal de São
  Luiz 51
 Teatro Nacional de São
  Carlos 51, 175f
 Convento do Carmo 50, 61
 Convento de Nossa Senhora
  do Monte Carmel 61

da Gama, Vasco 6, 9, 122,
 128, 130, 131
Dias, Bartolomeu 9, 123

Eden-Gebäude 54
Einkaufen 39, 186
 siehe auch einzelne
  Stadtteile
Eintrittspreise 33
Elektrizität 187
Elevador da Glória 100, 174
Elevador de Santa Justa 23,
 49, 50, 176
Elevadors (Standseilbahnen)
 23, 32
Entdecker 8f, 122f, 124
Erdbeben (1755) 15, 17, 20f,
 46
Ermäßigungen 188
Essen und Trinken 10f, 37f,
 39
 siehe auch einzelne
  Stadtteile
Estação Fluvial 180
Estefânia 167
Estoril 33, 161, 163, 181
Expo '98 146, 152, 154

Fado 13, 40
　Casa de Fado 91
Fahrscheine, öffentlicher
　Nahverkehr 32f
Fähren 32, 180f
Feira da Ladra 89
Feste und Feiertage 186
Figueira 52
Flughafen 30, 185
Flussufer 152ff
Fundação Calouste
　Gulbenkian 55
Führungen 182

Geld 185
Gesundheit 188
Getränke 38
Ginjinha (bars) 52
Gonçalves, Nuno 123
Graça 88
Guincho 162
Gulbenkian, Calouste 26f, 55

Heinrich der Seefahrer 8f,
　122, 124
Holzarbeiten 39

Igreja da Encarnação 51
Igreja da Graça 88, 179
Igreja da Madalena 177
Igreja dos Mártires 51, 175
Igreja da Memória 138
Igreja e Museu de Santo
　António 87f
Igreja de Santa Catarina 110
Igreja de São Miguel 83
Igreja de São Roque 109, 174

Jardim da Água 153
Jardim Botânico 109f
Jardim da Estrela 103
Jardim de São Pedro de
　Alcântara 101
Jardins Garcia de Orta 153
Johann I., König 53
Joseph I., König 48

Kacheln siehe *Azulejos*
Kathedrale (Sé) 19, 72f, 177
Keramik 39
　Azulejos (Kacheln) 14f
Kinder 188
Kino 40
Kirchen 186
Klassizistische Architektur
　17, 19
Klima 184, 188
Kolonien 19
Konfektionsgrößen 186
Konsulate 188

Kopfsteinpflaster 18
Korbwaren 39
Kreditkarten 185

Lapa 110
Largo do Carmo 50f, 174
Largo da Graça 88
Largo das Portas do Sol 178
Largo de São Domingo 53
Largo de São Miguel 83, 179
Leder 39
Lissabon-Karte 33

Madeira (Wein) 11, 38
Madre de Deus 85
Mãe d'Água 111
Mafra 170ff
Magellan, Ferdinand 123
Manuel I., König 18, 122
Manuelinische Architektur
　17f, 19
Mariza 13
Maße und Größen 186
Maurische Architektur 19
Märkte 39
Mercado da Ribeira 60
Mercado de Santa Clara 89
Mesnier de Ponsard, Raul 50
Mietwagen 32
Miradouro de Santa Luzia
　178
Miradouro de São Pedro
　Alcântara 174
Miradouros
　(Aussichtspunkte) 16, 28
Mittelalterliches Lissabon
　67ff
　Alfama 82ff
　An einem Tag 70f
　Ausgehen 94
　Casa de Fado 91
　Castelo de São Jorge 77ff
　Einkaufen 93f
　Essen und Trinken 92f
　Feira da Ladra 89
　Graça 88
　Igreja e Museu de Santo
　　António 87f
　Karte 68f
　Museu da Agua 90
　Museu-Escola de Artes
　　Decorativas 74ff
　Museu Militar 90f
　Museu Nacional do
　　Azulejo 85f
　Panteão Nacional de Santa
　　Engrácia 89f
　São Vicente de Fora 80f,
　　179
　Sé (Kathedrale) 72f, 177
Moderne Architektur 17, 19
Monserrate 167, 169
Mosteiro dos Jerónimos 17,
　124, 128ff
Movimento das Forças
　Armadas (MFA) 24f
Mudejars 18
Museen 186
Museu da Água 90
Museu Arqueológico do
　Carmo 51, 61, 174
Museu de Arte Moderna
　(Estefânia) 167, 169
Museu Bordalo Pinheiro 63
Museu do Brinquedo (Sintra)
　167, 169
Museu Calouste Gulbenkian
　55ff
Museu da Carris 23
Museu do Chiado 51, 60,
　175
Museu da Cidade 63
Museu Conde de Castro
　Guimarães (Cascais) 162
Museu-Escola de Artes
　Decorativas 74ff, 178
Museu de Marinha 124ff
Museu Militar 90f
Museu Nacional de
　Arqueológia 136f
Museu Nacional de Arte
　Antiga 104ff
Museu Nacional do Azulejo
　85f
Museu Nacional dos Coches
　133ff
Museu do Teatro Romano
　178
Musik 12f, 40

Nachtleben 40
Naturreservat 153
Nelkenrevolution 19, 24f, 52
Neomanuelinische
　Architektur 19
Notrufnummern 187
Nossa Senhora do Loreto 51
Nördliches Lissabon 42ff
　An einem Tag 44f
　Ausgehen 66
　Baixa 46ff
　Café A Brasileira 60f, 175
　Cais do Sodré 60, 180
　Centro de Arte Moderna
　　62f
　Chiado und Santa Justa 50f
　Einkaufen 65f
　Essen und Trinken 64f
　Karte 43
　Mercado da Ribeira 60
　Museu Arqueológico do
　　Carmo 51, 61, 174
　Museu Bordalo Pinheiro 63
　Museu Calouste
　　Gulbenkian 55ff
　Museu do Chiado 60, 175
　Museu da Cidade 63

Parque Eduardo VII 62
Rossio, Figueira und
　Restauradores 47, 52ff,
　176
Núcleo Arqueológico da Rua
　dos Correeiros 49

Oceanário 146ff
Öffnungszeiten 186

Padrão dos
　Descobrimentos 122f
Palácio da Ajuda 138
Palácio Azurara 74
Palácio Foz 174
Palácio das Janelas Verdes
　104
Palácio Ludovice 100
Palácio dos Marquêses de
　Fronteira 111
Palácio Nacional de Queluz
　167f, 169
Palácio Nacional de Sintra
　164ff, 168
Palácio da Pena (Palácio)
　166, 168
Palácio Pimenta 63
Panorama von Lissabon 86
Panteão Nacional de Santa
　Engrácia 89f
Parken 31
Parque das Nações 19, 141ff
　An einem Tag 144f
　Ausgehen 158
　Centro de Ciência Viva
　　150f
　Centro Comercial Vasco da
　　Gama 154f
　Einkaufen 157f
　Essen und Trinken 156f
　Flussufer und Parkanlagen
　　152f
　Karte143
　Oceanário 146ff
　Torre Vasco da Gama 153,
　　154
Parque Eduardo VII 62
Pavilhão do Conhecimento
　150
Pässe und Visa 184
Pedro IV., König 6, 52f
Persönliche Sicherheit 187
Pessoa, Fernando 48, 51
PIDE 24, 25
Planetário Calouste
　Gulbenkian 124
Polizei 187
Pombal, Marquês de 15, 21,
　46f, 101
Pombalinische Architektur
　17, 19
Ponte 25 de Abril 153, 180,
　181

Ponte Vasco da Gama 153,
　181
Portela-Flughafen 30
Portugiesische Königliche
　Reitschule 168
Post 186, 187
Praça do Comércio 47, 177
Praça Dom Pedro IV *siehe*
　Rossio
Praça da Figueira 53, 176
Praça Luís de Camões 100
Praça do Município 47f, 49
Praça do Príncipe Real 109

Queluz 167ff
　Palácio Nacional de
　　Queluz 167f, 169
　Quinta da Regaleira (Sintra)
　　166f, 168

Restauradores 52, 53f, 176
　Eden-Gebäude 54
　Palácio Foz 174
Restaurants 37
　siehe auch einzelne
　　Stadtteile
Rodrigues, Amália 13
Romanische Architektur 17,
　19
Rossio 47, 52ff, 176
　Largo de São Domingo 53
　Teatro Nacional de Dona
　　Maria 53
Römische Stadt 49
Rua da Atalaia 101
Rua Augusta 48
Rua da Conceição 48f
Rua do Diário de Notícias
　101
Rua Garrett 51
Rua da Rosa 101
Rua de São Pedro 83
Rua do Século 101

Salazar, António Oliveira
　24, 122
Santa Justa 50
Santa Luzia 178
Santo Estêvão 84
Santuário do Cristo Rei 180f
São Bento 110
São Roque 100
São Vicente de Fora 80f, 179
Saramago, José 48
Saudade 12f
Schmuck 39
Schwules und lesbisches
　Nachtleben 40
Sé (Kathedrale) 19, 72f, 177
Senioren 188
Sintra 33, 164ff, 169, 181
　Museo do Brinquedo 167,

　169
　Palácio Nacional de Sintra
　　164ff, 168
　Palácio da Pena 166, 168
　Quinta da Regaleira
　　166f, 168
Solar do Vinho do Porto
　100
Spanische Architektur 17, 18,
　19
Spínola, General António 24f
Spirituosen 38
Straßen, Kopfsteinpflaster 18
Strände 162
Studenten 188

Tamariz (Estoril) 161
Tanz 40
Tax-free einkaufen 39
Taxis 30, 32, 33
Teatro Municipal de São Luiz
　51
Teatro Nacional de Dona
　Maria 53
Teatro Nacional de São
　Carlos 51, 66, 175f
Teleférico 154
Telefon 187
Textilien 39
Theater 40
Toiletten 188
Torre de Belém 18, 120f
Torre Vasco da Gama 153,
　154
Touren 182
Touristeninformation 31
Trams 22f, 32
Trinkgeld 187
Trinkwasser 188

U-Bahn 30, 31
Übernachten 34ff
Unesco Welterbe
　121

Vegetarisches Essen 38
Verkehr 28, 31ff
Versicherung 184, 188
Vinzenz, hl. 83

Währung 185
Wein 11, 38, 39
Westküste 161ff
Westliches Lissabon 95ff
　An einem Tag 98f
　Ausgehen 114
　Bairro Alto 100f
　Basílica da Estrela 102f
　Cemitério Inglês 103
　Einkaufen 114
　Essen und Trinken 112f

Igreja de Santa Catarina 110
Igreja de São Roque 109, 174
Jardim Botânico 109f
Jardim da Estrela 103
Karte 97
Lapa 110
Mãe d'Água 111
Museu Nacional de Arte

Antiga 104ff
Palácio dos Marquêses de Fronteira 111
Praça do Príncipe Real 109
São Bento 110
Wetter 184, 188

Zahnärzte 188
Zeitgenössische Architektur 17, 19
Zeitunterschied 185, 186
Zollvorschriften 188
Züge 30, 33, 185

Abbildungsnachweis

Die Automobile Association dankt den nachfolgend genannten Fotografen und Bildagenturen für ihre Unterstützung bei der Herstellung dieses Buches:

Umschlag: (o) A. Kouprianoff; (u) Monica Wells

Alamy © Mark Evenleigh/Alamy 91; © Robert Fried/Alamy 167; © Kevin Foy/Alamy 87 (l); © Kobi Israel/Alamy 166; © Werner Otto/Alamy 180; © Robert harding Picture Library Ltd/Alamy 7 (o); Centro de Ciencia Viva 150 (o), 150 (u); Fundação Calouste Gulbenkian 26 (l), 26 (m), 26 (r), 27 (o), 27 (l), 27 (m), 27 (r); © José Manuel Costa Alves 55 (o), 57, 59; Getty images 24 (o), 24 (u), 25; Mary Evans Picture Library 8; Museu-Escola de Artes Decorativas 74, 75, 76

Alle übrigen Fotos befinden sich im Besitz des AA Bildarchivs (AA PHOTO LIBRARY) mit Beiträgen folgender Fotografen: 10, 101 (o) von M. Birkitt; 2(3), 18, 28, 41, 77, 78, 118 (o), 147, 179, 187 (o) von T. Harris; 2(5), 6, 9 (u), 14, 43, 50, 52/3, 55 (u), 56, 58, 62, 63, 71 (o), 80, 81 (u), 82 (r), 85, 86 (o), 86 (u), 89, 90, 95, 97, 102, 103 (l), 103 (r), 104, 105, 106, 107, 109 (u), 111 (o), 116/7, 119 (u), 125, 127, 133, 134 (r), 135, 163, 168, 170, 171, 172, 175 (l), 176 (r) von A. Kouprianoff; 3(2), 3(3), 3(5), 13, 16/7, 23, 46, 47, 49, 54 (o), 61 (l), 72, 81 (u), 83 (u), 84, 101 (u), 141, 142/3, 145 (o), 145 (u), 152, 159, 161, 162, 164, 165, 174, 177, 178 (r), 183 von A. Mockford und N. Bonetti; 24/5 (Hintergrund) von R. Newton; 2(1), 2(2), 2(4), 3(1), 3(4), 5, 7 (u), 11, 12 (o), 15, 19, 22, 29, 42, 44, 45 (o), 45 (u), 48, 54 (u), 60, 61 (r), 67, 69 (o), 69 (u), 70, 71 (u), 73, 79 (o), 79 (u), 82 (l), 83 (o), 87 (r), 88, 98 (o), 98 (u), 99, 108, 109 (o), 110, 111(u), 115, 116, 118 (u), 119 (o), 121, 122, 123, 126, 128, 129, 130, 131, 132, 136, 137, 144, 146/7, 148, 149, 153, 154,155 (o), 155 (u), 173, 175 (r), 176 (l), 178 (l), 181, 182, 187(u/r) von Monica Wells; 12 (u), 96, 100, 120, 187 (u) von P. Wilson

Abkürzungen: (o) oben; (u) unten; (l) links; (r) rechts; (m) Mitte

NATIONAL GEOGRAPHIC Leserbefragung

Ihre Ratschläge, Urteile und Empfehlungen sind für uns sehr wichtig. Wir bemühen uns, unsere Reiseführer ständig zu verbessern. Wenn Sie sich ein paar Minuten Zeit nehmen, diesen kleinen Fragebogen auszufüllen, könnten Sie uns sehr dabei helfen.

Wenn Sie diese Seite nicht herausreißen möchten, können Sie uns auch eine Kopie schicken, oder Sie notieren Ihre Hinweise einfach auf einem separaten Blatt.

Bitte senden Sie Ihre Antwort an:
NATIONAL GEOGRAPHIC SPIRALLO-REISEFÜHRER, MAIRDUMONT GmbH & Co. KG,
Postfach 31 51, D-73751 Ostfildern
E-Mail: spirallo@nationalgeographic.de

Über dieses Buch...
NATIONAL GEOGRAPHIC SPIRALLO-REISEFÜHRER LISSABON

Wo haben Sie das Buch gekauft? _____

Wann? Monat / Jahr

Warum haben Sie sich für einen Titel dieser Reihe entschieden? _____

_____
_____
_____
_____
_____
_____
_____
_____

Fanden Sie das Buch...

Hervorragend ☐   Genau richtig ☐   Weitgehend gelungen ☐   Enttäuschend ☐

Können Sie uns Gründe angeben?

_____
_____
_____
_____
_____
_____
_____
_____

Bitte umblättern...

Hat Ihnen etwas an diesem Führer ganz besonders gut gefallen?
_____
_____
_____
_____
_____

Was hätten wir besser machen können?
_____
_____
_____
_____
_____
_____

Persönliche Angaben

Name _____

Adresse _____
_____
_____

Zu welcher Altersgruppe gehören Sie
Unter 25 ☐   25–34 ☐   35–44 ☐   45–54 ☐   55–64 ☐   über 65 ☐

Wie oft im Jahr fahren Sie in Urlaub?
Seltener als einmal ☐   einmal ☐   zweimal ☐   dreimal oder öfter ☐

Wie sind Sie verreist?
Allein ☐   Mit Partner ☐   Mit Freunden ☐   Mit Familie ☐

Wie alt sind Ihre Kinder? _____

Über Ihre Reise …

Wann haben Sie die Reise gebucht? Monat / Jahr

Wann sind Sie verreist? Monat / Jahr

Wie lange waren Sie verreist? _____

War es eine Urlaubsreise oder ein beruflicher Aufenthalt? _____

Haben Sie noch weitere Reiseführer gekauft? ☐ Ja ☐ Nein

Wenn ja, welche? _____
_____

Herzlichen Dank dafür, dass Sie sich die Zeit genommen haben, diesen Fragebogen auszufüllen.